시사 時事 고사성어

시사 時事
고사성어

김영수의 '지인논세(知人論世)'

한국사마천학회 김영수 쓰고 논함

창해

프랑스의 정치 사상가 알렉시드 토크빌(1805~1859)은
《미국의 민주주의》에서 한 민족의 성격을 인식하는 일은
한 사람의 성격을 인식하는 것과 같다면서 이렇게 말했다.

"그의 과거를 추적해야 마땅하며,
어머니 뱃속에 있던 시기도 살펴야 하며,
외부 세계가 그의 아직 밝지 않은 마음의 거울에 비추는
첫 그림자를 관찰해야 하며,
그가 처음으로 목격한 사물을 고려해야 하며,
그의 완강한 성격을 보여주는 최초의 분투를 보아야 한다.
이렇게 해야만 비로소 그의 일생을 지배하고 있는
편견, 습관, 격정의 뿌리를 이해할 수 있다."

들어가면서 ♪

사람을 알고 세태를 논하다

• • •

지난 십수 년 동안, 특히 윤가와 김가 공동정권이 몇 년 사이 우리나라의 발전을 후퇴시키고 사회 풍조를 타락시키는 데 큰 역할을 한 주요한 요인의 하나라면 정치인·언론·지식인을 비롯한 이른바 사회 주도 계층의 저질 언어(말과 글)를 들지 않을 수 없다. 이 때문에 민심은 갈라지고, 극도의 증오감으로 서로를 저주하고 폭력을 일삼는 일이 널리 퍼졌다.

이렇게 천박하고 타락하고 오염된 언어가 재래식 언론과 유튜트를 비롯한 각종 SNS를 도배하니 욕설이 일상이 되었고, 누가 더 자극적이고 강력한 언어를 쓰느냐가 무슨 경쟁이라도 되는 듯이 온갖 매체를 장식(?)하고 있다. 좀 심하게 말해, 거의 발악(發惡) 수준이다. 차분하고 격조 있는 언어는 언감생심, 그나마 욕설이라도 없으면 괜찮겠다는 자포자기의 체념마저 든다.

더 심각한 문제는 배웠다는 사람들의 자기과시를 위한 언어의 왜곡 현상이다. 문자를 쓴답시고 가져온 고전과 명인들의 명언이나 격언 등이 대화를 부드럽게 이끌고 나아가 상대를 설득하거나 감동시키기 위한 것이 아닌 상대를 공격하고 진영을 갈라치기 위한 나쁜 수단으로 오용되고 악용되고 있기 때문이다. 그 좋은 말씀들이 전하고자 하는 본래의 뜻조차 제대로 알지 못하고 그저 상대를 기죽이기 위해, 자신의 얄팍한 지식을 뽐내기 위해 심지어 엉뚱하게 곡해하여 사용하고 있다.

사마천은 "담언미중역가이해분(談言微中亦可以解紛)"이라는 참으로 절묘한 명언을 남긴 바 있다. "말이 미묘하여 잘 들어맞으면 다툼도 해결할 수 있다"는 뜻이다. 말의 작용과 역할 및 위력에 관한 우리 속담도 많다.(이 문제에 관해서는 따로 글들을 모아 책을 준비하고 있다.)

이 책은 지난 몇 년 정치와 언론을 비롯한 우리 사회의 여론을 주도하는 사람들의 입에서 나온 다양한 고사성사의 의미를 현재적 관점에서 다시 짚어 본 것이다. 또 사람과 세태를 비유하고 풍자하는 고사성어들도 소개했다. 2022년 말도 안 되는 자를 대통령으로 선택(?)한 이후 답답한 마음을 풀 길이 없던 차에 우리 사회에 만연한 간신현상에 주목하여 《간신론》을 비롯하여 《간신전》, 《간신학》의 간신 3부작을 집필하는 한편, 각종 지면을 오염시키고 있는 고사성어의 진정한 의미를 비롯하여 잘못 사용되고 있는 지점, 그 고사성어를 인용한 의도 등을 짚어보는 글을 꾸준히 썼다. 그것이 2026년 2월까지 80꼭지가 되어, 한 권의 책으로 묶어 보기로 했다.

고사성어의 사용과 인용은 이제 우리 사회의 보편적인 현상이 되었다. 우리말의 70% 가까이가 한자 단어이고, 오랜 세월 한문과 한자 세례를 받아오면서 자연스럽게 일상에 침투해 있기 때문이다. 〈교수신문〉은 매년 그해의 사자성어를 선정하고, 공공기관이나 여러 조직 및 각계각층의 리더들이 일상적으로 고사성어를 인용한다. 초중고 교과서에도 많은 고사성어가 수록되어 있다. 고등학교 인문계 국어 과목에는 고사성어를 모르면 전혀 알 수 없는 고문들이 수두룩하다. 상당한 수준이다.

그럼에도 학업을 마치고 사회에 나오면 언제 그런 것을 배웠냐는 듯이 싹 잊어버린다. 특정 직업이나 관련 계통에 종사하는 사람을 제외하면 고사성어는 사회생활과 전혀 연계되지 않거나 못한다. 심지어 사회생활이나 인간관계에서 고사성어를 입에 올리면 꼰대나 외계인 취급을 당한다. 그럼에도 무슨 일이 발생하면 언제 그랬냐는 듯이 느닷없이 생뚱맞게 고사성어들이 튀어나온다. 그나마 대부분 잘못 쓴 것들이다. 《맹자(孟子)》〈만장(萬章)〉(하편)에 보면 이런 대목이 있다.

"한 마을의 좋은 인재가 다른 한 마을의 좋은 인재를 벗 삼고, 한 나라의 좋은 인재는 한 나라의 다른 좋은 인재를 벗 삼으며, 천하의 좋은 인재는 천하의 또 다른 좋은 인재를 벗 삼는다. 천하의 좋은 인재를 벗 삼아도 오히려 부족하다면 위로 옛사람을 논의해야 하니, 그 시를 감상하고 책을 읽으면서 그들을 모른다면 되겠는가? 그렇게 그 시대를 논하는 것인데, 이는 시대를 거슬러 올라가 벗을 사귀는 일이다."

맹자는 세상을 알고 사람을 알려면 좋은 사람을 벗 삼고, 시를 감상하고 좋은 책을 읽으라고 권한다. 그래야 세상을 논할 수 있다고 했다. 여기서 '사람을 알고 세태를 논한다'는 뜻의 '지인논세(知人論世)'라는 유명한 네 글자가 나왔다. 맹자 말씀의 핵심은 공부하라는 것이다. 사실 지금 우리 사회의 잘났다고 하는 사람들, 배웠다고 하는 사람들의 수준이 이렇게 처참한 까닭은 정규(?) 학업을 마친 다음 더 이상 공부하지 않기 때문이다. 법을 다루는 사람의 수준도 그렇고, 언론의 실력도 그렇고, 정치가의 언어도 그렇다. 모두 사람을 알고 세상을 제대로 논할 수 있는 공부를 하지 않는다는 말이다.

지금 우리 사회는 거대하고 엄청난 변혁기에 접어들었다. 이 변혁에 따른 자기혁신과 공부가 더욱더 필요한 시점이다. 공부의 단절을 극복하고 자신의 발전을 위한 즐겨 배우고 깊이 생각하며 스스로 주도하는 자습(自習)이 절실하다. 제대로 된 공부, 인간답게 성장하고 살아가기 위한 인문 공부가 그 어느 때보다 더 요구된다. 거짓을 밝히고, 가짜를 가려내서 사람과 세상을 바르게 인식함으로써 보다 나은 사람으로 거듭나서 고귀한 인간의 삶을 살다 가야 하지 않겠는가?

이 책은 이런 문제의식을 가지고 우리 사회를 병들게 하는 사회 주도층의 타락한 언행과 SNS와 매체에 오르내리는 고사성어의 의미를 짚어보았다. 주로 저들이 사용한 고상한(?) 고사성어나 명언명구들을 대상으로 그 의중을 파헤치는 한편, 세태를 반영하고 그 이면을 통찰할 수 있는 수준 높은 고사성어나 명언명구들을 골라 그

참된 의미를 논평하는 형식으로 꾸몄다. 책은 글쓴이가 편의대로 아래와 같이 3부로 나누어 보았다.

제1부 : 지인(知人) – 사람을 알다
제2부 : 논세(論世) – 세태를 논하다
제3부 : 직필(直筆)과 곡필(曲筆) – '언간(言奸)'의 실태

제3부는 기레기라는 멸칭(蔑稱)으로 불리는 언론을 '언론계의 간신'이란 뜻의 '언간'으로 규정하고 이들의 삐뚤어진 붓(글)을 비판하는 글들을 모은 것이다. 부록으로 특별히 〈전신론(錢神論)〉과 노포(魯褒)란 글과 그에 대한 해설을 수록했다. 이 책에 실린 대다수 글들이 궁극적으로 가리키는 가장 중요한 지점의 하나가 다름 아닌 '탐욕'과 '돈'이다. 이에 참고자료로 '돈을 신으로 추앙하는' 세태를 풍자한 지금으로부터 약 1,800년 전의 글을 수록했다. 그때와 지금의 세태를 비교해보면서 읽노라면 놀라움을 금할 수 없을 것이다.

하나 더 말씀드릴 것은 각 꼭지마다 달린 시사 풍자만화는 챗GPT를 활용하여 그려보았다는 점이다. 글자만 교정했고, 그림은 챗GPT가 그려준 그대로 실었다. 글의 순서는 내용을 가리키는 해당 고사성어 항목을 기준으로 가나다순으로 배치했고, 글을 쓰고 수정한 날짜를 각 항목 끝에 밝혀두었다.

이 책은 글쓴이의 리더와 리더십 연작인 《성공하는 리더의 역사 공부》, 《리더의 망치》, 《리더와 인재》, 《리더십 학습노트 66계명》, 《정치, 역사를 만나다》의 후속작이라 할 수 있다. 이 시리즈는 조만

간 출간할 《성공하는 리더의 언어 – 언격이 인격이다》로 이어질 예정이다. 사람과 세상에 관심을 갖고 바르게 살고자 하는 모든 독자들에게 일독을 권한다. 수준 높고 격조 있는 인문학과 인문정신을 장착한 리더가 어느 때보다 절실하다.

_ 2026년 2월 27일

뱀의 다리 이 책에 등장하는 몇 개의 용어에 대해 언급해둔다. 먼저 가장 많이 등장하는 단어가 학간(學奸)과 언간(言奸)이다. 필자가 '간신 삼부작'을 쓰면서 만들어낸 신조어들로, 학간은 배운 간신이란 뜻이고 언간은 언론계의 간신이다. 이 밖에 검찰 내의 검간(檢奸), 사법부의 법간(法奸), 정치판의 정간(政奸), 어리석은 대중을 가리키는 민간(民奸) 등도 등장한다.

간신 3부작

성공하는 리더의 역사공부 | 리더의 망치 | 리더와 인재

리더십 학습노트 66계명 | 용인 66계명 | 정치, 역사를 만나다

들어가면서 _ 사람을 알고 세태를 논하다   005

제1부
지인(知人) - 사람을 알다

01 가화우인(嫁禍于人) - 떠넘기기와 미루기   025

02 개과천선(改過遷善)과 개과자신(改過自新)

   - 잘못을 고치면 거듭날 수 있다   030

03 걸견폐요(桀犬吠堯) - 포악한 권력의 개가 된 '학간'과 '언간'   036

04 구맹주산(狗猛酒酸) - 개가 사나우면 술이 시어진다   043

05 나태(懶怠)와 7대 죄악 - 실패의 주적(主敵)은 '게으름'   047

06 당랑거철(螳螂拒轍) - 국민을 이기는 정치는 없다   051

07 대소절영(大笑絶纓) - 웃기는 자들로 넘쳐나는 세상   055

08 매일생한불매향(梅一生寒不賣香) - 인향(人香)은 어디에?   059

09 백만전오십만전(百萬錢五十萬錢) - 빨리 잡으려면 많이 걸어라   062

10 봉산개로(逢山開路), 우수조교(遇水造橋)

   - 노력보다 방법이 중요하다   065

11 세 명의 '불(부)도옹(不倒翁)' - 네 왕조 열 명의 황제를 섬기다   069

12 불의필망(不義必亡)과 토붕와해(土崩瓦解)

　　- 어설픈 문자 놀음에 놀아나는 세태　　076

13 사주(使酒)와 주극생란(酒極生亂) - 술에 대한 통찰　　080

14 삼진삼퇴(三進三退) - 공직자의 처신과 진퇴의 지혜　　086

15 식자우환(識字憂患) - 아는 게 병　　093

16 애자필보(睚眦必報) - 반드시 갚아야 할 원한(怨恨)　　097

17 양두구육(羊頭狗肉) - 양고기와 개고기 어느 쪽이 진짜일까?　　102

18 엄이도령(掩耳盜鈴) - 귀를 막고 종을 훔치려는 검간(檢奸)들　　107

19 의수야행(衣繡夜行)과 목후이관(沐猴而冠) - 꼬락서니와 철딱서니　　111

20 이단공단(以短攻短) - X 묻은 개, 겨 묻은 개를 나무라다　　115

21 이리복검(李離伏劍) - 판간(判奸)의 커밍아웃　　119

22 이전투구(泥田鬪狗)

　　- 진흙탕 개싸움만도 못한 정치판의 '투구(鬪狗)'　　123

23 자긍공벌(自矜功伐) - 잘난 척하고 떠벌린 결과　　128

24 조삼모사(朝三暮四)와 목후이관(沐猴而冠)

　　- 조삼모사(朝三暮四)에 놀아난 원숭이　　132

25 중구삭금(衆口鑠金), 적훼소골(積毀銷骨)

　　- 유언비어(流言蜚語)와 마타도어(Matador)　　136

26 지간후반절(只看後半截) - 인생 후반부를 봐라　　141

27 질현투능(嫉賢妬能) - 실력 없는 자의 질투가 사람을 망친다　　148

28 칠이측군(七珥測君) - 귀걸이 일곱 쌍으로 왕의 마음을 훔치다　　153

29 팔간(八姦)과 사방(四方) - 외세에 구걸하는 매국노들　　157

30 패륜(悖倫)과 왕팔단(王八端) - 사람이 사람인 이유　　161

제2부
논세(論世) - 세태(世態)를 논하다

31 거열(車裂) - 사형과 처형   174

32 견문발검(見蚊拔劍) - 모기를 보고 검을 뽑는 자들   178

33 결자해지(結者解之) - 맺은 놈이 풀지   182

34 공사분별(公私分別)
   - 모든 권력의 성패를 가르는 하나의 원칙   186

35 과기가문이불입(過其家門而不入) - 공사분별의 자세   192

36 국장흥(國將興), 청우민(聽于民) ; 장망(將亡), 청우신(聽于神)
   - 흥망의 조짐들   196

37 기사회생(起死回生)
   - 예방하지 못할 병 없고, 예견하지 못할 재난 없다   200

38 논공행상(論功行賞) - 민심을 단합시키는 고도의 정치행위   207

39 동문서답(東問西答)과 시치미
   - 실력(實力)도 자신(自信)도 없는 자들의 상투(常套) 수법   217

40 명성과실(名聲過實) - 실제를 앞지르는 명성에 홀리지 말라   221

41 문불야관(門不夜關)과 도불습유(道不拾遺)
   - 5년이 짧은가 긴가?   225

42 방민지구(防民之口), 심어방수(甚於防水)
   - 백성의 입을 막으려 했던 권력은 다 무너졌다!   229

43 변화유시(變化有時) - 때를 놓친 개혁은 개혁이 아니다   233

44 부상십즉비하지(富相什則卑下之)

　　- 빈부의 격차가 초래하는 악영향　　　　　　　237

45 부실시기(不失時機) - 때는 놓쳐서는 안 된다　　242

46 제갈량의 '삼공(三公)' - 모든 정책의 기본　　246

47 선성탈인(先聲奪人)과 선발제인(先發制人)

　　- 정책에서 선수(先手)의 중요성　　　　　　　252

48 성동격서(聲東擊西) - '동쪽에서 고함지르고 서쪽을 친다'　　257

49 소훼난파(巢毁卵破) - 스스로 조직을 망가뜨린 정치 검사들　　260

50 신상필벌(信賞必罰) - 정권의 성패를 가를 요인　　266

51 안위재출령(安危在出令), 존망재소용(存亡在所用)

　　- 정책의 중요성과 리더　　　　　　　　　　274

52 유전가사귀(有錢可使鬼) - 돈이면 귀신도 부리는 세상　　278

53 일석이조(一石二鳥)에서 일석다조(一石多鳥)로

　　- 윈_윈의 시대로　　　　　　　　　　　　　283

54 장망지주(將亡之主), 유공인지유언(惟恐人之有言)

　　- 귀를 열지 않는 권력자는 독재자이다　　　　289

55. 재취즉민산(財聚則民散), 재산즉민취(財散則民聚)

　　- 재부는 아래로 흩어져야　　　　　　　　　　293

56 전사지불망(前事之不忘), 후사지사야(後事之師也)

　　- 과거는 현재를 비추는 거울이고, 미래의 나침반이다　　297

57 천시(天時)·지리(地利)·인화(人和)

　　- 큰 운이 닥치면 하늘도 못 말린다　　　　　301

58 천여불취(天與不取), 반수기구(反受其咎)

    – 쇠는 달구어졌을 때 두드려라!   305

59 토사구팽(兔死狗烹) – 사냥개는 영원히 삶기는 신세인가?   309

60 호가호위(狐假虎威) – 우리 안 간신들의 커밍아웃   321

제3부
직필(直筆)과 곡필(曲筆)
– 언론(言論)과 언간(言奸)

61 간신(奸臣)과 언간(言奸) – 신종 간신 '언간'의 출현   332

62 '언간'의 수법 총정리

    – 실로 다양하지만 목적과 본질은 간단한 '언간'의 수법들   338

63 거두절미(去頭截尾)

    – 앞뒤를 멋대로 잘라 원래 의미를 왜곡하고 바꾸다   361

64 견강부회(牽强附會) – 억지로라도 갖다 붙여라   366

65 곡의봉영(曲意逢迎) – '언간(言奸)'을 자청하는 언론   371

66 곡학아세(曲學阿世) – 언론과 지식인 타락의 출발점   377

67 남우충수(濫竽充數) – 밥만 축내는 '무용지물(無用之物)'   383

68 단장취의(斷章取義) – '홍두깨로 소를 모는' 언간들   388

69 동족방뇨(凍足放尿) – '언 발에 오줌 누기'식 거짓말   392

70 동호직필(董狐直筆) – 손가락을 꺾어라!   396

71 사필소세(史筆昭世)

　　ー 집단지성(集團知性) 시대의 '대체(代替) 언론(言論)'을 꿈꾸며　　401

72 남우충수(濫竽充數), 무위도식(無爲徒食), 시위소찬(尸位素餐)을 넘어

　　ー 밥만 축내는 '밥통'과 같은 '언간',
　　　 차라리 '무위도식(無爲徒食)'이 낫다?　　405

73 십무(十無)+삼반(三反)+이무(二巫) ー 윤석열 정권의 정체　　409

74 이우아사(爾虞我詐) ー 속고 속이고, 입만 열면 거짓말　　413

75 인두축명(人頭畜鳴) ー 사람 머리를 하고 짐승 소리를 내다　　417

76 지치득차(舐痔得車) ー 헐 때까지 핥아라　　421

77. 직필(直筆)과 곡필(曲筆) ー 곧은 붓, 흰 붓　　424

78 '진화타겁(趁火打劫)'에서 '방화타겁(放火打劫)'으로

　　ー 암덩이가 된 언간(言奸)들　　444

79 첨유지술(諂諛之術)

　　ー '아첨술'이 몸에 밴 '언간'과 이에 휘둘리는 '정간'　　449

80 취모구자(吹毛求疵) ー 나올 때까지 털어라, '언간'의 악행　　454

남은 말 _ 누가 국민을 위하고 나라를 위하고
　　　　세상을 위하는 자인지 잘 살펴서 가려야　　458

부록 _ 〈전신론(錢神論)〉과 노포(魯褒)　　462

知人論世

시사 고사성어로 사람을 알고 세태를 논하다!

"사람을 안다는 '지인'은 과거에는 리더의 중요하고 핵심적인 리더십 항목의 하나였다. 지금도 크게 달라진 것은 없다. 사람, 특히 나라에 필요한 인재를 기용하는 통치자에게 가장 중요하고 심각한 일이 다름 아닌 '인사(人事)'이기 때문이다. 오죽하면 '인사가 만사(萬事)요, 동시에 망사(亡事)이기도 하다'는 말까지 나올까?"'

제1부

지인(知人)
사람을 알다

전설시대 성군인 순(舜)임금 당시 사법관에 임명된 고요(皐陶)를 비롯하여 훗날 하나라의 시조가 되는 우(禹)와 대신 백이(伯夷) 등이 조회 때 통치의 요체를 놓고 토론을 벌였다. 무려 5천 년 전이었다. 이 토론에서 고요는 통치의 핵심을 다음과 같은 말로 간명하게 설파했다.

"재지인(在知人), 재안민(在安民)."
"사람을 알고 백성을 안정시키는 데 있습니다."(《사기》 권2 〈하본기〉)

우가 그런 경지는 요임금도 이루기 어렵다며 "사람을 알려면 지혜로워야 하고, 지혜로워야 사람을 쓸 수 있습니다. 백성들을 편안하게 할 수 있어야 은혜롭다 할 수 있고, 그리하여야만 백성들이 그 덕을 마음으로 느낍니다"라고 응수했다. 고요는 리더가 일을 행하는데 있어서 구체적으로 필요한 아홉 가지의 덕, 즉 '구덕(九德)'을 설파했다. 고요가 말한 통치의 요체는 간결하다. 사람을 알고 백성을 편안하게 만드는 것, 그 이상도 그 이하도 아니다.

2,700년 전 춘추시대 제나라 환공(桓公)은 관중(管仲)에게 자신이 천하의 패주가 되려면 무엇이 필요한가를 물었다. 관중은 이렇게 대답했다.

"사람을 알아야 합니다. 알았으면 써야 합니다. 쓰되 소중하게 써야 합니다. 썼으면 맡겨야 합니다. 이러고도 소인배를 가까이 하면 다 허사가 됩니다. 소인배를 멀리 하십시오."

이것이 저 유명한 관중의 리더십 5단계론이다. 즉, 지인(知人)-용인(用人)-중용(重用)-위임(委任)-원소인(遠小人)이다. 오늘날 리더십론이라 해도 하나 이상할 것 없을 정도로 정확하게 핵심을 짚고 있지 않은가?

사마천은 '그 리더가 어떤 사람인지 모르겠거든 그가 기용하는 사람을 보라'는 뜻의 '부지기인(不知其人), 시기소사(視其所使)'라는 천고의 명언을 남겼다.

이렇듯 사람을 안다는 '지인'은 과거에는 리더의 중요하고 핵심적인 리더십 항목의 하나였다. 지금도 크게 달라진 것은 없다. 사람, 특히 나라에 필요한 인재를 기용하는 통치자에게 가장 중요하고 심각한 일이 다름 아닌 '인사(人事)'이기 때문이다. 오죽하면 '인사가 만사(萬事)요, 동시에 망사(亡事)이기도 하다'는 말까지 나올까? '인사

"민주주의 최후의 보루는 깨어 있는 시민의 조직된 힘입니다!"

가 망사'를 지난 몇 년 처절하게 겪으면서 이 말이 더욱 절절하게 들린다.

관점을 리더가 아닌 보통 시민으로 돌려보자. '사람을 아는' '지인'이 리더에게만 필요할까? 주기적으로 보통 시민의 손으로 나라를 운영할 사람을 직접 뽑는 시스템에서 '지인'의 필요성은 리더보다 보통 시민에게 더 요구되지 않을까? 이 필요성과 중요성 역시 지난 몇십 년 사이 여러 차례 겪지 않았던가? 그럼에도 우리 보통 시민들의 선택은 A학점과 F학점을 오갔다. 무엇이 문제일까?

명나라와 청나라 교체기라는 위기의 시대를 살았던 고염무(顧炎武, 1613~1682)는 "천하흥망(天下興亡), 필부유책(匹夫有責)"이라는 400년 전 당시로서는 놀라운 말씀을 남겼다. "천하의 흥망은 필부(보통 사람)의 책임이다"는 뜻이다. 그로부터 400년 뒤, 노무현 대통령은 "민주주의 최후의 보루는 깨어 있는 시민의 조직된 힘입니다"

라고 했다. 고염무가 말한 '필부'가 곧 '깨어 있는 시민'이고, 노무현 대통령은 이 시민의 '조직된 힘'이 나라의 흥망을 좌우한다고 인식했던 것이다.

깨어 있는 시민의 첫 번째 역할이자 책임, 즉 가장 중요한 자질이 곧 사람을 제대로 알아보는 '지인'이 아니겠는가? 지인의 책임을 이제 우리 보통 시민들이 더 많이 져야 하고, 또 기꺼이 그 책임을 떠안아야 한다. 나와 후손의 미래가 내 손과 사람을 바로 볼 줄 아는 '지인'의 힘에 달려 있기 때문이다. 노무현 대통령의 말씀에 덧붙여 '스스로 공부하고 생각하는 시민이 미래를 만든다'는 사족을 달면서, 제1부에 실린 30꼭지의 글들을 이런 관점에서 읽어주셨으면 좋겠다.

01

가화우인(嫁禍于人)
떠넘기기와 미루기

• • • •

역사를 거시적(巨視的)으로 훑어보면, 역사에 크고 깊은 영향을 주었거나 주고 있는 어떤 현상이나 규칙을 발견하게 된다. 간신현상도 그중 하나이다. 단 한 번도 청산되지 않은, 아니 청산할 수 없었던 역사의 어두운 면모이기도 하다. 게다가 이 현상은 여전하다는 점에서 문제의 심각성이 더하다.

이런 거시적 관점과 동시에 미시적(微視的)으로 역사의 현상 이면을 들여다보는 일도 필요하다. 현상의 원인을 찾아내서 해결 방안을 마련할 수 있기 때문이다. 예를 들어 역대 간신들이 수없이 써먹었던 수법의 공통점이나 세부적인 특징을 집어내는 것이다. 이 작업은 매우 중요하다. 왜냐하면 이런 수법이나 공통점 및 특징들이 지금 우리 사회를 좀먹고 있는 기득권 카르텔에 소속된 자들에게서도 하나 다를 것 없이 발견되기 때문이다. 이 문제를 해결하지 않고는 나라의 발전과 미래는 발목을 잡힐 수밖에 없다.

역대로 모든 간신은 자신의 실수와 잘못을 다른 사람에게 떠넘기고 상대에게 미루는 기술이 남다르다. '떠넘기기'와 '미루기'다. 이를 **'가화우인(嫁禍于人)'**이라 한다. '화를 남에게 떠넘긴다'는 뜻이다. '가화우인'은 자신에게 돌아올 피해나 화를 다른 사람에게 전가하는 음모이자 간사모략이다.

관련 사례를 《사기》를 통해 한번 보자. 조(趙)나라 효성왕(孝成王) 4년인 기원전 262년, 한(韓)나라 상당(上黨) 군수 풍정(馮亭)은 조나라 효성왕에게 사신을 보내, 한나라는 상당을 지탱할 수 없으니 진(秦)나라로 귀순할 생각이었는데 관리들과 백성들은 오히려 조나라로 귀순하길 원한다며, 그래서 17개의 성과 진을 조나라에게 바치길 원한다는 의사를 전해 왔다. 조나라 효성왕은 매우 기뻐하며 그 청을 받아들이려 했다. 그러나 평원군(平原君)이 극구 말리고 나섰다.

평원군이 반대한 까닭은 대체로 이랬다. 진나라가 한나라 땅을 야금야금 먹어 들어가며 교통로를 끊는 것은 가만히 앉아서 상당의 땅을 차지하려는 것이다. 한나라가 상당을 지키지 못할 것은 틀림없는 사실이다. 그렇다고 상당 땅을 들고 진나라로 귀순할 형편도 못된다. 그렇기 때문에 차라리 우리 초나라에게 주려는 것이다. 진짜 목적은 **자기들에게 닥칠 화를 우리나라에 전가**하려는 데 있다. 진나라가 우리 조나라로 하여금 가만히 앉아서 상당 땅을 취하도록 그냥 놔두겠는가? 하물며 진나라는 한나라의 상당을 공격하기 위해 위수(渭水)에서 하락(河洛)으로 식량을 운반하고 있고 조만간 수확이 있을 것인데 말이다. 사실 진나라는 일찌감치 상당을 자기 땅으로 여겨 왔다. 그런데 약소한 우리 조나라가 한나라의 17성을 받아먹었다가 무슨 화를 당할지 모르지 않은가?

　평원군은 대체로 이런 식으로 효성왕을 설득했다. 이미 눈앞의 이익에 눈이 먼 효성왕은 평원군의 말을 듣지 않고 상당의 10성을 접수하게 했다. 그 결과는 평원군이 염려했던 대로 장평(長平)의 재앙을 불러들이고 말았다. 진나라 군대는 무려 40만에 달하는 조나라 군사를 산 채로 땅에 파묻어 죽였다. 이것이 전국시대 가장 비극적인 장평전투였다. 한나라 상당군의 군수 풍정이 자신에게 닥칠 화를 조나라에 떠넘겼고, 조나라 효성왕은 평원군의 만류에도 불구하고 그 치명적인 독을 덥석 받아 마신 결과였다.

　《한비자》〈내저설(內儲說)〉에는 이런 고사가 있다. 제나라의 중대부 이사(夷射)가 왕궁의 술자리에 참석했다가 술에 취해 복도 문에 기대어 있었다. 노복 월궤(刖跪)가 먹다 남은 술을 자기에게도 조금 나눠 달라고 했다. 이사는 "썩 꺼지지 못할까! 어디서 천한 것이 감히 귀하신 몸에게 술을 달라고 해!"라고 호통을 쳤다. 월궤는 혼비백산 도망쳤다.

　이사가 집으로 돌아간 뒤 월궤는 복도 문 앞에다 남은 술을 여러 방울 떨어뜨려 놓았다. 마치 누군가가 오줌을 누어 놓은 것처럼. 다음 날, 제나라 왕이 그 문을 넘다가 누가 여기다 오줌을 쌌냐고 물었다. 월궤는 어제 중대부 이사가 이곳에 잠시 서 있었다고 대답했다. 당시 궁내에서 이런 불미스러운 행위를 하면 큰 벌을 받게 되어 있었다. 제나라 왕은 이사를 사형에 처했다.

　월궤는 이사가 자신에게 술을 좀 주지 않았다고 그를 해쳤다. 일을 만들어 그 화를 이사에게 전가를 시키는 수법이었다. 참으로 악

랄한 수법이었다. 모르긴 해도 이사는 그 이유도 모른 채 죽어 갔을 것이다.

'떠넘기기'와 '미루기'인 '가화우인'이란 간사모략은 간신의 전매특허와 같다. 그 심리와 수법은 월궤의 그것과 완전히 같다. 간신에게 당한 사람들 상당수가 누가 왜 어떻게 자신을 해쳤는지 모른 채 죽어갔다.

지금 우리 정치판을 보면 그 옛날 간신들이 하던 '가화우인'의 짓거리가 하루가 멀다 하고 벌어지고 있다. 심지어 간신들끼리 미루고 떠넘기기 바쁘다. 부끄러운 줄도 모르고 아예 대놓고 내놓고 이 짓거리를 일삼고 있다. 부동산 투기를 비롯한 축재 의혹이 차고 넘치는 자가 한때 자기편이었던 자의 부동산 투기와 축재를 손가락질하며 잘못을 지적한다. 갑질하면 빼놓을 수 없는 자가 다른 사람의 갑질에 대해 게거품을 물고 욕한다. 죄다 미루고 떠넘긴다. 이른바 기득권 수구세력, 아니 지금은 극우로 바뀐 정당과 그에 속한 자들의 적나라한 민낯이다. 수구는커녕 수거 대상이 되었다. 팝콘 들고 볼만한 꼴이지만 백성들은 피곤하다. 빨리 망하는 게 돕는 일이다.(2026년 1월 5일 19:42)

02

개과천선(改過遷善)과 개과자신(改過自新)
잘못을 고치면 거듭날 수 있다

● ● ● ●

'잘못을 고치고, 착하게 변한다'는 '개과천선'은 많이 인용하는 성어이다. 출처는 《주역(周易)》 '익괘(益卦)'의 다음 대목이고, 이를 네 글자로 줄인 것이다.

"군자이견선즉천(君子以見善則遷), 유과즉개(有過則改)."
"군자는 좋고 착한 것을 보면 바로 그쪽으로 가고, 잘못이 있으면 바로 고친다."

'개과천선'의 사례로 역사서 《진서(晉書)》에 보이는 주처(周處, 240~299)라는 인물을 많이 든다. 주처는 중국 역사상 알아주는 개망나니였다. 어릴 적부터 힘이 남다르고 성격 또한 거칠었다. 게다가 마을 사람들을 괴롭히는 등 온갖 행패를 다 부리고 다녀 모두가 주처를 미워하고 무서워했다. 당시 남산의 맹호와 호수의 교룡이 자주 백성들을 해치곤 했는데, 사람들은 주처까지 합쳐 마을의 세 가지 재앙이란 뜻으로 '삼해(三害)'라 부르면서 이 '삼해'를 어떻게 하면 없앨까 걱정했다.

어느 날 마을 사람들이 한 가지 꾀를 냈다. 주처를 찾아가서 그의 용기를 칭찬하며 남산의 맹호와 호수의 교룡을 잡아 오라고 부추긴 것이다. 뭣도 모르는 주처는 신이 나서 그러겠노라 대답했다. 사람들은 주처가 맹호나 교룡에게 잡혀 죽을 것으로 생각하고 이제 한시름 놓겠다며 좋아라 했다. 누가 알았으랴? 주처는 남산의 맹호를 때려 죽이고, 호수의 교룡까지 잡았다.

맹호와 교룡을 없앴는데도 마을 사람들이 전혀 기뻐하지 않자 주처는 그제야 사람들이 자신을 몹시 미워한다는 사실을 알았다. 주처는 자신의 잘못을 뉘우치기 시작했고, 앞으로 어떻게 해야 할지 몰라 유명한 학자인 육운(陸雲)을 찾아가 상의했다.

육운은 이 무모한 젊은이를 열정적으로 맞이하며 "잘못을 뉘우치겠다는 것은 좋은 일이다. 공자께서도 아침에 듣고 저녁에 잘못을 고친다고 하셨거늘, 잘못 없는 사람이 어디 있겠는가? 사람에게 용기가 없다는 것이 무섭지 앞날을 걱정할 것은 없다. 뜻을 세우고 열심히 배운다면 꼭 성공할 것이다!"라고 충고했다.

육운의 말에 주처는 눈앞이 확 트이는 것 같았다. 그때부터 젊은 시절 잘못된 길로 빠졌던 자신의 경험을 교훈 삼아 열심히 공부한 끝에 풍부한 지식과 교양을 갖춘 사람이 되었을 뿐만 아니라 여러 벼슬을 거쳤다.

'개과천선'하면 과거의 나와는 다른 새로운 나로 거듭날 수 있

다. 사마천은 이 단계를 '개과자신'으로 표현했다. '잘못을 고치고 스스로 새로워진다', 즉 '새사람이 된다'는 뜻이다.(〈효무본기〉) 또 '잘못을 고치고 바른길로 나아간다'는 '개과회정(改過悔正)'이란 표현도 있다.(〈삼왕세가〉) '잘못을 고치는 데 인색하지 말라'는 '개과불린(改過不吝)'이란 좋은 말씀도 있다.(《구당서》)

인간은 완벽한 존재가 아니다. 누구든 실수할 수 있고, 잘못한다. 성인(聖人)도 마찬가지다. 문제는 잘못을 하고도 잘못한 줄 모르거나 잘못 자체를 인정하지 않는 것이다. 공자의 수제자인 자공(子貢)은 이런 의미심장한 말씀을 남겼다.(《논어》〈자장〉)

"군자지과(君子之過), 여일월지식언(如日月之食焉). 과야(過也), 인개견지(人皆見之); 갱야(更也), 인개앙지(人皆仰之)."

"군자의 잘못은 일식이나 월식과 같다. 잘못하면 모든 사람이 보고, 고치면 모든 사람이 우러러본다."

자공은 많은 사람들로부터 존경 받는 고상한 품덕을 가진 사람이나 많이 배운 지식인의 잘못은 일식이나 월식처럼 모든 사람이 다 본다고 했다. 그러면서 잘못을 고치면 모두가 우러러본다고 덧붙였다. 더 존경을 받는다는 말이다. **잘못을 안 하기보다 잘못을 고치기가 더 어렵기 때문**이다.

공자의 제자 자공은 잘못을 고치는 일이야말로 큰 덕이라 했다. 이와 관련하여 후대의 송나라 때 사람 정강중(鄭剛中, 1089~1154)은 "소인의 잘못은 나는 새와 같아 한 번 저질러 버리면 따라잡을 수 없다"(《주역규여周易窺餘》 권15)고 했다.

올바른 지식인이나 기본 양식을 갖춘 사람도 순간 잘못을 할 수 있지만, 이내 잘못을 알고 바로잡는다. 반면 어리석거나 못난 사람은 잘못을 하고도 잘못한 것인지 모르거나 알고도 고치려 하지 않는다. 구질구질한 변명으로 잘못을 가리거나 덮으려 한다. 특히 명성이 높거나 존경 받는 사람의 잘못은 일식이나 월식과 같아 누구나 다 볼 수 있기 때문에 그것을 바로 고치지 않으면 크게 비난받을 수밖에 없다. 그래서 고치면 모두가 그를 우러러본다고 한 것이다.

최근 집권 여당에서 어처구니없는 짓이 벌어지고 있다. 조금만 생각해도 그 짓이 얼마나 어리석고 뻔한 결과를 가져올 일이라는 것을 보통 시민들도 아는데 무려 100명 넘게 떼를 지어 내가 권력자를 지키겠다고 아우성이다. 본질은 정권을 잡았으니 이제 부귀영화를 누려보자는 사리사욕에 있다. 정권 잡은 지 얼마나 되었다고 벌써 패거리 정치를 들고 나오는가? **보수는 어려울 때 함께하기 힘들고, 진보는 잘나갈 때 함께하기 힘들다**는 속설이 또 한 번 입증되고 있는 것은 아닌지 씁쓸함과 걱정이 앞선다. 깨어 있는 시민들이 단호히 심판할 것이다.

잘못하면 온 세상이 다 아는 시대에 살고 있다. 그런데도 어찌된 일인지 잘못하는 사람이 더 많아지는 것 같다. 사리사욕에 눈이 멀어 그 잘못이 가져올 결과를 생각하지 않기 때문이 아닐까? 그나마 용기 있게 잘못을 인정하고 바른길로 돌아온 사람도 있어 위안이 된다. 그 정치가가 잘못을 인정하면서 남긴 한마디가 마음에 와닿는다. 그 말이 진심이라면, 그는 '개과천선'을 지나 '개과자신'의 길에 들어섰다고 할 것이다. 부디 큰 정치가로 거듭나길 바랄 뿐이다.(2026년 2월 23일)

"정치의 자리는 욕망의 높이가 아니라 책임의 깊이로 결정된다는 사실을 다시 마음 깊이 새깁니다."

이와 함께 명말청초의 학자 안원(顏元, 1635~1704)의 《안습재선생언행록(顏習齋先生言行錄)》의 한 대목도 인용해둔다. 음미해보면 느끼는 바가 적지 않을 것이다.

"악인의 마음에는 잘못이 없고, 보통 사람의 마음은 잘못을 안다.
현인의 마음은 잘못을 고치고, 성인의 마음은 잘못을 적게 한다."

개과불린 → 개관천선 → 개과회정 → 개과자신 ← 인개양지

03

걸견폐요(桀犬吠堯)
포악한 권력의 개가 된 '학간'과 '언간'

. . . .

"오보의 정정 : 우리는 잘못된 보도에 대해서는 솔직하게 시인하고, 신속하게 바로 잡는다."('한국기자협회 윤리강령' 제7항)

길들이기 나름이지만
어떤 사람이 길들이느냐가 관건

중국 역사상 최악의 폭군으로 악명이 높은 걸임금과 관련하여 **'걸견폐요(桀犬吠堯)'**라는 사자성어가 전해온다. **'걸임금의 개가 요임금을 보고 짖는다'**는 뜻이다. 알다시피 걸은 천하의 폭군이고, 요임금은 천하의 성군이다. 그렇다고 개가 요임금이 어떤 사람인지 어찌 알겠는가? 잘 길들여 그 사람이 누가 되었건 짖으라면 짖는 것이지. 먼저 이 성어의 출처부터 알아본다.

기원전 154년 경제(景帝) 집권기의 한나라는 기원전 202년 건국 이후 약 반 세기 만에 큰 병목 위기를 맞았다. 지방의 왕국인 오(吳)와 초(楚)를 중심으로 무려 7개 나라가 중앙정부에 반기를 든 것이다. '오초 7국의 난'이었다.

이 반란에 강력한 양(梁)나라는 가담하지 않고 중앙정부 편을 들었다. 난이 평정된 뒤 양나라 효왕(孝王)의 위상은 중앙 황실에 버금갈 정도로 커졌고, 이에 따라 천하의 인재들이 양나라로 몰려들었다. 이때 들어온 인재들 중에 제(齊)나라 출신의 추양(鄒陽, 기원전 206~기원전 129)이 있었다. 그는 문장가이자 유세가의 풍모를 지난 인물로서 양나라 여기저기를 떠돌면서 오나라 출신의 장기(莊忌)와 회음(淮陰) 출신 목생(牧生) 무리들과 사귀었다.

추양의 명성은 점점 양나라로 퍼져나갔다. 추양은 기회를 봐서 양 효왕에게 글을 올렸다. 글의 내용이 무엇인지는 알 수 없지만, 나중에 효왕에게 보낸 글로 볼 때 충분히 효왕의 마음에 들었을 것이다. 여기서 훼방꾼이 등장했다. 효왕의 측근으로 총애를 한 몸에 받고 있던 양승(羊勝)과 공손궤(公孫詭)가 추양을 질투하여 효왕 앞에서 그를 헐뜯었다. 이들이 추양을 어떻게 모함했는지는 기록에 남아 있지 않다. 효왕이 성을 내며 추양을 법관에게 넘겨 죽이려 했다고 한 것을 보면 대단히 악의적인 모함이 있었음은 분명해 보인다.

추양은 졸지에 영문도 모른 채 옥에 갇혀 죽을 날만 기다리는 신세가 되었다. 추양은 객지를 떠돌다 이렇게 억울하게 죽어 오명만 남게 되는 상황을 견딜 수 없었다. 생각 끝에 추양은 붓을 들어 효왕에게 편지를 썼다.

'결견폐요'는 이 편지의 한 대목에 등장하는 유명한 성어인데, 원문은 '**걸지구가사폐요(桀之狗可使吠堯)**'이고 줄여서 '결견폐요'라 한다. 바로 뒤따라 나오는 '척지객가사자유(跖之客可使刺由)'도 함께 유명한데 줄여서 '척객자유(跖客刺由)'라 한다.

걸임금은 천하의 폭군이고, 요임금은 천하의 성군이다. 그렇다고 해서 걸이 기르는 개가 성군 요를 알아보고 짖지 않는 것은 아니다. 잘 길들이면 얼마든지 요임금을 향해 사납게 짖게 만들 수 있다. 척은 《장자(莊子)》 등에 나오는, 사람의 간을 꺼내 회를 쳐서 먹는다는 도척(盜跖)이다. 유는 임금 자리도 사양한 은자 허유(許由)를 말한다. 허유가 제아무리 어진 사람이라 해도 '도척은 얼마든지 식객을 사주하여 허유를 찔러 죽일 수 있다'는 뜻이다. 즉, 상대를 어떤 마음으로 얼마만큼 대하느냐가 중요하다는 말이다. 관련 대목을 보자.

"임금이 진실로 교만한 마음을 버리고 보답할 뜻을 품고 속마음을 꺼내 참된 마음을 보여주며, 간담(肝膽)을 털어 덕을 넉넉히 베풀고, 기쁨과 어려움을 선비와 함께하고, 선비에게 인색하게 굴지 않으면 포악한 걸왕(桀王)의 개라도 요임금에게 짖어대게 할 수 있고, 도척(盜跖)의 식객들은 그의 명에 따라 허유(許由)를 찔러 죽게 할 수도 있습니다."

추양은 다양한 역사적 사례를 들어가며 자신의 진심을 전하는 한편, 자신은 모함을 당한 억울한 사람이라는 점도 드러냈다. 이 글이 양 효왕에게 올라가자, 효왕은 사람을 보내 추양을 풀어준 뒤 그를 상객(上客)으로 삼았다.

'걸견폐요'는 누가 되었건 그 개를 정성스럽게 잘 길들이면 얼마든지 시키는 대로 할 수 있게 만들 수 있다는 비유이다. 추양은 폭군 걸과 사악한 도척을 끌어들여 강렬한 대비 효과를 거두고 있다. 문제는 성심을 다해 그 개를 길들이는 주인의 심성과 자질일 것이다.

영혼을 좀먹는 시기와 질투, 그리고 집단 반지성(反知性)의 앞잡이 '학간'과 '언간'

윤가를 대통령으로 뽑은 2022년 대선 때 무슨 일 때문에 이런 글을 쓴 적이 있다.

진XX란 작자가 대선이 끝나기 무섭게 유□□ 작가를 향해 정리되어야 할 대상이라고 막말을 해댔다. 유 작가 외에 (털보) 김□□과 몇몇 얼빠진(?) 중소 인플루언서들도 정리해야 할 대상으로 꼽았다. 이 작자의 주요 타깃은 역시 유 작가일 것이다. 그동안 이 작자가 보여 온 유 작가와 조○ 교수에 대한 끝 모를 무자비한 시기와 질투를 생각하면 일견 당연해 보인다. 시기와 질투, 그것도 어설프게 배운 지식인 간신 '학간(學奸)'의 시기와 질투는 그 자신의 영혼까지 좀먹는다는 사실을 이 작자가 너무 잘 보여주고 있어 젊은이들의 반면교사가 되기에 충분하다.

유 작가는 이에 대해 도척(盜跖)의 개가 공자(孔子)를 향해 짖는 것은 공자의 잘못도 개의 잘못도 아니라고 가볍게 응수했다. 무슨

말인지 이자가 알아먹을지는 모르겠지만 말이다. 유 작가의 이 말이
바로 위에서 소개한 '걸견폐요'라는 고사성어이다.

그런데 유 작가의 말과 이 고사성어들을 가만히 새겨보면 이중
삼중의 중의적 의미가 내포되어 있음을 발견할 수 있다. 첫째, 개는
누구일까? 당연히 진XX이란 작자다. 이론의 여지가 없다. 둘째, 도
척과 걸은 누구를 가리킬까? 이 역시 어려운 질문이 아니다. 윤·김
가와 그 패거리를 가리킨다. 셋째, 그럼 개는 왜 짖을까? 그렇게 잘

길들여져 있기 때문이다. 넷째, 그렇다면 그 개는 누가 길들였을까? 이 질문이 만만치 않다. 도척과 걸이 기른 개는 그냥 잘 길들여져 있지만, 유 작가가 가리킨 개는 절대 누구에게 길들여졌다고 인정하지 않을 그런 개이기 때문이다. 이 개는 자기 스스로 그렇게 길들여져 있다. 오직, 저 하나만 그걸 모르고 있고, 또 끝까지 인정하려 하지 않을 뿐이다.

심보가 삐뚤어진 '학간'과 '언간'은 자기보다 나은 사람들을 향해 짖고 물어뜯는다. 특히 열등감에 사로잡힌 어설픈 자들이라면 더 하다. 이런 자들은 그 알량한 말과 글로 세상을 오염시키고, 어리숙한 사람들을 타락시킨다. 이들과 함께 떼를 지어 세상을 그래도 좋은 쪽으로 바꾸려는 사람들을 향해 마구 짖어댄다. 끝내는 자신의 영혼마저 타락시킨다. 더 큰 문제는 자신이 누구를 위해 짖는 것인지도 모른 채 오늘도 여전히 짖고 물어뜯고 있는 현실이다.

그렇다면 이 개는 앞으로 어떻게 될까? 이 역시 고사성어에 답이 있다. 여기에는 또 다른 폭군의 대명사 주(紂)임금이 등장한다. 바로 '조주위학(助紂爲虐)'이다. '(폭군) 주임금을 도와 악독한 짓을 일삼는다'는 뜻이다. 주임금이 누구며 그를 돕는 자가 누구인지는 이제 다들 아시리라 믿는다. 바로 이것이 문제다. 앞으로 이 개가 폭군을 도와 세상을 마구 해칠 것이니, 아이구!(모두가 목격했듯이 이 예견 아닌 예견은 사실로 드러났다. '학간'과 '언간'은 결코 믿지 못할 종자들이다.)

'학간'과 '언간'은 끈끈하게 이어져 있다. 일부 '언간'은 정치계의 간신 '정간'으로 변신한다. 지금 야당에서 잡음을 일으키고 있는 사쿠라로 불리고 있는 자다. 온갖 단물 다 빨다가 그 빨대로는 더 이상

빨 수 없으니 자기가 몸담았던 진영을 분탕질한다. 천박한 우월감(열등감)에 사로잡혀 리더를 공격하고, 깨어 있는 시민들을 향해 사납게 짖어댄다.

2022년 대선에서 '집단지성'의 힘은 '집단 반지성'의 무지와 포악함에 안타깝게 패했다. 이 반지성 집단은 정말 계몽할 수 없는 존재들인가? 문득 창밖으로 들여오는 개 짖는 소리에 쓸쓸한 웃음을 지어본다.

'내일은 내일의 태양이 뜬다!'

스칼렛의 목소리 뒤로 붉은 태양이 꿈틀거린다. '언간'을 포함한 우리 안의 간신을 대청소할 기회가 붉은 태양과 함께 다가오고 있다.(2023년 12월 21일 쓰고, 2025년 12월 16일 수정)

04

구맹주산(狗猛酒酸)
개가 사나우면 술이 시어진다

● ● ●

'구맹주산'은 술집 문 앞의 개가 사납게 짖으면 손님이 끊겨 맛나게 담아 놓은 술이 팔리지 않아 시어버린다는 뜻의 고사성어다. 관련하여 《안자춘추(晏子春秋)》에는 이런 이야기가 전한다. 대개 '사서맹구(社鼠猛狗)'로 알려진 고사인데, 통치자가 경계해야 할 점을 쥐와 개를 들어 비유하고 있다.

경공이 나라를 다스리는 데 가장 큰 근심거리가 무엇이냐고 묻자 안자는 '사직(社稷)의 쥐새끼' '사서(社鼠)'라고 답했다. 경공이 무슨 뜻이냐고 묻자, 안자는 나라의 제사를 올리는 사직이라 불을 지르거나 물을 부어 사직에 사는 쥐새끼를 잡으면 사직의 건물을 망가뜨릴 수 있기 때문에 그렇게 해서는 못 잡듯이 나라에도 사직에 사는 쥐새끼 같은 자들이 있다면서 이렇게 말했다.

"이들은 안으로는 임금으로 하여금 선악을 구별 못하게 가로막으며, 밖으로는 그 권세를 팔아 백성의 짐이 되고 있습니다. 이들을 죽이지 않으면 혼란이 일어날 것 같고, 죽이자니 **임금에게 기대어 마치 임금 뱃속에 있는 경우**와 같습니다."

그러면서 안영은 송나라의 한 술집 이야기를 들려주었다. 이 술집은 좋은 술을 빚고 눈에 띄는 간판을 내걸었지만 술이 팔리지 않았다. 이웃에게 그 까닭을 묻자 이웃은 당신 집에 '맹구(猛狗)', 즉 '사나운 개'가 있어 사람들을 무니 사람들이 오길 꺼려 한다고 했다. 그러면서 안영은 이렇게 덧붙였다.

"나라에도 그런 맹구, 사나운 개가 있습니다. 권력을 쥔 자들이죠. 능력과 기술을 가진 인재가 만승의 임금을 명석하게 가르쳐 주고 싶어도 이런 자들이 인재들을 물어 버립니다. 이렇듯 좌우 신하는 사당의 쥐새끼 같고, 권력은 쥔 자는 사나운 개와 같으니 임금이 어찌 가려지지 않겠습니까?"

'사서맹구' 또는 '구맹주산'으로 널리 알려져 있는 이 고사는 워낙 유명하여 《안자춘추》는 물론 《한비자(韓非子)》, 《설원(說苑)》, 《예문유취(藝文類聚)》, 《한시외전(韓詩外傳)》, 《군서치요(群書治要)》 등 여러 책에 인물만 달리하여 거의 같은 내용이 실려 있다. 《전국책(戰國策)》〈초책〉 1)에는 약간 다른 내용이 보인다. 그 대목만 잠깐 소개해 본다.

　　강을(江乙)이란 자가 초나라 선왕(宣王) 앞에서 소해휼(昭奚恤)을
비방하는 대목이다. 당시 초나라는 위나라를 얼마든지 공략할 수 있
었는데 장수 소해휼이 위나라로부터 뇌물을 받고 진군을 멈추었다.
강을은 이 일을 가지고 다음과 같이 빗대어 소해휼을 비난했다.

　　"집을 잘 지킨다고 해서 기르는 개를 아주 귀여워하는 사람이 있
었답니다. 어느 날 그 개가 우물에 오줌을 썼습니다. 이를 목격한 이
웃 사람이 개 주인에게 이 일을 알리려 했습니다. 그러자 개가 사납
게 문 앞에서 그 사람을 물려고 했습니다. 이웃 사람은 그 개가 무서
워 끝내 알리지 못했답니다."

　　강을은 소해휼의 뇌물 수수를 개가 우물에 오줌을 싼 것에 비유

하면서, 자신이 소해휼의 이런 비밀을 알고 있기에 자신이 왕을 만나는 것을 소해휼이 늘 꺼려 한다고 했다.

권력(자) 주변에는 거의 예외 없이 안자가 말한 이런 쥐와 개 같은 자들이 권력(자)의 앞을 가로막고는 바른말 하려는 사람을 향해 짖어댄다. 권력(자)의 눈과 귀를 가리는 자들이다. 이런 자들을 가리켜 간신(奸臣)이라 부르고, 다른 말로 점잖게 '사서맹구'라 한다. 지금 어떤 자들이 문을 가로막고 있는지 잘 살펴야 한다. '사나운 개가 짖으면 술이 시어지듯이' 이런 자들이 설치면 나라가 시끄러워진다. 지금 **때와 장소를 가리지 못하는 목소리 큰 자들을 먼저 눈여겨봐야** 한다.(2026년 1월 24일)

05

나태(懶怠)와 7대 죄악
실패의 주적(主敵)은 '게으름'

● ● ●

한때 군대를 비롯한 조직에서 바람직한 리더의 스타일과 관련하여 이런 우스개(?) 말이 유행한 적이 있다. 어떤 유형이 가장 바람직하고 어떤 스타일이 최악인지 각자 생각해보자.(똑게의 게으름과 멍게의 게으름은 엄연히 다르다는 점을 귀띔해 둔다.)

- 똑부 : 똑똑하고 부지런한 리더
- 똑게 : 똑똑하고 게으른 리더
- 멍부 : 멍청하고 부지런한 리더
- 멍게 : 멍청하고 게으른 리더

윤가(윤석열)가 반란(내란)에 실패한 가장 중요한 외적 요인은 당연히 깨어 있는 민주시민의 용감하고 현명하고 빠른 대처였다. 그렇다면 실패의 주요한 내적 요인은 무엇일까? 많은 사람들이 지적하듯, 권력을 쥐고 있는 상황에서 벌인 내란이 실패할 확률은 매우 적다. 그럼에도 윤가는 실패했다. AI에게 그 원인을 물었더니 다음과 같은 모범 답안을 내놓았다.

1 국회의 신속한 대응과 법적 해제 요구
2 군사 작전의 미숙함과 준비 부족
3 시민들의 저항과 사회적 불응
4 법적·절차적 정당성 결여

이 중 윤가 개인에 해당하는 항목은 두 번째 '군사 작전의 미숙함과 준비 부족'일 것이다. 그리고 미숙과 부족의 근본 원인은 이자의 '게으름'에 있지 않을까? 내란(반란) 실패의 주적은 아이러니하게도 역적(반란수괴)의 게으름이었다.

온 국민들이 다 목격하고 알게 되었듯이 이자는 국정과 국민의 삶에는 애당초 관심조차 없었다. 그저 먹고 마시고 으스대는 짓밖에 할 줄 아는 것이 없었다. 그러니 당연히 게으름이 따라 나올 수밖에. 출퇴근조차 제멋대로 엉망이었고, 심지어 가짜 출근 차량까지 동원할 정도였으니 말해서 무엇 하겠는가? 게으르니 치밀하지 못하고, 치밀하지 못하니 미숙했다. 게으르니 준비가 제대로 될 수가 없었다.

게으름을 영어로는 대체로 Laziness 또는 Idleness라 한다. 그런데 기독교에서는 Sloth라 하여 7대 죄악의 하나로 꼽는다. 7대 죄악은 영어로 'Seven Deadly Sins'라 하는데, 직역하자면 '일곱 가지 치명적인(심각한) 죄악'을 말한다. 그 일곱 가지는 다음과 같다.

1 교만(驕慢, Pride) : 자신을 과도하게 높이는 마음.

2 시기(猜忌, Envy) : 남의 잘됨을 샘 내고 미워함.

3 분노(忿怒, Wrath) : 과도한 화나 복수심.

4 나태(懶怠, Sloth) : 영적·육체적 게으름.

5 탐욕(貪慾, Greed): 재물에 대한 끝없는 욕심.

6 식욕(食慾, Gluttony) : 음식에 대한 과도한 탐착.

7 정욕(情慾, Lust) : 육체적 쾌락에 대한 무절제한 욕망.

이 일곱 가지 죄악을 보노라면, 윤가는 단순히 게으름(나태) 뿐만 아니라 정도의 차이는 있어도 이 일곱 가지 모두를 한 몸에 지녔던 자라는 생각이 절로 든다. 교만과 분노는 기본이었고, 여기에 나태와 식욕까지 갖추었고, 남(정적)을 시기하는 열악한 근성도 갖추고 있었다. 정욕은 잘 알려져 있지 않지만, 식욕을 통한 육체적 쾌락을 꾀했다는 점에서 이 역시 빼놓을 수 없을 것 같다. 이런 자였으니 무슨 일을 벌였던 실패는 불문가지(不問可知)라 하겠다.

'게으름은 인간을 파멸시키는 주범'이라는 말이 있다. 또 '게으름뱅이 깔끄막진다'는 우리 속담도 있다. 게으름뱅이가 일을 않으려고 꾀를 부리고 빠져나가려고만 하다가 도리어 어려운 일을 당한다는 뜻이다.(깔끄막은 언덕의 전라도 사투리이다.) 게으름을 가리키는 한자 단어는 나태(懶怠, 또는 嬾怠)다. 판타지소설 《서유기》에 보면 '게으른 마음 품지 말고, 나태한 뜻 일으키지 말라'는 말씀이 있다. 또 '부지런하면 온갖 지혜가 생기고, 게으르면 온갖 폐단이 생긴다'는 중국 격언도 있다.

동서양을 막론하고 게으름을 인간의 가장 안 좋은 습성으로 꼽는다. 이를 경계하고 경고하는 수많은 말들도 생겨났다. 그런데 참으로 역설적이게도 이 게으른 권력자 때문에 내란(반란)이 실패했다고 분석하고 보니 여간 씁쓸하지 않다. 하기야 이자가 부지런했다면 어땠을까? 이런 끔찍한 생각도 든다.(2026년 2월 19일 내란 수괴의 1심 판결을 앞두고)

'부지런한 보통 사람들이 게으른 권력자를 이긴다.'

06

당랑거철(螳螂拒轍)
국민을 이기는 정치는 없다

● ● ●

"정치는 정치가들이 하는 것 같지만 결국은 국민이 한다."

이재명 대통령이 즐겨 하는 말이다. 그렇다! 예로부터 민심을 이기는 권력은 없었다. '민심(民心)이 천심(天心)'이라는 말이 그래서 나왔다. '사람이 많으면 하늘도 이긴다'는 '인중즉승천(人衆則勝天)'이란 무서운 말씀도 있다.(출처는《사기》〈오자서열전〉)

도가 계통의 대표적인 저서《장자(莊子)》등에 보면 **'당랑거철(螳螂拒轍)'**이란 재미난 표현이 보인다. **'사마귀가 수레를 막아서다'**는 뜻이다. 자기 힘은 생각하지 않고 강한 상대에게 무모하게 대드는 행위를 비유하는 성어이고, 우리 고등학교 한문 교과서에도 실려 있다.

'당랑거철'은 여러 고전과 시에 등장하는 사자성어인데, 대표적으로《장자》〈천지天地 편〉에 보면 다음과 같은 이야기가 있다.

장여면(將閭葂)이 계철(季徹)에게 "노나라 왕이 내게 가르침을 받고 싶다고 하길래 몇 번 사양하다가 '반드시 공손히 행동하고 공정하며 곧은 사람을 발탁하여 사심이 없게 하면 백성은 자연히 유순해질 것입니다'라고 말하였습니다. 이 말이 과연 맞는 말이었는지 모르겠습니다"라고 했다.

계철은 껄껄 웃으며 "당신이 한 말은 제왕의 덕과 비교하면 마치 **'사마귀가 팔뚝을 휘둘러 수레에 맞서는 것'** 같아서 도저히 감당해 내지 못할 것입니다. 또 그런 짓을 하다가는 스스로를 위험에 빠뜨리게 되고 집안에 번거로운 일이 많아지며, 장차 모여드는 자가 많아질 것입니다"라고 말했다.

계철의 말은 즉, 그런 세속적인 충고는 오히려 제왕의 도를 그르칠 수 있다는 지적이었다. '당랑거철'은 《장자》 외에 《회남자(淮南子)》, 《한시외전(韓詩外傳)》 등에도 보인다.

조선시대 문인인 최한기는 〈충의로 권면하고 징계한다〉란 글에서 '당랑거철'을 다음과 같이 인용하고 있다.

"이웃 나라와 전쟁을 하는 것이 만약 국경을 침범하거나 포로를 욕심내는 데서 나왔다면, 마땅히 너그럽게 잡아매는 방법을 써야 한다. 그러나 만약 강한 것으로 약한 것을 협박해서 강제로 복속시키기 위하여 **'당랑거철'**처럼 힘을 헤아리지 않고 대항한다면 무고한 백성만 희생될 것이 두렵고, 형세에 따라 그럭저럭 세월이나 보낸다면 이는 곧 군신의 의리가 없는 것이니, 이런 때를 당하면 십분 살펴 사람을 써야 한다. 이웃 나라를 방문하는 사신과 방어하는 장군은 객기로 격한 마음을 가지고 자원하는 사람을 써서는 안 되고, 반드시 그 덕망과 지식에 온 나라 사람이 감복하는 인격으로 생사와 존망을 백성과 나라에 바칠 마음이 있고 화와 복과 영욕에 동요되지 않는 사람을 선택해야 된다."

지금 정치판을 보면 '당랑거철'하는 자들이 많다. 모두 깨어 있는 시민들의 의식 수준을 무시하는 자들이다. 예로부터 백성은 무던히 잘 참는다. 하지만 그 **인내의 임계점이 무너지면 지체 없이 권력을 뒤엎고 권력자를 내쫓는다.** 우리 현대사에서 이미 몇 차례나 일어난 일이다. 빛의 혁명에서 시민들이 보여준 엄청난 용기와 성숙한 시민의식을 목격하고도 여전히 '당랑거철'할 수 있다고 여기는 못난 정치꾼들이 적지 않다. 수천만 시민들이 끌고 미는 역사의 수레바퀴 밑에 깔려 죽을 날이 멀지 않았다. 정신 차려라! 정치는 너희들이 하는 것 같지만, 결국은 깨어 있는 집단지성의 힘이 정치를 이끌고 간다. 정신 차려라, 눈멀고 귀먹은 어리석은 자들아!(2026.1.6.)

07

대소절영(大笑絶纓)
웃기는 자들로 넘쳐나는 세상

● ● ●

요즘 정치판을 보면 웃기는 자들로 넘쳐난다. 즐겁게 웃기는 것이 아니라 어이없게 만드는 짓거리로 쓴웃음을 짓게 하거나, 웃고는 싶은데 웃음조차 안 나오게 만드는 황당한 짓거리가 대부분이다. 언제 한번 소리 내어 크게 웃을 날이 왔으면 하는 마음에서 **옛날 사람들의 큰 웃음**에 대해 이야기해 볼까 한다.

전국시대 제나라 사람으로 외교에서 큰 활약을 보인 순우곤(淳于髡)은 익살스럽고 변설에 능해 여러 번 제후에게 사신으로 나갔는데 소신을 굽히거나 나라를 욕되게 행동하지 않았다.

제나라 위왕(威王) 8년인 기원전 349년, 초나라가 군대를 대거 동원해 공격해왔다. 위왕이 순우곤에게 조나라로 가서 구원병을 청하게 하면서 황금 1백 근과 마차 10대를 예물로 가지고 가게 했다. 순우곤이 하늘을 우러르며 '크게 웃자 갓끈이 모두 끊어졌다(대소절영

大笑絶纓).' 왕이 "선생은 이것을 적다고 생각하오?"라고 하자 곤은 "어찌 감히요!"라고 했다. 왕이 "그래도 웃은 데는 무슨 까닭이 있겠지요?"라고 하자 곤이 이렇게 말했다.

"어제 신이 동쪽에서 오다가 길가에서 풍년을 비는 자를 보았습니다. 돼지 발 하나와 술 한 잔을 손에 들고 빌기를 '높은 밭에서는 그릇에 가득, 낮은 밭에서는 수레에 가득, 오곡이여 풍성하게 우리 집에 넘쳐라'라고 하더군요. 손에 쥔 것은 그렇게 보잘것없으면서 원하는 바는 그렇게 사치스러워 신이 웃은 것입니다."

제 위왕은 당초의 예물보다 10배 이상을 늘려 주었다. 조나라 왕은 정예 병사 10만 명과 전차 1천 대를 내주었다. 이 이야기를 들은 초나라는 그날 밤으로 철수했다. 이후 **'대소절영'은 어떤 일이 아주 가소로운 경우를 비유**하는 성어가 되었다. 하늘을 향해 크게 웃는다는 뜻의 '앙천대소(仰天大笑)'로도 많이 쓴다.

다음은 점쟁이들의 이야기를 다룬 《사기》〈일자열전〉의 일화이다. 서한시대 장안의 점쟁이 사마계주(司馬季主)는 그렇게 용한 재주를 가지고 있으면서 공명을 추구하지 않고 왜 천한 일을 하고 있느냐는 송충(宋忠)과 가의(賈誼)의 지적에 '배를 움켜쥐고 크게 웃으며(포복대소抱腹大笑)', 이렇게 쏘아붙였다.

"지금 그대들이 말하는 유능한 자란 죄다 부끄러워해야 한다. 몸

을 낮추어 앞으로 나아가 아첨을 일삼으며, 서로 권세와 이익으로
이끌고, 당파를 만들어 옳은 것을 배척함으로써 높은 명예를 추구하
고, 나라의 녹봉을 받으면서도 사리사욕을 채운다.”

가의와 송충은 부끄러워 어쩔 줄 몰라 하면서 **“도는 높을수록 몸
이 편해지고(도고익안道高益安), 권세는 높을수록 위태롭구나(세고익
위勢高益危)!”** 라며 한숨을 내쉬었다.

'파안대소(破顔大笑)'라는 일본식 성어도 많이 쓴다. '얼굴이 찢어질 정도로 크게 웃다'는 뜻이다. 아주 즐겁거나 너무 기뻐 온 얼굴이 환해지도록 크게 웃는 모습을 비유한다. 너무 우스울 때 '배꼽 잡는다' '배꼽 떨어진다'는 표현이 있고, 이를 성어로는 '요절복통(腰折腹痛)'이라 할 수 있다. 하도 우스워 허리가 꺾이고 배가 아플 정도라는 뜻이다. 거의 같은 뜻으로 '포복절도(抱腹絶倒)'도 있다. 너무 우스워 배를 움켜쥐고 숨이 넘어가 쓰러질 정도라는 뜻이다.

'파안대소'를 비롯하여 '요절복통', '포복절도'는 우리가 일상에서 많이 쓰는 성어들이긴 하지만 출처는 분명치 않다. '포복절도'도 일본식으로 추정된다. 훗날 송나라 때 사람 소식(蘇軾)은 〈유박라향적사(游博羅香積寺)〉라는 시 한 대목에서 '봉복대소(捧腹大笑)'라는 표현을 쓰기도 했는데, 같은 뜻이다.

'파안'이 들어간 중국의 성어로는 '파안일소(破顔一笑)', '파안위소(破顔爲笑)'가 있다. '파안일소'는 노신(魯迅)의 《기괴(奇怪)》라는 작품이 그 출처이다. 다만 뜻은 우리가 쓰는 '파안대소'와 다르다. '파안일소'와 '파안위소'는 잠깐 근심 어린 표정을 짓다가 '파안(破顔)', 즉 표정을 바꾸어 웃는 모습을 말한다.

어쨌거나 뜻있는 사람을 '포복대소'하게 만드는 천하고 가소로운 자가 설쳐대는 세태는 예나 지금이나 별반 달라진 것이 없다. 언제나 정말 기쁜 나머지 배를 잡고 숨어 넘어갈 정도로 웃어 보나.(2026년 2월 1일)

08

매일생한불매향(梅一生寒不賣香)
인향(人香)은 어디에?

• • •

애주가들의 많고 많은 건배사 중에 '화향백리(花香百里), 주향천리 (酒香千里), **인향만리(人香萬里)**'라는 것이 있다. '꽃의 향기는 백 리를 가고, 술 향기는 천 리를 가며, 사람의 향기는 만 리를 간다'는 뜻이 다. **사람의 관계가 제대로 무르익으면 세상 그 어떤 것보다 가치가 있다는 비유**일 게다.

인간관계의 기본은 믿음이고, 그 믿음을 등지지 않는, 즉 '배신(背信)'하지 않음으로 유지된다. **배신은 물론 상대에 대한 말이지만 잘 생각해보면 자신의 소신이나 지조를 버리지 않아야 상대를 배신하지 않게 된다는 조건이 내포**되어 있다.

조선시대의 문장가 신흠(申欽, 1566~1628)은 한 사람의 지조와 절개를 오동나무·매화·달·버드나무를 상징적으로 빌려다 다음과 같은 절창을 남긴 바 있다.(《야언野言》중 한 수)

동천년노항장곡(桐千年老恒藏曲),

오동나무는 천년을 늙어도 늘 가락을 품고 있고,

매일생한불매향(梅一生寒不賣香).

매화는 평생을 추운 곳에서 살지만 향기를 팔지 않는다.

월도천휴여본질(月到千虧餘本質),

달은 천 번을 이지러져도 본래 그대로이고,

유경백별우신지(柳經百別又新枝).

버드나무는 백 번을 꺾여도 새 가지가 다시 돋는다.

　고난 속에서 살아도 그것이 옳은 길이라면 자신의 고귀한 지조를 아무에게나 팔지 않는다는 곧은 의지를 잘 나타낸 시이다. 일찍이 공자(孔子, 기원전 551~기원전 479)도 **"날이 추워진 뒤라야 소나무와 잣나무의 푸르름을 새삼 알게 된다(세한연후지송백지후조歲寒然後知松栢之後凋)"**고 하지 않았던가.

　우리는 선거를 통해 여러 분야의 일꾼을 뽑는다. 때마다 유권자들의 심사는 복잡할 수밖에 없다. 정치권이 지리멸렬이면 선거에 대한 관심도 싸늘해진다. 하지만 나라와 내 지역의 살림, 그리고 교육을 맡길 사람을 선택하는 일이라고 생각하면 나 몰라라 넘길 수 없다. 그것이 국민 된 사람으로서 의무이자 최소한의 책임이기 때문이

다. 문제는 도대체 **어떤 인물을 가려서 뽑아야 할지 신뢰할 만한 정보와 기준**이 애매하다는 것이다. 그럴 때 신흠의 시와 공자의 말씀을 떠올려 보는 것은 어떨지?

청록파 시인의 한 사람으로 평생을 올곧게 사셨던 조지훈(1920~1968) 선생은 〈지조론(志操論)〉이란 글에서 **철나서 자신이 세운 뜻을 바꾸는 것은 모두 변절(變節)**이라고 일갈했다. 당적을 바꾸거나 소신 버리길 밥 먹듯 하는 지금 우리 사회 정치모리배, 사이비 지식인, 지도층입네 하는 인사들의 꼴을 보노라면, 국민의 한 사람으로서 지켜야 할 최소한의 의무와 책임조차 이행하지 않은 파렴치한 자들이 넘쳐나는 현실을 개탄하지 않을 수 없다. 이런 현실에 조지훈 선생의 '지조론'은 오히려 생뚱맞아 보이기까지 한다. 하지만 그렇기에 그 뜻이 더 귀하고 소중하다. 매화 같은 사람이 그리운 세상이다.(2026.1.22.)

09

백만전오십만전(百萬錢五十萬錢)
빨리 잡으려면 많이 걸어라

● ● ●

중국 역사상 최초의 통일제국을 세운 진시황(秦始皇, 기원전 259~기원전 210)은 열두 살 나이로 왕위에 올랐다. 진시황의 아버지 장양왕(莊襄王)의 즉위에 결정적인 역할을 했던 여불위(呂不韋)가 선권을 쥐고 10년 넘게 실권을 휘둘렀다. 그사이 진시황의 젊은 생모 조(趙)태후는 노애(奴毒)라는 자와 사통을 일삼아 아들을 둘이나 낳았다.

그로부터 10년이 지나 21세의 성인 진시황이 친정을 시작하자 노애와 생모는 자신들이 낳은 아들을 왕으로 앉히기 위해 반란을 일으켰다. 진시황은 이 반란을 신속하고 잔인하게 제압했다. 생모와 노애 사이에서 난 두 아들은 돌판에 패대기를 쳐서 죽이고, 생모는 먼 이궁으로 내쳤다.

이 와중에 노애란 놈은 도망을 쳤다. 진시황은 전국에 노애의 얼굴을 그린 방을 붙이고, 노애에게 거액의 현상금을 걸었다. 그런데 그 현상금의 액수가 입이 딱 벌어질 정도였다. 노애를 생포하면 100

만 전, 죽여서 시체라도 가져오면 50만 전이었다. 노애는 도망친
지 며칠이 되지 않아 붙잡혔고, 사지를 찢는 거열형(車裂刑)으로 죽
였다.

그렇다면 100만 전은 지금 돈으로 얼마나 될까? 중국 포털 〈바이
두〉의 AI가 제시한 답은 인민폐 약 1억 2천만 위안, 우리 돈 약 240

억 원에 이른다.

　김건희 특검이 공개 수배한 이기훈이 좀체 체포되지 않자 유튜브 매불쇼의 진행자 최욱 씨가 사비 1천만 원을 현상금으로 내걸었던 적이 있다. 최욱 씨의 나라를 위한 충정심에 경의를 표한다. 이기훈은 결국 체포되긴 했지만, 그 과정은 많은 사람들을 답답하게 만들었다.

　속된 말이지만 **범죄자를 현상 수배할 때 특효약은 현상금, 그것도 상당한 액수의 현상금이 특효약이다.** 거금이면 더 효과적이다.(미국에는 제도적으로 현상금만 전문적으로 노리고 범죄자를 잡는 직업, 즉 현상금 사냥꾼 Bounty Hunter도 있다.) 막강한 권력을 휘두르던 노애가 단 2, 3일을 버티지 못하고 붙잡힌 까닭은 관리나 군인들은 물론 전국의 백성들이 노애를 잡거나 죽이려 나섰기 때문이다. 사실 이기훈이란 자를 좀 더 빨리 체포하려 했다면 거액의 현상금을 내걸었어야 했다. 최욱 씨가 1천만 원의 사비를 현상금으로 걸었을 때 십시일반으로 여러 사람이 동참하여 1억 정도로 올려놓았더라면 훨씬 빨리 잡혔을 것이다. 이런 점에서 진시황이 내걸었던 '100만 전, 50만 전'이란 방법은 충분히 차용할 가치가 있다. 우리 돈으로 240억 원, 120억 원이다.(2025년 8월 19일 작성하고, 2025년 11월 2일 수정 보완하다.)

10

봉산개로(逢山開路), 우수조교(遇水造橋)
노력보다 방법이 중요하다

● ● ●

최근 조국혁신당 조국 대표가 민주당과 합당이 지연된 것에 대한 소회를 **'봉산개로(逢山開路), 우수조교(遇水造橋)'**라는 여덟 글자의 성어로 나타냈다. '산을 만나면 길을 내고, 물을 만나면 다리를 놓는다'는 뜻으로, **일을 추진하다가 장애와 난관을 만나더라도 길을 내고, 다리를 놓듯 헤쳐나가겠다**는 의지를 비유한다.

이 여덟 글자 중 앞 네 글자 '봉산개로'는 13세기 후반 원나라 때 작가 기군상(紀君祥, 생졸 미상)의 원곡(元曲) 《조씨고아(趙氏孤兒)》가 그 출처이고, 《삼국연의》 제50회에 보면 '봉산개로(逢山開路), 우수첩교(遇水疊橋)'로 나온다. 이후 '첩교' 대신 '가교'로 한 글자 바꾸어 '봉산개로, 우수가교'로 많이 쓰고 있다.

이 성어는 2008년 시진핑 주석이 신년 축하 인사말에 인용하여 널리 알려졌고, 2011년 5월 워싱턴에서 열린 제3차 미·중 전략 및 경제대화 개막식 연설에서 힐러리 클린턴 국무장관도 '봉산개도, 우수가교'를 인용하여 미·중 관계의 상황을 비유한 바 있다. 힐러리는 이와 함께 '인심제(人心齊), 태산이(泰山移)'이란 중국 속담도 언급했는데, '사람 마음이 하나로 모이면 태산도 옮긴다'는 뜻이다. 이 속담은 '어리석은 늙은이가 산을 옮긴다'는 뜻을 가진 사자성어 '우공이산(愚公移山)'과 같은 맥락을 갖고 있다. 요컨대 중·미 관계가 때로는 난관에 부딪칠 수 있지만, 한마음으로 헤쳐 나가면 태산도 옮기듯 성과를 낼 것이라는 상투적인 메시지라 할 수 있다. 하지만 고위급 만남에서 중국의 속담과 고전이 인용되었다는 점에서 눈길을 끌었다.

힐러리는 또 '돌을 더듬으며 강을 건넌다'는 뜻의 '모석두과강(摸石頭過江)'이란 격언과 '목이 마르기 전에 우물을 먼저 파야 한다'는 '임갈굴정(臨渴掘井)'이란 사자성어도 언급한 바 있다. 난관을 극복하며 관계를 개선해 나가되 잘 살펴야 하고 너무 늦기 전에 성과를 내야 한다는 뜻을 실었다.('임갈굴정'은《치가격언治家格言》이라는 격언집의 한 대목이다.)

우리의 경우는 2021년 군 장성들이 승진하는 자리에서 언급되었다. 당시 문재인 대통령은 '절치부심(切齒腐心)'이란 사자성어를 언급하며 군의 자세와 각오를 주문했다.('절치부심'은《전국책》과《사기》〈자객열전〉에 보인다.) '이를 갈고, 마음을 삭힌다', 즉 분을 삭이면서 각오를 다지며 새로운 군으로 거듭나기를 바란다는 당부로 '절치부심'을' 언급했다. 신임 공군참모총장은 '봉산개도, 우수조교'를 인용하여 '산을 만나면 길을 내고, 물을 만나면 다리를 놓는' 심정으로 난관을 헤쳐 나가겠다는 의지로 화답했다.

중국의 존재감이 국제적으로 크게 부각되면서 중·미 외교뿐만 아니라 중국과 서양 국가 사이의 고위급 회담이나 교류에서 중국의 고사성어가 인용되는 사례는 갈수록 늘었고, 지금은 거의 상례가 되었다. 한·중 사이에서도 마찬가지다. 지난 2017년 한·중 정상회담에서는 고사성어를 비롯하여 중국 고전이 인용된 사례가 십 수 건이나 될 정도로 보편화되고 있다.

조국 대표가 언급한 이 성어는 어떤 어려움이 있더라도 극복해나가겠다는 의지의 표현이다. 하지만 그 **의지 못지않게 방법이 중요하**

다는 점을 지적하지 않을 수 없다. 길과 다리가 사람이 다니지 못하는 길과 다리가 되어서는 안 된다. 방법이 적절하지 않으면 노력이 소용없어진다. 흔히 하는 말로 헛수고다.

  '노력보다 중요한 것이 방법이다'는 격언이 있다. 누구든 노력한다. 그러나 방법이 정당하지 않거나 방법이 서투르면 일에 성과가 나지 않을 뿐만 아니라 노력의 진정성조차 의심 받는다. 그런 점에서 '돌다리도 두드려가며 건너라'는 '모석두과강'이란 격언도 염두에 둘 필요가 있다. 사실 합당의 시기는 왔다. 이번 합당 관련한 일을 교훈 삼아 **최선의 방법을 강구**해야 한다.(2026.2.13.)

11

세 명의 '불(부)도옹(不倒翁)'
네 왕조 열 명의 황제를 섬기다

● ● ●

우리 인체 기관은 대부분 두 개가 한 짝이다. 하지만 입은 하나뿐이다. 그래서 예로부터 입조심에 관한 격언이나 속담이 많았다. **'구화지문(口禍之門)'**은 바로 입조심을 강조한 성어로서 **'입은 재앙이 들어오는 문'**이란 뜻이다. 즉, 재앙이 입에서 나오고 입으로 들어가기 때문에 입을 조심하라는 말이다.

이 성어의 출전 《전당시(全唐詩)》에 수록된 〈설시(舌詩)〉라는 시이다. 이 시는 풍도(馮道, 882~954)의 작품으로 알려져 있는데, 그 내용은 이렇다.

입은 곧 재앙의 문이요, 혀는 곧 몸을 자르는 칼이다.
입을 닫고 혀를 깊이 감추면, 처신하는 곳마다 몸이 편하다.

풍도는 오대(五代) 시기의 관리로 후당(後唐)·후진(後晉)·후한(後

漢)·후주(後周)에 이르기까지 열 명의 군주를 섬기며 20여 년 동안 재상을 지낸 인물이다. 이 때문에 **'불도옹(不倒翁, 오뚜기)', '장락로 (長樂老)'** 등과 같은 별명이 따랐다. 풍도는 무려 네 왕조 10명(또는 11명)이 제왕을 모셨지만, 그때마다 기회를 놓치지 않고 자신의 벼슬을 지켰다. 그 비결에 대해 역대로 많은 논평들이 따랐는데, 함부로 말을 하지 않았기 때문이라는 주장도 있다.

풍도에 대해서는 당송팔대가의 한 사람인 구양수(歐陽修)가 편찬을 주도한 《신오대사》〈풍도열전〉의 기록이 기본적인 자료인데, 이렇게 말하고 있다.

"이렇게 전해온다. 예의염치는 나라의 네 가지 큰 기틀이라고. 이 네 가지에 힘을 쓰지 못하면 나라는 멸망이다. 좋구나! 관생이 말 한 번 잘했다! 예의란 사람을 다스리는 큰 법이고, 염치란 사람을 세우는 큰 마디다. 청렴하지 않으면 못 가지는 것이 없고, 부끄러움을 모르면 못하는 짓이 없다. 사람이 이와 같으면 어디에서든 화를 부르고 패망한다. 하물며 대신이 되어 못 가지는 것이 없고 못 하는 짓이 없다면 천하는 큰 난리에 빠지고 국가가 망하지 않을 수 있겠는가! 내가 풍도의 《장락노서(長樂老敍)》를 읽어보니 그 스스로 영광스럽게 말하고 있으나 이야말로 염치없는 자라 할 것이니, 천하와 국가가 이로써 알 만하다."

한 시대를 풍미한 문장가 구양수가 역사서에서 풍도를 염치없는 자라는 평가를 내리고, 고위 공직자가 염치가 없으니 천하와 국가는 큰 혼란에 빠질 수밖에 없다고 했다. 오대 시기의 큰 혼란의 책임을 주로 풍도에게 지우고 있다. 그런데 구양수는 같은 역사서에서 풍도에 대해 위와는 전혀 다른 기록을 함께 남기고 있다.

"풍도란 사람은 스스로 뼈를 깎듯이 근검절약했다. 진과 양이 황하를 사이에 두고 대치하고 있을 때 풍도는 군영에 있었는데, 풀로 엮은 막사에 침상도 놓지 않고 짚 더미 위에서 그냥 잤다. 또 자신의 녹봉을 모두 털어 부하들과 함께 밥을 지어 먹었다. 마음이 이처럼 편안했다. 장수들이 미녀를 약탈해서 그에게 보내자 풍도는 이를 거절하지 않고 받아 별실에 두었다가 그 집을 찾아 돌려보냈다. 부친상을 당해 경성(景城)에 있을 때 가뭄이 들었는데 가진 것을 모두 마을에 내놓았으며, 들에서 직접 밭 갈고 몸소 나무를 졌다. 땅이 황폐해져 농사를 짓지 못하는 사람이 있으면 밤에 찾아가 몰래 일을 해주기도 했다. 그 사람이 알고 나중에 인사를 하자 풍도는 별것 아니라며 겸손해했다. 상이 끝나자 다시 한림학사로 불려왔다."

한 사람에 대한 역사적 평가는 대단히 예민한 문제다. 풍도는 왕조체제의 관리였다. 여러 왕조가 교체되는 상황이 그의 잘못은 아니다. 이 와중에 관리의 처신은 대단히 어렵다. 모든 것을 버리고 초야에 묻히면 냉혹한 역사의 평가에서 비켜나겠지만 적어도 백성들을 생각하는 사람이라면 이런 처신은 도피에 가깝다. 풍도는 자신의 역할을 마다하지 않았다. 왕조가 바뀔 때마다 정권을 인수하고 넘기는 다리 역할을 했다. 이 과정에서 그는 백성들에게 피해가 돌아가지 않도록 최선을 다했다. 그는 약 30년 동안 늘 이 역할을 강요(?)받았고, 이 때문에 '항복 전문가'가 다 되었다. 이렇게 해서 그는 유례가 없는 4대 10군(또는 5대 11군)을 경험한 희귀한 인물이 된 것이다.

946년 요(遼)의 실권자 야율덕광(耶律德光)이 군대를 이끌고 개봉(開封)을 공격했다. 후진의 출제(出帝) 석중귀(石重貴)는 항복하고, 후진은 멸망했다. 백관은 관복이 아닌 소복을 하고 교외로 나가 야율덕광을 영접했다. 풍도는 오랫동안 후진의 재상 자리에 있었기 때문에 야율덕광은 재상 노릇을 잘못해서 후진이 망한 것이라며 풍도를 나무랐다. 이때의 분위기는 서늘했다. 만에 하나 풍도가 입을 잘못 놀리는 날에는 바로 죽음이다. 다행히 그는 바닥에 엎드린 채 아무 말 하지 않고 야율덕광의 훈계를 들었다. 다음은 이후 오간 두 사람의 대화다.

덕광 : 당신은 왜 백관을 이끌고 나를 맞이하러 왔나?
풍도 : 저에게는 성도 군대도 없거늘 어찌 안 올 수 있겠습니까?(이 말은 비교적 솔직하다.)
덕광 : (조롱하듯) 왜 그렇게 늦었는가?
풍도 : 재주도 덕도 없는 못난 늙은이일 뿐입니다.

풍도는 상대방의 기분에 맞추려고 적절한 시기에 자조 어린 말투로 대답했던 것이고, 덕광은 실소를 참지 못하고 큰 소리로 웃었다. 분위기는 그제야 풀렸다. 덕광은 "천하가 큰 혼란에 빠져 있는데 어떻게 해야 백성들 구할 수 있겠는가?"라고 물었다. 풍도는 상대를 자극하는 이른바 격장법(激將法)으로 덕광을 치켜세웠다.

"지금은 부처가 나온다 해도 구할 수 없고, 오로지 황제(야율덕광을 가리킨다)만이 구할 수 있습니다."

과연 풍도의 격장법은 주효하여 그때부터 덕광은 성 밖으로 군대를 보내 사람을 죽이고 약탈하던 일을 멈추게 하고, 이전의 행동을 미안하게 생각했다. 그래서 《신오대사》에서 "사람들은 모두 거란(요국)이 중국 사람들을 죽이지 않은 것은 풍도가 말을 잘했기 때문이라고 여겼다"고 한 것이다.

이 대목만 보아도 풍도가 백성들을 지키기 위해 얼마나 노심초사했는지 알 수 있다. 그는 욕을 먹고 조롱을 당해도 전혀 불만을 드러내지 않았다. 사방에 위기가 잠복해 있고 험한 일이 줄줄이 발생할지도 모르는 이런 상황에서 풍도처럼 대응하기란 결코 쉽지 않다. '불도옹'이란 별칭을 가진 풍도의 처신은 충성과 배신이란 가치에 대해 많은 생각을 하게 한다.

우리 정치사에도 풍도 못지않은 '불도옹'이 있다. 바로 한덕수란 자이다. 박정희 정권 때 공직을 시작한 이래 전두환·노태우·김영삼 정권에서 고위 공직을 거쳤고, 김대중 정권 때는 장관급을 맡았고, 노무현 정권 때는 마침내 '일인지하만인지상'이라는 국무총리에 올랐다. 이명박 정권 때는 주미대사를 맡았고, 윤석열 정권 때 또 한 번 국무총리를 맡는 기염(?)을 토했다. 그러나 한덕수는 윤석열의 내란

세 명의 '불도옹"

에 연루되어 징역 23년에 처해지는 인생 말년 최악의 수모(?)를 겪고 있다.

풍도는 무려 열 명의 권력자를 모시면서도 자기통제와 균형감각으로 무탈하게 20년 넘게 재상 자리를 지켰다. 재물을 탐하지도 않았고, 권력욕은 더더욱 보이지 않았다. 염치없다는 비판은 들었지만 근검절약했고, 무엇보다 말을 조심했다. 반면 우리의 '불도옹'은 기름장어라는 별명처럼 약아빠진 언행과 공사를 구별할 줄 모르는 처신에다 막판에는 권력에까지 욕심을 부리다 신세를 망쳤다.

한 사람에 대한 평가는 그 사람의 늘그막을 보라는 말이 있다. 2026년 1월 25일, 평생 민주화를 위해 온몸을 바친 또 한 사람의 진정한 '불도옹' 이해찬 전 국무총리가 객지에서 세상을 떠났다.(그는 일곱 번의 국회의원 선거에서 단 한 번도 패하지 않았다고 해서 '불도옹'이란 별명으로 불린다.) 무엇보다 그는 지금 정권을 포함하여 네 차례 민주정권 탄생의 주역이었다.

　네 왕조 10명의 제왕을 섬긴 불도옹, 네 정부에 빌붙어 일신의 영달을 추구하다 내란까지 획책한 불도옹(?), 네 번의 민주정권을 탄생시킨 불도옹……. 씁쓸하고 서글프고 비통한 심경으로 인간의 삶을 되새기는 시간이다. 모두 변절하지 않고 꿋꿋하고 올바르게 인생을 개척해나가는 '불도옹'이 되었으면 한다.(2026년 1월 25일 18:46)

뱀의 다리 이 글을 SNS에 올렸더니 '불도옹'이 아니라 '부도옹'으로 읽어야 한다는 입바른 지적이 있었다. 우리말의 발음 규칙(?)에 따르면 그 말이 맞지만, 좀 더 강한 어감을 주기 위해 '불도옹'이라 썼음을 굳이 밝혀둔다.

12

불의필망(不義必亡)과 토붕와해(土崩瓦解)
어설픈 문자 놀음에 놀아나는 세태

• • •

한 연예인의 어설픈 문자 놀음에 온 나라가 시끄럽다. 무슨 의도로 그런 사자성어, 그것도 한 번에 두 개씩이나 올렸는지 본인의 해명이 없으니 더 난리다. 그중 '불의필망'은 족보에도 없는 사자성어다. 하도 언론과 SNS를 달구니 급기야 중국 포털에 이 소란과 '불의필망'을 소개하면서 친절하게 그 출처까지 밝혀주고 있다. 일본의 〈야후재팬〉도 온통 이 연예인 이야기로 도배되어 있다. 정말이지 얇디얇은 냄비처럼 불만 갖다 대면 파르르 끓는 세태가 아닐 수 없다. 여기에 이른바 언론들(필자의 언간)까지 달라붙어 논란을 부추긴다.

'불의필망'은 '의롭지 못한 것(자)은 반드시 망한다'는 뜻이다. 안 쓰는 사자성어이다. 우리도 중국도 일본도 쓰지 않는다. 대신 '싸우길 좋아하면 망할 수밖에 없다'는 '호전필망(好戰必亡)'이란 성어는 출처도 분명하고 많이 쓴다.(아래 참고) 이 연예인이 '불의필망'을 어디서 가져와서 썼는지 알 수 없다. 일단 뜻은 통한다. 중국 포털 쪽에서는 이 사자성어의 출처를 춘추시대 역사서인《좌전》(은공 원년조)의 다음 대목으로 소개하고 있다. 원문을 함께 제시하면 이렇다.

"의롭지 못한 짓을 많이 저지르면 틀림없이 자기가 죽는다(망한다)."

"다행불의필자폐(多行不義必自斃)."

불의한 짓을 많이 저지른 자가 누구인지는 각자 생각해보시라. 두 번째 사자성어 '**토붕와해**'는 매우 어렵다. 글자 뜻은 그리 어렵지 않지만, 그 실제 내용을 보면 이해하기가 만만치 않다. 먼저 '토붕와해'는 '토붕'과 '와해' 두 단어를 합친 성어이다. 그 뜻은 '땅이 무너지고, 기왓장이 깨진다'는 뜻이다. 원문은 "천하지환재어토붕(天下之患在於土崩), 부재어와해(不在於瓦解)"이고, 그 뜻은 "천하의 근심은 '토붕(土崩)'에 있지 '와해(瓦解)'에 있지 않다"이다. 출처는 사마천의《사기》권112〈평진후주보열전〉이다. 번거롭지만 그 내용을 소개하면 이렇다.(자세한 내용을 알고 싶으면《사마천사기성어대사전》1,708쪽과 1,784쪽 및 2,039~2,321쪽을 참고)

(이 대목은) 한 문제 때 옛 조(趙)나라 지역 출신의 서악(徐樂)이란 사람이 올린《상서(尙書)》의 한 구절이다. 서악은 진나라 말기 상황을 '토붕'에 비유하면서 "백성이 가난하고 고달픈데 천자가 이를 안타깝게 여기지 않고, 아랫사람이 원망하는데도 위에서 이를 알지 못해, 풍속이 어지러워지고 정치가 닦이지 않음으로써" 그 막강한 진

나라가 무너졌다고 진단했다. '와해', 즉 '기왓장이 깨지는' 것이 문제가 아니라 나라의 기반이 무너지는 것이 문제라는 지적이다. 나라의 근본은 땅이고, 땅의 주인은 백성이다. 따라서 '토붕'은 백성이 무너진다는 뜻일 것이다. '토붕와해' 네 글자로 사용하는 경우가 많다.

〈진시황본기〉에도 "진나라의 쇠퇴가 쌓여 천하의 '흙이 무너지고 기와가 깨졌다"는 대목이 있다. **사태나 상황이 도저히 수습할 수 없을 정도로 철저히 무너졌음을 비유**하는 성어이다. 《귀곡자(鬼谷子)》〈저산희(抵山戲)〉에는 군주와 신하 사이의 신뢰가 무너지면 사회가 혼란에 빠진다는 지적에 이 표현이 보인다.

《사마법(司馬法)》(또는 《사마병법》)에 보면 "국수대(國雖大), 호전필망(好戰必亡)"이란 구절이 있다. "나라가 제아무리 커도 전쟁을 좋아하면 망할 수밖에 없다"는 뜻이다. 백성을 생각하지 않고 자신의 힘을 과시하는 데만 열중하는 통치자를 만나면 백성들은 늘 그 뒤치다꺼리에 골병이 든다.

2015년 미국을 국빈 방문한 중국 국가주석 시진핑 주석이 방미 제1성으로 이 구절을 언급했다. 미국을 겨냥한 발언이었다.

지식을 뽐내는 데에도 종류가 있고, 차원이 있다. 어설프게 알면 뽐내지 않아야 한다. 그럼에도 썼다면 자신의 의도를 정화하고 명확하게 밝혀야 한다. 대중의 인지도가 높은 부류의 사람이라면 더 그래야 한다. **되지도 않는 지식을 어설프게 뽐낸다는 것은 자신의 이름을 그렇게라도 알리고 싶어 하는 유치한 행동**에 불과하다.

이번 소동은 비단 연예인에게만 해당하지 않는다. 주위를 둘러보면 이런 놀이에 열중하고 있는 소신 없고 실력 없는 정치가들이 줄을 서 있다. **시민들의 의식 수준은 저만치 가 있는데, 누구보다 민심에 귀를 기울이고 지지자들의 목소리를 들어야 할 자들의 수준은 한참 멀어 보인다.**(2026년 2월 24일)

13

사주(使酒)와 주극생란(酒極生亂)
술에 대한 통찰

• • •

'술버릇'하면 대개는 좋지 않은 뜻으로 쓴다. 술자리에서의 매너를 가리킨다. 좋지 않은 술버릇을 한자로 '주사(酒邪)'라 하는데, 술에 취해서 저지르는 못된 행동을 말한다. '주사(酒肆)'라는 단어도 있는데, 술에 취해 마구 함부로 행동하는 것을 가리킨다. 두 단어 모두 중국에서는 쓰지 않는다. 뒤쪽의 '주사'는 중국어에서는 술집이란 뜻을 가진 단어다.

우리가 흔히 말하는 '주사가 심하다'에서 '주사'는 앞의 사악하다는 뜻을 가진 '사(邪)'자가 들어간 '주사(酒邪)'다. 〈야후재팬〉에는 이를 한국식 단어로 소개하고 있다. 비슷한 뜻의 '주벽(酒癖)'이란 단어도 있다. 이 단어의 출처는 당나라 때 시인 백거이(白居易)의 시 작품이다.

사마천의 《사기》를 보면 술과 관련한 장면이나 명언이 꽤 많이 보인다. 그중에서 **'술김에 기세를 부린다'**는, 우리가 흔히 쓰는 '주사'

와 거의 같은 뜻의 단어가 있다. 바로 **'사주(使酒)'**인데, 글자를 바꿔서 '주사'라 해도 뜻은 같다. 직역하자면 **'술에 부림을 당한다'**가 된다. 관련한 장면을 한번 보도록 하자.

한 무제 때의 장군 관부(灌夫, ?~기원전 131)는 성격이 불같고 술을 좋아했다. 그는 이런저런 일로 외척 출신의 승상 전분(田蚡, ?~기원전 130)과 사이가 좋지 않았다. 한번은 종실에서 전분의 혼례를 축하하기 위한 술자리를 마련했다. 관부가 전분에게 축하의 술을 따르려 하자 전분이 잔만 채우고 마시지 않았다. 관부는 기분이 언짢았다. 이어 관부는 관현(灌賢)에게 술을 따르려 했다. 그때 관현은 서궁의 위위(衛尉) 정불식(程不識)과 귓속말을 주고받느라 관부를 무시했다. 관부의 성질이 마침내 폭발하여 관현을 향해 이렇게 욕을 퍼부었다.

"평소에는 정불식이 '한 푼의 가치도 없다'고 비방하더니, 오늘은 어른이 축배를 권하는데 계집애처럼 소곤댄단 말인가!"

한바탕 욕을 퍼부은 관부는 그 자리를 떠버렸다. 전분도 화가 나서 관부가 자리에 참석한 대신들을 욕보였다고 꾸짖었다. 이 일로 두 사람은 더 사이가 벌어졌고, 결국 서로를 모함하다가 관부는 처형되었다.

이 어처구니없는 일화에서 '관부가 자리에 있는 사람, 즉 술자리에 있는 사람들을 욕하다'는 '관부매좌(灌夫罵座)'라는 성어가 나왔다. 술기운을 빌려 다른 사람에 대한 불만을 터뜨리는 것을 비유한다.

술에 관한 통찰력 넘치는 장면 하나를 더 감상해본다.

몇 차례 언급한 《사기》〈골계열전〉에 보이는 궁중 연예인들과 함께 제나라의 대신이자 외교가였던 전국시대 제나라 사람인 순우곤(淳于髡, 기원전 약 386~기원전 310)의 유머와 익살이 여간 흥미롭지 않다. 〈골계열전〉에 등장하는 순우곤의 언변과 술에 관한 깊은 통찰을 한번 감상해보자.

순우곤은 제나라 위왕(威王, 기원전 378~기원전 320) 때 외교 방면에서 큰 공을 세운 인물이었다. 그는 데릴사위 출신에 키가 작고 못생겼다. 그러나 익살스럽고 말을 잘해 여러 나라에 사신으로 파견되어 굽히거나 욕되게 행동하지 않으면서 제나라의 위신을 지켜냈다.

위왕 8년인 기원전 349년, 순우곤은 제나라를 침공해온 남방의 강대국 초나라를 물러가게 만드는 데 큰 역할을 해냈다. 순우곤은 외교사절로 조나라에 가서 구원병을 빌려 싸우지 않고 초나라 군대를 물러가게 했다. 위왕은 크게 기뻐 후궁에 술자리를 마련한 다음 순우곤을 불렀다. 두 사람의 술자리 대화다.

"선생은 얼마나 마셔야 취하오?"

"신은 한 말을 마셔도 취하고, 한 섬을 마셔도 취합니다."

"그게 무슨 말씀이오?"

"대왕 앞이라면 이 순우곤은 두려워 엎드려 술을 마시게 되니

한 말을 넘지 않아 바로 취합니다. 아버지와 친구분이 계신 자리라면 이런저런 인사치례로 자주 몸을 일으키게 되어 두 말을 못 마시고 취합니다. 오래 못 만난 벗들을 만나면 즐겁게 지난 이야기를 하며 감회에 젖으니 대여섯 말은 마십니다. 마을 모임에서 남녀가 섞여 앉아 서로 술을 돌리고, 장기와 투호를 벌여서 상대를 구하고, 남녀가 손을 잡아도 벌이 없고, 눈이 뚫어져라 바라보아도 금하지 않고, 앞에서는 귀걸이가 떨어지고, 뒤에서는 비녀가 어지러이 흩어지는 경우라면 여덟 말을 마셔도 2, 3할밖에 취기가 돌지 않습니다. 또 날이 저물어 술자리가 파하게 되어 술통을 모으고 자리를 좁혀서 남녀가 동석하고, 신발이 서로 뒤섞이며, 술잔과 그릇이 어지럽게 흩어지고 마루 위의 촛불이 꺼집니다. 이윽고 주인이 저만 머물게 하고 다른 손님들을 배웅합니다. 그리고 엷은 비단 속옷의 옷깃이 열리며 은은한 향기가 풍깁니다. 이런 경우라면 마음은 한없이 풀려 한 섬은 마실 수 있습니다.”

순우곤은 이렇게 술자리에 따라 주량이 달라진다고 말한 다음, 한마디 덧붙였다.

“그래서 **'술이 극에 이르면 난리가 나고, 쾌락에 극에 이르면 슬퍼진다'**고 하는 것입니다. 만사가 다 그러하니 극에 이르지 않도록 해야 합니다. 극에 이르면 쇠해집니다.”

순우곤은 평소 술을 지나치게 좋아하던 위왕의 술버릇을 이렇게

에둘러 풍자하면서 충고했다. 마지막 대목의 **'술이 극에 이르면 난리가 나고(주극생란酒極生亂), 쾌락이 극에 이르면 슬퍼진다(낙극생비樂極生悲)'라는 격언은 참으로 절묘하다.** 세상사나 인간사 철리를 정확하게 통찰한 명언이다.

순우곤은 권력자의 심기를 불편하지 않게 하면서 절묘한 비유와 풍자로 하고 싶은 말을 다 했다. 위왕은 이런 순우곤을 신뢰했다. 이 충고에 위왕은 즉시 밤새워 술 마시는 것을 그만두었고, 그 뒤 왕실의 주연에는 늘 순우곤을 곁에 두고 자신을 감시하게 했다. 술이 지나치면 바로 일러달라는 뜻이었다.

지난 몇 년 우리는 술주정뱅이나 다름없는 권력자 때문에 온갖 스트레스에 시달렸다. 술은 인간관계를 부드럽게 해주는 꽤 괜찮은 매개물이다. 하지만 다른 것들과 마찬가지로 지나치면 사고가 난다. 그런데 술자리에서 실수한 자들은 대부분 술 때문이라는 핑계를 댄다. 이는 앞뒤가 뒤바뀐 치졸한 변명에 지나지 않는다. **술 때문에 실수로 부적절한 언행을 한 것이 아니라, 술이 그자의 부적절한 행실을 끌어낸 것이다.** 술이 원래 그런 사람임을 드러낸 것이다. 그런 자들이 술의 힘을 빌려 좀 더 과감하게 부적절한 행동을 저지른다.

흔히 하는 말로 '술이 원수'가 아니라 술에 감사해야 한다. 술이 무슨 잘못이 있나? 그래서 술은 좋은 사람과 마셔야 한다. 순우곤의 '술에 극에 달하면 난리가 난다'는 말을 잘 새겨들어야 한다.(2026.2.12.)

14

삼진삼퇴(三進三退)
공직자의 처신과 진퇴의 지혜

● ● ● ●

세상사 만물의 발전에는 그 나름의 규칙이 있다. 동양에서는 전통적으로 '모든 일이 극에 이르면 반대쪽으로 방향을 튼다(물극필반物極必反)'고 인식해왔다. '달도 차면 기운다'거나 '전성기에 이르면 쇠퇴하기 시작한다'는 논리 등이 대표적이다. 단순한 순환론처럼 보이지만 거기에는 분명 수긍할 만한 이치가 담겨 있다. 불이 활활 타오르면 꺼질 때가 멀지 않았다.

이런 이치를 과거 관료사회에 적용해 보면, **가장 높은 자리에 있는 신하일수록 더욱더 겸손하게 근신하면서 그 언행이 주군을 앞지르지 않도록 해야** 한다. 비즈니스와 연계시켜 보면, 한창 잘나갈 때 묵묵히 열심히 일하면 게으름과 퇴보를 막을 수 있다. 물론 형세와 기세로 보아 내가 영웅이 될 수 있고, 그 기회를 잡아 일신의 영광을 낚아채고 싶다면 불이 꺼지기 전에 먼저 불을 붙일 수 있어야 진정 용기 있고 지혜로운 사람이다.

이번 이야기는 **'기회와 지혜'**, 그리고 **'나아가고 물러남'**에 관한 것이다. 춘추시대 명재상이자 기록상 중국사 최초의 청백리로 남아 있는 초나라 손숙오(孫叔敖, 기원전 630~기원전 593) 이야기를 해본다.

손숙오가 재상이 되자 호구장인(狐丘丈人)이라는 사람이 찾아와서 대화를 나누는 장면이 도가(道家) 계통의 책인 《열자(列子)》에 나온다. 호구장인은 손숙오 당신이 이제 막 재상이 되었는데, 이런 이야기 들어보았냐며 말을 꺼낸다.

"지위가 높고, 권력이 있고, 녹봉이 많은 사람들에게 보통 사람들은 원한을 가지는데, 시기·혐오·원망입니다. 들어보셨소?"

누가 높은 자리에 오르면 사람들이 괜시리 시기하고 질투하는 마음을 가질 수 있다는 것이다. 권력과 부를 누리고 있는 사람들에 대한 일반적인 반감 같은 것을 호구장인이 지적했다. 이는 오늘날도 비슷하고 우리 현실은 더하면 더했지 결코 만만치가 않다. 호구장인이 말한 이 세 가지는 결국은 공직자가 일을 잘하느냐 여부에 따라 나오고 안 나오고 하는 것이다. 손숙오의 답은 간결하고 단호했다.

"저는 **작위가 높아질수록 뜻을 더욱 낮추었고, 권력이 커질수록 마음을 작게 먹었고, 녹봉이 많아질수록 더 많이 베풀었으니** 세 가지 원망을 피할 수 있겠지요."

손숙오는 제자백가 여러 책에 등장하는데 《열자》와 같은 도가 계통인 《장자(莊子)》에도 있다. 손숙오의 처신이 도가의 사상과 맞았기 때문일 것이다. 도가의 **뿌리가 남방 초나라 지역인 점도 관련이 있을 것 같다. 이 고사는 줄여서 '삼진삼퇴(三進三退)'라 한다. '세 번 나갔다가 세 번 물러난다'**는 뜻으로 손숙오가 재상 자리에서 세 번이나 물러났다 기용된 사정을 담고 있다. 관련 대목을 보면 이렇다.

손숙오가 재상 자리에서 쫓겨났지만 마음은 더할 수 없이 평온했다. 견오(肩吾)가 이렇게 물었다.

"당신께서는 세 번이나 재상에 임명되었지만 한 번도 영광스러워하는 것을 보지 못했고, 세 번이나 해직되어 고향에 돌아왔지만 한 번도 괴로워하는 것을 보지 못했습니다. 처음 저는 당신의 이런 심리 상태를 의심했지만 지금 보니 당신의 마음은 정말 태연자약합니다. 대체 어떻게 그럴 수 있습니까?"

손숙오는 이렇게 대답했다.

"내게 무슨 초인적인 힘이 있겠는가? **나는 그저 재상에 임명된 일을 피할 수 없는 책임으로 생각했고, 자리에서 쫓겨난 것은 막을 수 없는 일로 생각했을 뿐**이다. 나는 그 일이 내 마음대로 좌지우지할 수 있는 것이 아니기에 일이 풀리는 대로 내버려두었다. 그래서 이렇게 태연자약할 수 있다. 내게 무슨 초인적인 능력이 있을까? 나는 이른바 영광이나 괴로움이 대체 누구 것인지 분간할 수 없을 뿐이다. 그것이 내 것인가? 아니면 재상 것인가? 만약 재상 것이라면 나와는 아무런 관계가 없고, 아무런 관계가 없다면 내가 영광스러워하거나 괴로워해야 할 까닭이 없지 않은가? 만약 내 것이라면 재상과는 아무 관계가 없지 않은가? 재상과 관련이 없는 이상 내가 그 자리를 맡느냐 맡지 않느냐를 가지고 영광스러워하거나 괴로워해야 할 이유가 무엇인가? 바람을 쏘면서 유람할 시간도 부족한데 무엇 때문에 귀천을 생각하고, 또 그것 때문에 슬프고 기뻐해야 한단 말인가?"

평생 장왕을 보필하여 초나라를 일약 강국으로 끌어올리는 데 큰 공을 세운 손숙오가 깊은 병이 들어 일어나지 못하게 되었다. 죽음을 예감한 손숙오는 아들의 손을 잡고 "내가 죽으면 왕께서 땅을 내릴 것이다. 그러면 너는 절대 좋은 땅은 받지 마라. 초와 월의 경계에 있는 침구(寢丘)라는 땅만 받겠다고 해라"는 유언을 남긴다. 평생 나라에 봉사했기 때문에 이런 사람이 죽으면 당연히 상을 내린다. 훈장과 같은 것이다. 따라서 받지 않는 것도 예의가 아니다. 손숙오는 아들에게 받긴 받되 침구라는 땅을 주십사 청하라고 했다. 침구라는 땅은 거의 쓸모가 없는 황무지 같아서 힘들여 개간을 해야 근근이 농사를 지을 수 있다.

손숙오는 왜 거의 쓸모없는 그 땅만 받으라고 했을까? 우선 아들은 백성과 나라를 위해 한 일이 없기 때문에 좋은 땅을 받을 자격이

공직자의 처신과 진퇴의 지혜
삼진삼퇴

시기 혐오 원망

출세
권력
영광

검손하게

기회 지혜

청백리
손숙오

취사선택은 과감하게! 진퇴는 깔끔하게!

안된다. 이런 아들이 좋은 땅을 받으면 그것을 유지하기 힘들다. 사람들의 이목이 아들에게 집중되기 때문에 자칫 잘못하면 땅을 빼앗기고 벌을 받을 수 있다. 그럼 집안 전체가 화를 입는다. 손숙오는 이런 점까지 내다보고 누구도 신경 쓰지 않을 그런 땅을 받으라고 한 것이다.

문제는 손숙오의 유언을 그대로 따르면 자식과 식구들의 생활이 어려워진다는 것이었다. 실제로 손숙오가 세상을 떠난 뒤 가족들은 생활고에 시달렸고, 평소 손숙오의 존중을 받았던 연예인 우맹(優孟)이 장왕 앞에서 한바탕 손숙오 연기를 해서 생계를 유지할 재물을 받음으로써 겨우 해결되었다. 여기서 우리는 누구보다 **지혜로운 손숙오의 처신에 잠재되어 있는 곤혹스러움**을 발견할 수 있다. 이는 달리 말해 **공직자의 처신이 그만큼 어렵고 예민하다는 뜻**이기도 하다.

　많은 사람들이 이익 앞에서 판단력이 흐려진다. 사물이 극에 이르면 그 반대쪽으로 방향을 튼다는 이치를 잊거나 모르거나 무시하기 때문이다. 이익만 추구하다가 이를 만회하려 할 때는 이미 늦다. 이룬 성취가 노력과 타고난 것이라 하더라도 기회 역시 그 성취 과정에서 빠질 수 없는 중요한 고리다. 역사와 인간이 연출하는 무대에서 내가 그 무대에 오를 수 있는 것은 많은 사람들이 기회를 주었고, 주고 있기 때문이다. 그리고 그 연극이 끝나고 그 무대에서 내려 올 수 있느냐 없으냐는 나의 지혜에 달려 있다. **무대에 오르는 것은 기회이고, 무대에서 내려오는 것은 지혜**이다. 가장 현명한 선택은 미연에 근심을 방지하는 것이다. 마치 활활 타오르는 불이 꺼지기 직전에 나 자신이 불을 붙여야, 즉 물러날 결심을 해야 방향을 잃지 않는 것과 같다고나 할까. 그래서 이런 말이 있다. 취사선택은 과감하게, 진퇴는 깔끔하게!

　손숙오의 지혜로운 처신 이면에는 분명 곤혹스러운 면도 있다. 그의 처신이 가족은 무시하고 자기 체면만 생각하는 이기심에서 나온 것으로 볼 수 있기 때문이다. 그러나 **모든 일이 그렇듯 처신의 경계(境界)와 경지(境地)**라는 것이 있다. 손숙오는 그 경계선을 밟고 있었고, 역사는 그 경계선을 넘지 않은 손숙오를 지혜롭다고 평가했다. 그것은 곧 손숙오의 경지였다. 우리의 처신도 이와 다르지 않다. **경계, 속된 말로 정도를 넘지 않는 경지를 얻으려면 지혜롭지 않으면 안 된다.** 이기심만으로 치부하거나 평가절하할 수 없는 경지이다. 그 경계를 넘었다가 자신은 물론 가족까지 구렁텅이로 몰아넣은 자들이 비교할 수 없을 만큼 훨씬 더 많았고, 지금도 여전하기 때문이다. 역사의 준엄한 평가는 그다음이다. 리더와 공직자는 무엇보다 먼저 처신에 조심해야 한다.(2026년 1월 28일 수정)

15

식자우환(識字憂患)
아는 게 병

● ● ●

2026년 1월 28일 우리 법조계 간신 '법간(法奸)' 무리들 중 판사에 속한 우XX라는 판간(判奸)께서 세기의 명판결(?) 내리시었다. 이런 걸 요즘 하는 막말로 '개소리를 시전'했다고 한다. 어이가 없고 기도 안 차서 딱히 논할 가치를 못 느끼지만 그래도 이런 판간들에게 들려줄 고상한 말씀 몇 가지 소개하는 걸로 일장훈계를 대신할까 한다.

먼저, 이자가 공자님 앞에서 문자를 쓰셨으니 먼저 **'닭 잡는 데 소 잡는 칼을 쓴다'**는 공자님 말씀을 소개한다. 닭만도 못한 X 하나를 잡자고 거창하게 선현들 말씀을 끌어다 거드름을 부렸으니 딱 이 말이 어울린다. 공자님은 또 이런 말씀도 하셨다. '교묘한 말과 꾸민 얼굴을 한 자치고 어진 자 드물다'고.

'곡학아세(曲學阿世)'는 기본 장착이다. '배운 게 도적질'이라고 간

장종지 깊이도 못 되는 얄팍하게 배운 걸 이리저리 비틀어서 권력
(자)과 세상 나쁜 자들에게 아부하는 꼬락서니라니 욕이 절로 튀어
나온다.

'**식자우환(識字憂患)**'이라는 소동파의 말씀도 있다. '**인생의 근심
걱정이 다 글자 아는 데서 시작된다**'는 말씀에서 나온 명언이다. 그
런데 제대로 알고는 있는지. 그래서 우리 속담에 '아는 게 병'이라고
했다.

하이라이트는 이자가 그 더러운 입으로 법가사상의 집대성자 한
비자(韓非子)의 말씀을 인용한 장면이다. 한비자가 누구인가? 세상
누구보다 엄격한 법 집행을 강조한 사람이다. 한비자의 법 집행에
따른 원칙 중의 원칙은 잘못을 했으면 누가 되었건 봐주지 않는다는
것이다. 특히 권세를 가진 자라면 더 엄하게 처벌하라고 했다. 그런
데 이자는 한비자를 거꾸로 악용했다. 한비자의 사상을 모르는 자가
틀림없다.

'**사람의 얼굴을 하고 짐승의 소리를 내뱉는다**'는 뜻의 '**인두축명
(人頭畜鳴)**'이란 유명한 사자성어가 있다. 요즘 이런 자들이 흘러 넘
쳐나던데 이자가 그 정점을 찍었다. 정말이지 구역질이 난다.

그 어떤 말을 동원해도 성이 안 풀리던 참이라 우리 속담에 뭐 없
나 하고 뒤졌더니 이자에게 딱 맞는 속담이 나왔다. 길게 말하는 것
도 아까워 이 속담으로 마무리한다.

'**아가리가 광주리만 해도 그런 소리는 못한다.**'

그럼에도 이런 개XX를 시전하는 자들에게 어울리는 속담도 바로 아래에 나오더라.

'아가리에 자시오 할 땐 마다더니, 아가리에 박으라 해야 먹는다.'

좋은 말로 안 되는 놈들한테 어울리는 정말이지 찰진 우리 속담
이다. 무슨 뜻인지 더 알고 싶으면 속담사전 찾아라. 들을 만한 말씀
들 많다. 반란은 아직 끝나지 않았다.(2026년 1월 29일)

16

애자필보(睚眦必報)
반드시 갚아야 할 원한(怨恨)

● ● ●

　중국(인)은 은인(은혜)과 원수(원한)에 대한 태도가 분명하다고 한다. 이를 '은원관(恩怨觀)'이라 하는데, 다른 나라(민족)보다 좀 유별나다는 것이 중평이고, 그래서 **'은원관'을 중국(인)의 대표적인 특성의 하나**로 꼽는다. 중국(인)의 이런 은원관에서 비롯된 보복(報復)은 사드 사태로 인한 '한한령(限韓令)'으로 우리가 아주 대차게 겪었고, 10년이 지난 지금도 완전히 끝나지 않은 상태이다.(중국의 공식 입장은 '한한령'이란 존재하지 않는다는 것이다.)

　중국인의 이런 은원관을 가장 잘 보여주는 분야가 무협소설이다. 그러다 보니 관련하여 이런저런 속담과 명언이 많이 나왔다. '군자복수 10년 뒤라도 늦지 않다'가 가장 대표적이고, '은혜와 원수는 대를 물려서라도 갚아라'는 훨씬 심한 것도 있다. 당나라 때 시인 이백(李白)은 '복수의 길은 천 리도 지척이다'라는 명언을 남겼다. 중국을 대표하는 무협소설가 김용(金庸)은 대표작《소오강호(笑傲江湖)》에서

동방불패(東方不敗)의 입을 빌려 "사람이 있는 곳에 은원이 있고, 은원이 있기에 강호가 있다. 사람이 곧 강호이거늘 어찌 떠날 수 있단 말인가?"라고 했다.

일반인들에게는 거의 알려지지 않았지만 이런 속담들 못지않은 중국인 특유의 은원관을 적나라하게 보여주는 명언이 《사기》〈범수채택열전〉에 보이는 다음 여덟 글자이다.

"일반필상(一飯必賞), 애자필보(睚眦必報)."
"밥 한 끼를 얻어먹어도 반드시 갚았고, (지나가다) 째려보기만 해도 반드시 갚았다."

얼핏 보기에 지나치다는 느낌을 지울 수 없지만, 정말이지 실감나는 은원관의 표현이라 하지 않을 수 없다. 먼저 관련한 이야기를 소개한다.

전국시대 진(秦)나라 소왕(昭王) 때 승상을 지낸 범수(范雎, ?~기원전 255)는 저 유명한 '원교근공(遠交近攻)'이라는 대외정책을 제안하여 진나라의 군사력을 주변국에 과시하는 데 큰 역할을 한 인물이다. 이 외교정책은 훗날 진나라가 천하를 통일하는 데 큰 작용을 했다.

범수는 위나라 출신이었는데 젊었을 때 위제(魏齊)라는 자의 모함을 받아 갈빗대와 이가 부러지는 등 죽음의 위기에 몰렸다. 죽은 척하여 뒷간에 버려졌는데, 술 취한 취객들의 오줌 세례까지 받는 치

욕을 겪었다. 범수는 위나라 사람 정안평(鄭安平)의 도움을 받아 이름을 바꾸고 진나라에 들어가 소왕에게 발탁되어 마침내 승상 자리에까지 올랐다.

범수는 지난날 정안평에 입은 은혜를 잊지 않고 그를 소왕에게 추천했고, 소왕은 정안평을 장군에 임명했다. 일설에는 범수가 장평(長平)전투의 승리로 명성이 높아진 장군 백기(白起)를 시기하여 그를 자살하게 만들고, 그 후임으로 정안평을 추천했다고도 한다. 어쨌거나 범수는 지난날 은혜를 잊지 않고 정안평을 추천한 것은 물론 자신의 재산을 다 털어 자신이 곤궁에 처했을 때 도움을 준 사람에게 보답했다.

범수는 은혜만 잊지 않은 것이 아니라 당연히 원한도 잊지 않았다. 한 끼 밥을 얻어먹은 것까지 보답한 것은 물론, 자신을 노려보기만 한 원한도 잊지 않고 틀림없이 보복했다.

범수의 일생 자체가 은원으로 얼룩져 있어 그의 이러한 은원관을 이해 못할 바는 아니지만, 원한을 갚는 정도가 지나치다는 인상은 지울 수 없다. 자그마한 은혜와 원한을 평생 잊지 않고 반드시 갚아야겠다는 사고방식도 문제지만, 은혜도 원수도 가리지 못하고 좋은 게 좋다는 식으로 넘어가는 무신경한 처신은 더 큰 문제다.

지나치게 분명한 은원관은 인간관계를 삭막하게 만들며, 흐리멍덩한 은원관은 진실과 역사를 왜곡시킨다. 어느 쪽도 다 문제다. 중용과 용서가 문제의 해결책이긴 하지만 다소 애매하다. 어려운 문제다. 잘못한 쪽의 진심 어린 사과와 반성이 및 보상이 전제되어야 풀릴 수 있는 문제이기 때문이다.

은원관은 개인 사이의 문제뿐만 아니라 국가 간의 문제에도 작동한다. 일방적으로 일없이 한 나라를 침공하거나, 폭력으로 억압하고 식민지로 삼아 통치했다면 그에 대한 반성과 사과 및 보상이 따라야만 최소한의 원한을 갚는 것이 된다. 또 이런 침략자에 빌붙어 앞잡이가 되어 같은 민족을 죽이고 괴롭힌 이른바 반민족자(친일파)에 대한 원한 청산도 마찬가지다. 이 문제에 있어서 우리는 어느 쪽 하나 제대로 청산(복수)하지 못했기 때문에 늘 앙금으로 남아 있다.

복수는 필요하다. 반성하지 않고 사과하지 않고 보상을 거부하는 자들이라면 더 필요하다. 그 원한과 보복에 선악과 시비가 개입되어 있다면 더더욱 그렇다. 또 처벌해야 한다면 가차 없이 처벌해야 한다. **과거에 발목을 잡히면 현재가 잠식당하고 미래가 어두워지기 때문**이다. 역사의 엄연한 법칙이다. **은원(恩怨)은 기억(記憶)이다. 인간에게 기억의 힘이 있는 한 은원의 잔재는 결코 소멸하지 않는다.**

정의구현을 위한 복수라면 단 한순간도 망설일 필요가 없다. 지금 내란 청산이란 복수(보복)의 시계가 점점 느려지고 있는 것은 아닌가? 이런 걱정이 든다. '원한과 복수'는 어렵고 힘이 들지만 그 자체로 힘이 되기도 한다. 또다시 머뭇거리는 일이 있어서는 안 된다.(2026년 2월 3일)

17

양두구육(羊頭狗肉)

양고기와 개고기 어느 쪽이 진짜일까?

● ● ●

정치판에서 가장 많이 입에 올리는 사자성어를 들라면 '토사구팽(兔死狗烹)'과 '양두구육(羊頭狗肉)'이 아닐까 싶다. 이 중 '양두구육'은 정치에 관심 있는 사람이라면 누구나 아는 자(젓가락 발언 당사자)가 시차를 두고 거푸 몇 차례 언급하는 통에 더 입에 오르내렸다. '토사구팽'과 '양두구육'은 모두 '토끼', '개', '양', '개'라는 동물들이 등장하는 고사성어들인데, 둘 모두에 '개'가 등장한다. 물론 '토사구팽'에 나오는 '개'에 맞추어 역시 '개'가 나오는 '양두구육'으로 받아칠 정도로 이를 거론한 자의 수준(?)이 높다고는 생각되지 않지만, 모두 '개'가 등장한다는 점이 흥미로웠다. 또 긍정적이고 희망적인 메시지를 담고 이 고사성어들을 인용하지 않았다는 사실에서 양이나 개에게 미안한 마음까지 든다.

'양두구육'은 정확하게는 '괘양두매구육(掛羊頭賣狗肉)'이다. '양머리를 내걸고 개고기를 판다'는 뜻이다. 이 고사성어의 출처이자 원전은 춘추시대 제나라의 명재상 안영(晏嬰, ?~기원전 500)의 언행록인 《안자춘추(晏子春秋)》〈내편(內篇)〉이다. 미리 말해 두지만 여기에는 양과 개가 등장하지 않는다. 먼저 관련 고사의 내력부터 한번 보자.

성어의 내력

(춘추시대) 제나라 영공(靈公)이 남장을 한 여자를 좋아했다. 전국 각지의 여자들이 남자 옷을 입고 남자 행세를 하고 다녔다. 이 때문에 남녀를 구별하기 어려워졌다. 영공은 문제의 심각성을 깨닫고는 "이제부터 남장한 여자가 발각되면 옷을 찢고, 허리띠를 잘라 버릴 것이다!"라고 엄명을 내렸다.

영공은 이 정도면 남장 유행을 근절할 수 있을 것으로 생각했다. 결과는 전혀 그렇지 못했다. 남장 유행은 여전했고, 영공은 어찌할 바를 몰라 고민하다가 결국 재상 안영을 찾아 이런 까닭을 물었다. 안영은 이렇게 말했다.

"궁중의 여자들은 그냥 놔둔 채 궁 밖 여자들의 남장만 금지시키셨습니다. 이는 마치 문밖에다 **소머리를 내걸고 안에서는 말고기를 파는** 것과 같습니다. 그러니 사람들이 믿겠습니까? 궁 밖의 여자들에게 명령을 따르게 하려면 먼저 궁중의 여자들부터 남장을 못하게 하십시오. 그러면 자연스럽게 이런 유행은 사라질 것입니다."

위 대목에서 보다시피 '양두구육'은 원래 '양머리와 개고기'가 아니라 '소머리와 말고기'였다. '현우수매마육(懸牛首賣馬肉)'으로 압축해서 표현할 수 있고, 더 줄여 네 글자로 **'우수마육(牛首馬肉)'**이라 한다. 이것이 훗날 송나라 때 와서 '현양두매구육'으로 변형되었고(《오등회원五燈會元》), 더 많은 사람들의 입에 오르내리면서 '양두구육' 사자성어로 정착되었다. 원전에는 소와 말이었던 것이 훗날 양과 개로 바뀌었는데, 그 까닭은 알 길이 없다.

양고기와 개고기, 어느 쪽이 진짜일까?

'양두구육'은 좋은 물건이라고 내걸어 놓고 실제로는 그보다 못한 물건, 심지어 나쁜 물건을 판다는 뜻이다. 양고기를 개고기보다 좋은, 즉 비싼 고기로 보거나 양고기를 진짜로 개고기를 가짜로 본 것이다.

정치판으로 비유하자면 좋은 명분을 앞세웠지만 실제와 맞지 않는 경우를 말한다. 선거에 비유해 보자면 훌륭한 지도자라고 칭찬하며 표를 달라고 해서 당선시켰는데, 알고 봤더니 그게 아니라 영 엉터리에 불량품이었다는 것이다. **겉과 속이 다른 사기행위나 그런 사람, 언행의 불일치를 가리키는 성어**로 보면 되겠다.

'양두구육'은 '겉 다르고 속 다르다'는 '표리부동(表裏不同)'과 딱 일치하는 명언이다. 사람들로부터 믿음과 인정을 얻으려면 겉과 속이 달라서는 안 된다. 흔히 하는 말로 '명실상부(名實相符)'해야 한다. 정치판의 공약 남발이나 정쟁을 비롯하여 상업광고의 과장 광고에서 흔히 이런 '쾌양두매구육' 현상을 흔히 볼 수 있다.

　2022년 대선 과정을 두고 이른바 보수 여당의 대표를 지내다 당
에서 징계를 당한 한 젊은(?) 정치가, 앞서 말한 젓가락 발언의 그자
(?)가 대통령으로 당선된 당시 자기 당의 대선 후보를 가리켜 '양고
기인줄 알았는데 개고기였다'며 '양두구육'을 몇 차례 거론했다. 그
러면서 자신도 선거운동 당시는 양고기인 줄 열심히 뛰며 양고기를
팔아 당선시켰는데, 알고 봤더니 개고기였다고 고백했다. 요컨대 고
기를 잘못 팔았다는 것이다.

　이를 달리 말하자면 **국민을 속였다는 것**이다. 그렇다면 먼저 개
고기를 양고기로 잘못 보았을 뿐만 아니라 가짜를 국민에게 판 자
신의 잘못을 자백하고 사과하는 것이 마땅하다. 그리고는 그 책임을

지고 정치를 그만두었어야 옳다. 국민이 그 가짜 고기 때문에 벌써 고통을 당하고 있고, 한쪽에서는 이미 퇴진 운동에 돌입했기 때문이다. 당 대표 자리에서 쫓겨난다고 눈물 짜며 하소연하고 법적 대응하는 것은 번지수가 틀렸다. 그런데 이자(?)는 아직도 사과는커녕 큰소리치면서 다니고 있다. 아무래도 이자도 개고기가 틀림없는 것 같다.

그런데 '양두구육'이란 고사성어와 이 성어가 가리키는 자, 그것을 거론한 자들의 작태를 가만히 새겨보면 양고기도 개고기도 아닌 죄다 가짜가 아닌가 싶다. 이를 사자성어로 돌려주자면 모두가 **'이가난진(以假亂眞)'**에 열을 올리고 있다고 하겠다. **'가짜로 진짜를 어지럽힌다'**는 뜻이다. 모쪼록 눈 밝은 국민들은 이 가짜들의 '야단법석(野壇法席)'에 홀리지 말고 냉정하게 그 진면목(眞面目)을 꿰뚫어 보길 바랄 뿐이다. 어쨌거나 눈 밝은 국민은 그런 식상(食傷)한 쇼에 속지 않는다. '식상'이란 단어는 먹을 것이 상했다, 즉 부패해서 먹을 수 없다는 뜻이다.

끝으로 고사성어를 썼으니 고사성어로 한마디 더 돌려주겠다. 이게 다 '자업자득(自業自得)'이다. 정권은 자멸했고, 개고기는 깨어 있는 시민들에게 쫓겨났다. 가능성이 있을지 모르겠다만 개고기를 양고기로 속여서 판 그 개고기, 할 수 있다면 반성(反省)하고 사과해라. '자업자득'의 출처는 부처님 말씀 《정법염처경(正法念處經)》이다.(2023년 1월 29일 쓰고, 2025년 12월 14일 일부 고치다)

18

엄이도령(掩耳盜鈴)
귀를 막고 종을 훔치려는 검간(檢奸)들

● ● ●

이명박 정권 때인 2011년 연말 〈교수신문〉은 《여씨춘추(呂氏春秋)》에 나오는 **'엄이도종(掩耳盜鐘)'**을 그해를 상징하는 대표적인 사자성어로 선정했다.(원문에는 '엄이도령掩耳盜鈴'으로 되어 있고, 우리에게 익숙한 종으로 바꾸어 많이 쓴다.) **'자기 귀를 막고 종을 훔친다'**는 뜻이다. 이 고사와 성어에는 **'나쁜 일을 하고도 남의 비난을 듣기 싫어서 귀를 막지만 소용이 없다'는 뜻이 함축**되어 있다. 고사를 보면 더 기가 막히다. 여기 나오는 도둑을 지금 우리의 검찰(檢察)이나 검사(檢事) 또는 판사(判事)로 바꿔 놓고 읽으면 한결 실감이 날 것이다.

춘추시대 진(晉)나라의 유력한 집안이었던 범씨(范氏)가 망했다. 누군가(도둑) 그 집 뜰에 매달려 있는 큰 종을 훔치러 갔다. 막상 훔치려고 보니 종이 무거워 지고 갈 수가 없었다. 도둑은 훔쳐 가도 어차피 고물로 팔든지 해야 하니 차라리 두드려 깨서 조각을 낸 다음 훔쳐 가면 되겠다고 판단했다. 도둑은 망치로 종을 때렸다. 당연히 소리가 날 수밖에 없었다. 도둑은 다른 사람이 소리를 듣고 달려오지 않을까 겁이 나서 솜으로 자신의 귀를 꽉 막고 망치질을 계속했다. 소리는 점점 더 크게 들렸다.

2025년이 저물어 가는 지금 검찰과 검사들이 해체를 앞두고 최후의 발악을 하고 있다. 판사까지 한통속이 되었다. 그 꼴이 마치 위고사에 나오는 도둑놈과 하나 다를 것 없다는 생각이 절로 든다. 지난 수십 년 동안 무수히 많은 종을 깨서 훔쳤지만 그 소리는 국민들의 귀에 제대로 들리지 못했다. 권력이 막았고, 권력(자)과 결탁한 법조계 간신들인 법간(法奸)을 비롯한 관련 기득권 카르텔들이 막았고, 특히 썩어빠진 언론계의 간신들 언간(言奸) 기레기들이 기를 쓰고 막았기 때문이다.

내란(반역)을 계기로 이들의 정체가 만천하에 드러났고, 또 계속 드러나고 있다. 다시 말해 종을 두드리는 소리가 온 세상을 뒤덮고 있다. 그런데도 이자들은 여전히 귀를 틀어막고 종을 더 크게 두드리고 있다. 온 국민이 그 모습을 지켜보고 있는 것도 모른 채. 여기에 판사 조직의 판간(判奸)들까지 동참하여 함께 두드리고 있다. **'장두노미(藏頭露尾)'라고 '대가리만 처박고 꼬리(몸통)는 다 드러낸'** 채 온몸을 다 숨겼다고 여기는 머리 나쁜 꿩들만도 못한 자들이다. 기왕 두더지가 머리를 내밀었으니 이참에 확실하게 두들겨 박살을 내야 한다. 두 번 오기 힘든 절호의 기회다.

참고로 '검사'라는 단어에서 '檢'이란 글자의 뜻은 봉함하다, 봉인하다, 잡도리하다 등이다. 일 '事'자와 합쳐보면 어떤 사건을 덮거나 잡도리하는 자라는 뜻이 된다. 지금까지 해온 짓들과 딱 어울리는 뜻풀이다. 검사라는 이름도 없어질지 모른다는데 좋지 않은 뜻을 가진 호칭이니 이참에 아예 자발적으로 이 단어를 더는 쓰지 않는 쪽이 낫지 않을까?

참고로 '장두노미'는 '엄이도령'보다 한 해 전인 2010년 올해의 사자성어로 선정된 바 있다. 이에 대해서는 따로 살펴보았다. **내란**

(반역)을 계기로 온갖 간신들이 커밍아웃을 하고 있는 모양이다. **단
호하고 확실하게 청산할 절호의 기회**가 왔다.(2025년 11월 15일 처음
쓰고, 2025년 12월 15일 일부 수정)

19

의수야행(衣繡夜行)과 목후이관(沐猴而冠)
꼬락서니와 철딱서니

기원전 206년을 기점으로 약 5년에 걸쳐 치열하게 벌어진 항우와 유방의 패권 쟁탈전, 즉 '초한쟁패'는 알다시피 유방의 대역전승으로 끝났다. 8 : 2 내지 9 : 1의 절대 우세에도 불구하고 항우는 역전패했다. 그 까닭에 대해서는 지난 2천 년 넘게 수많은 사람들이 나름의 진단과 분석을 내놓았다. 그중에서도 항우의 성격상 결점이 크게 작용했다는 지적이 많다. 이를 잘 보여주는 두 가지 사례를 통해 지금 일부 정치인들의 모습과 행태, 우리말로 '꼬락서니'를 한번 살펴보도록 하자.

기원전 206년, 유방보다 늦게 함양에 입성한 항우는 성에 불 지르고 살육과 약탈을 일삼았다. 당시 항우는 이미 유방의 항복을 받은 뒤였다. 말하자면 무의미한 일이었다. 그야말로 만행이었고, 오로지 자신을 과시하기 위한 짓에 지나지 않았다. 이 때문에 가장 중요한 요충지인 관중(關中)의 민심을 크게 잃었다. 오죽했으면 관중 사람들은 유방이 왕이 되지 못하면 어쩌나 걱정했을 정도였다.

　1차로 천하의 패권을 장악한 항우는 동쪽 고향을 향해 돌아왔다. 이때 도읍 선정을 놓고 누군가 천하를 제패하려면 관중을 도읍으로 삼아야 한다는 당연한 의견을 냈다. 항우가 보인 반응은 정말 기도 안 차는 것이었다. 항우는 그 건의를 다음과 같은 말로 단번에 걸어 찼다.

"부귀해진 뒤에 고향에 돌아가지 않는 것은 **비단옷을 입고 밤길을 다니는** 것과 같다. 누가 알아준단 말인가?"

　이 대목에서 '**의수야행(衣繡夜行)**'이란 유명한 사자성어가 나왔다. 비단옷을 입은 내 모습을 모든 사람에게 자랑하고 싶어 죽겠는데, 그 옷을 입고 밤에 다녀봐야 누가 봐주겠는가? 뭐 이런 심리 아니겠는가?

　그러자 관중을 도읍으로 삼아야 한다는 의견을 냈던 자가 "사람들이 초나라 사람들 보고 '**(머리 감은) 원숭이에게 모자를 씌워 놓은 꼴(목후이관沐猴而冠)**'이라고 하더니 과연 그렇구나"라며 항우의 어리석음(꼬락서니)을 비웃었다. 이 말을 들은 항우는 그 사람을 삶아 죽였다.

　원숭이가 머리를 감았다고 모자를 쓰고는 으쓱대보았자 태생은 원숭이 아닌가? 항우의 패배 이면에는 이런 쓸쓸한 일화들이 있었다.

철딱서니도 없는
자아비대증 환자들…

　명분도 실익도 없는 야당 대표의 단식투정과 단 며칠 굶고는 죽을 판이나 의사 대령하라고 고함지르는 의사 출신의 국회의원을 보면서 딱 떠오른 말이 '꼴값한다'였다. '꼴에 수캐라고 다리 들고 오줌 눈다'는 우리 속담이 정말이지 찰지게 들어맞는 장면들이다. 게다가 단식하는 곳에 놓인 많은 꽃다발과 그 꽃밭을 걷는 자를 보노라면 영락없는 '목후이관'이다. 그 대표에 그 지지자들이다. 정말 꼬락서니가 말이 아니다. **꼬락서니가 형편없는 자들의 공통점은 철딱서니가 없다**는 것이다. 우리말의 '철없다'에서 철은 계절을 말한다. 즉, '철없다'는 말의 본뜻은 봄인지 여름인지 가을인지 겨울인지 계절조차 가리지 못한다는 것이다.

　우리 **사회 전반에 걸쳐 자아비대증(自我肥大症) 환자**들이 너무 많다. 정치판은 특히 더하다. 항우의 실패를 심리학적으로 분석한 주장들 중에는 바로 이 '자아비대증'이 빠지지 않고 등장한다. **'수의야행'과 '목후이관'은 이 자아비대증을 점잖게 그러면서도 절묘하게 조롱하는 표현**들이다. 항우는 죽는 순간까지 자신이 뭘 잘못했는지, 왜 패배할 수밖에 없었는지를 모른 체 이렇게 하늘을 탓했다.

"하늘이 나를 망하게 하려는 것이지 내가 싸움을 잘못한 죄가 아니다!"

자아비대증도 이 정도면 불치병이 아닐 수 없다. 사마천은 이 일화들과 항우의 행적 및 그 실패 요인들을 종합한 다음 이런 평가를 내렸다.(2026년 1월 21일 오후)

"(항우는) **자신의 공을 자랑하고 사사로운 지혜만 앞세워 과거에서 배우지 못했다.** 패왕의 대업이라며 힘으로 천하를 정복하고 경영하려 했으니 5년 만에 나라를 망쳤다. 몸까지 동성에서 죽으면서 여전히 못 깨닫고 자신을 책망할 줄 몰랐으니, 이것이 잘못이다. 그러고도 '하늘이 나를 망하게 하려는 것이지 내가 싸움을 잘못한 죄가 아니다'라며 핑계를 댔으니 어찌 황당하지 않을까?"

20

이단공단(以短攻短)
X 묻은 개, 겨 묻은 개를 나무라다

2025일 12월 18일 조국혁신당의 조국 대표가 SNS를 통해 한 X훈과 나X원을 겨냥하여 **'이단공단(以短攻短)'**과 **'책인즉명(責人則明)'**이란 다소 낯선 사자성어로 비판했다. 앞의 것은 **'자신의 단점으로 타인의 단점을 공격한다'**는 뜻이고, 뒤는 **'남을 나무라는 것을 현명하다 여긴다'**는 뜻이다. 조국 대표의 X 묻은 이들에 대한 비판의 내용은 이랬다.

그런데 두 사람은 공통점이 있다. 매우 간단한 것에 답하지 않거나 행하지 않는다. 두 사람 다 윤석열 검찰총장 / 대통령을 찬양했던 것을 사과하지 않는다. 나경원은 "통일교 천정궁 갔느냐"는 질문에 '간 적 없다'라고 말하지 않고, "더 말씀 안 드린다 했죠"라고 답한다. 한동훈은 〈채널A〉 사건의 비밀이 있는 자기의 휴대전화에 20여 자리 비밀번호를 걸고 풀지 않는다. 한동훈은 당원게시판에 익명으로 쓴 윤석열-김건희 비방 글의 주체가 누구인지를 두고 격렬한 논란이 됨에도 '내 가족이 아니다'라고 답하지 못한다. 이러면서 이재명 대통령과 정부 비방하는 데는 거품을 푼다. 사자성어가 떠오른다. '이단공단"(以短攻短)'과 '책인즉명"(責人則明)'이다. '자기 잘못이 있는 자가 남 나무라기를 잘한다', '남을 꾸짖는 데는 밝으나 자기 잘못은 덮는다.'

두 성어 모두 자신의 결점을 알면서도 남의 잘못을 탓하는 것을 뜻하는 사자성어로, **'똥 묻은 개가 겨 묻은 개 나무란다'**는 속담과 같은 의미이다. 즐겨 쓰는 **'도적놈이 도리어 몽둥이를 든다'**는 **'적반하장(賊反荷杖)'**과도 비슷한 성어이다.('적반하장'은 우리 속담 '도둑이 매를 든다'를 한문으로 바꾼 것이다.) 또《성경》〈마태복음〉7장 3~5절의 '어찌하여 형제의 눈 속에 있는 티는 보고 네 눈 속에 있는 들보는 깨닫지 못하느냐'와도 비슷한 뜻이라 하겠다. 조국 대표처럼 **주로 정치나 사회 문제에서 자신의 잘못을 숨기고 남을 비난할 때 비유적으로 사용한다.**

그런데 '이단공단'은 출처가 없고,《수호전》에 보이는 '이장공단(以長攻短)'을 한 글자 바꾸어 사용하는 우리식 성어로 정착한 것 같다. '내 장점으로 상대의 단점을 공격한다'는 뜻이고, 군사 방면의 책략으로 많이 언급된다.《수호전》에 보면 잡은 물고기를 두고 이규와 장순이 다투는 장면이 있다. 장순은 물에 익숙하지 못한 이규의 약점을 이용하여 물속에서 그를 제압했고, 여기서 '이장공단'이란 표현이 나왔다.

　'책인즉명'은 **'책인즉명(責人則明), 서기즉혼(恕己則昏)'이란 중국 격언에서 나왔다. '사람이 타인을 나무랄 때는 멀쩡한데 자신을 용서할 때는 어리석어진다'**는 뜻이다. 남의 단점과 잘못을 비판할 때는 정확한 기준과 근거를 가지고 나무라면서, 자신의 잘못과 단점에 대해서는 비판하기보다 용서하는 어리석음을 보인다는 말이다. **타인을 평가하고 자아를 인식함에 있어서 나타나는 인성의 차이를 지적**한다. 이 격언은 타인을 평판할 때는 비교적 냉정하고 객관적인 자세를 유지하면서 정작 자신의 과실에 대해서는 주관적 편견이 쉽게 발생하는 현상을 지적하면서, **인간관계에 있어서 이중적 기준**이 널리 존재하고 있음을 드러내고 있다.

　북송 때의 큰 정치가 범중엄(范仲淹, 989~1052)의 아들인 범순인(范純仁, 1027~1101)은 자제들에게 남긴 《계자제언(戒子弟言)》이란 글에서 **"남을 나무라는 마음으로 나를 나무라고, 나를 용서하는 마음으로 남을 용서하라"**라고 했다. '책인즉명'은 매년 기존의 지식인들이 선정하는 뻔한 올해의 사자성어에 불만을 품은 눈 밝은 누리꾼들에 의해 2010년 그해의 사자성어로 선정되기도 했다.

지금 우리 주위를 돌아보면 조국 대표의 말대로 자신의 단점(결점)은 아랑곳하지 않고 그저 남의 단점만 물어뜯는 '이단공단'하는 하이에나와 같은 자들로 넘쳐난다. 이들의 공통점은 자신의 잘못은 덮고 모른 체하면서 남의 잘못은 기를 쓰고 공격하는 '책인즉명, 서기즉혼'하는 것이다. 정말이지 '적반하장'하는 파렴치한 자들이 아닐수 없다. 집단지성의 시대다. 이런 자들의 민낯이 단 몇 분이면 환히 드러나는 세상이다. 다 자업자득(自業自得)하여 '자멸(自滅)'할 것이다.(2025년 12월 19일)

21

이리복검(李離伏劍)
판간(判奸)의 커밍아웃

• • •

반란의 여파가 만만치 않다. 상대적으로 덜 하다고 생각했던 판사들 역시 검찰 못지않다는 사실이 속속 드러나고 있다. 게다가 스스로 커밍아웃하고 있다. 역시 **법조계 카르텔도 적폐 그 자체**였다. 법정은 민주주의 최후의 보루라고들 한다. 그동안 말도 안 되는 판결이 많았지만 그래도 믿을 곳은 법원과 판사들이라고 착각해왔다. 이제 판사들 중의 간신인 '판간(判奸)'들이 머리를 한껏 치켜들었다. 이참에 확실하게 다시는 기를 쓰지 못하게 눌러야 한다.

지금으로부터 약 2,700년 전 춘추시대 진나라의 통치자 문공(文公)에게는 이리(李離)라는 강직한 법관이 있었다. 한번은 이리가 어떤 사건의 판결에 대한 부하의 보고를 그대로 믿고는 무고한 사람을 죽게 했다. 이리는 자신을 감옥에 가둔 다음, 자신에게 사형을 선고했다.

이 일을 알게 된 문공은 "관직에는 귀천과 고하가 있고, 형벌에는 가벼운 것과 무거운 것, 급한 일과 천천히 처리할 것의 구별이 있소. 이 사건은 잘못된 보고를 올린 부하 관리의 잘못이지 그대의 죄가 아니잖소?"라고 했다. 이리는 다음과 같은 말로 문공에게 반박했다.

"신은 소관 부처의 장관으로서 지금까지 아래 관리에게 직위를 양보하지 않았고, 받는 녹봉이 많았지만 부하들에게 나누어주지도 않았습니다. **지금 잘못된 보고를 믿고는 무고한 사람을 죽여 놓고 그 죄를 부하 관리들에게 떠넘기는 것은 있을 수 없는 일입니다.**"

문공이 다시 "그대의 말대로 모든 죄가 상급자에게 있다고 인정한다면, 과인에게도 죄가 있는 것이 아닌가?"라고 반문하자, 이리는 이렇게 대답했다.

"**법관에게는 사건을 판결하는 법률이 있습니다. 죄를 잘못 판결하면 스스로 벌을 받아야 하고, 잘못 판결하여 사람을 죽게 했으면 자신이 죽어야 합니다.** 주군께서는 신이 사소하고 은밀한 속사정까지 그 의혹을 풀어 잘 판결할 수 있으리라 여겼기 때문에 법관으로 삼으셨습니다. 지금 잘못된 보고를 듣고 사람을 죽게 했으니 사형이 마땅합니다."

이리는 문공의 사면령을 따르지 않고 끝내 검으로 목을 베어 자결했다. 이상이 '**이리가 검으로 자결했다**'는 '**이리복검(李離伏劍)**'의

고사다. 이 사실을 기록으로 남긴 사마천은 **"이리는 잘못 판결하여 사람을 죽이고 검으로 자결했으며, 문공은 이로써 국법을 엄정하게 했다"**는 간결한 논평을 남겼다.

이리의 자결은 법 정신의 수호가 곧 인간 정신의 수호임을 잘 보여주는 아주 귀중한 사례다. 법조계에서 흔히 인용하는 **'백 사람의**

무죄를 밝히는 일 못지않게 한 사람의 억울한 피해자가 생기지 않도록 하는 일도 중요하다'는 오랜 격언을 2,700년 전의 법관 이리가 자신의 목숨으로 보여주었기 때문이다.

법의 보호를 받기는커녕 법 때문에 억울한 피해를 당하는 일이 비일비재하고, 법을 집행하는 자들이 법을 망나니의 칼처럼 마구 휘두르는 현실을 비추어 볼 때 자신에 대한 이리의 사형판결과 자결은 많은 것을 생각하게 만든다. 특히 사형판결을 내리면서 그가 말한 **"죄를 잘못 판결하면 스스로 벌을 받아야 하고, 잘못 판결하여 사람을 죽게 했으면 자신이 죽어야 합니다"**라는 대목은 강렬하고 짙은 여운을 남긴다. 우리 현실이 바로 겹쳐 보이기 때문이리라. 과연 우리 법관들에게 자정(自淨) 능력이 있을지?

A : 어느 날 변호사(법관) 3천 명이 일시에 물에 빠져 죽었어. 이게 뭐지?

B : ???

A : 좋은 세상!

영화 〈필라델피아〉의 한 장면으로 기억한다.(2025년 11월 21일 처음 쓰고, 2025년 12월 15일, 2026년 1월 28일 수정)

22

이전투구(泥田鬪狗)
진흙탕 개싸움만도 못한 정치판의 '투구(鬪狗)'

● ● ●

정치판에서 자주 나오는 고사성어 상당수에 동물이 등장한다. '개'가 유달리 많이 나오는데 대부분 비방(誹謗)이나 비하(卑下)에 동원된다. 애완동물로서 가장 인기가 좋은 '개'에 대해 미안한 마음이 든다. 싸우기는 인간들이 싸우면서 '개'를 입에 담는다는 것은 달리 말하자면 그런 인간들이 개만 못하다는 것을 자인하는 것은 아닌지?

이 책에서 소개한 '토사구팽(兎死狗烹)', '양두구육(羊頭狗肉)'과 함께 가장 많이 입에 올리는 '이전투구'에도 개가 등장한다. **진흙탕 개들의 싸움인 '투구(鬪狗)'와 정치판 정상배(政商輩)들의 사람싸움 '투인(鬪人)' 중에서 어느 쪽이 볼썽사납고 추한 지를 '이전투구'의 고사를 통해 한번 생각**해보자. '개싸움'과 '사람싸움', 아마 눈 밝은 시민이라면 승부는 알고도 남을 것이다.

지역 차별적 성어 '이전투구'

'이전투구'는 우리 성어이다. 조선시대 초기 태조 이성계와 정도전의 대화 중에 나온다. 출처는 이중환(李重煥, 1690~1752)의 인문지리서《택리지(擇里志)》다.

'이전투구'는 원래 함경도 사람의 강인한 성격을 평가하는 대목에서 나온 표현이었다. 글자만 놓고 보면 그냥 '진흙탕에서 싸우는 개'란 뜻으로 어떤 가치평가가 들어 있지 않다. 그 뒤 뜻이 변하여 볼썽사납게 서로 헐뜯거나 싸우는 것을 비유하게 되었다. 부정적인 의미로 바뀐 셈이다. 원래는 특정 지역 사람의 성격을 빗댄 말이었다는 점을 기억하자.

'이전투구'는 태조 이성계가 정도전(1337~1398)에게 팔도 사람들의 특성을 한마디로 평해 보라는 대목에서 나왔다. 정도전은 팔도 사람들의 특성을 쭉 늘어놓다가 이성계의 출신지인 함경도에 와서는 감히 무엇이라 평을 내리지 못하고 머뭇거렸다. 이성계가 무슨 말을 해도 괜찮으니 해보라고 하자 정도전은 "함경도는 '이전투구'입니다"라고 했다. 순간 이성계의 안색이 달라졌고, 당황한 정도전은 "함경도는 또 **석전경우(石田耕牛)**'이기도 하지요"라고 보탰다. 이성계는 굳은 표정을 풀고 환히 웃으며 상을 내렸다고 한다.

'석전경우'란 '돌밭을 가는 소'로 '이전투구'와 마찬가지로 강인하다는 뜻을 담고 있다. 다만 개로 표현한 것과 소로 표현한 것의 차이가 있어 듣기에 따라서 당연히 기분이 나쁠 수 있다. 이성계도 이 때문에 순간 얼굴을 붉혔고, 이를 눈치 챈 정도전은 재치 있게 개를 소로 바꾸었다.

이전투구(泥田鬪狗)

    '이전투구'와 '석전경우'가 정도전 자신의 표현인지는 알 수가 없다. 추측컨대 오래전부터 내려오는 팔도 사람들에 대한 세평을 정도전이 인용한 것으로 보인다. '석전경우' 역시 중국 포털에서는 우리식 성어로 소개하고 있다. 참고로 당시 정도전이 말한 팔도 사람들에 대한 세평을 아래에 소개해둔다. 이 세평에는 지역에 대한 상당한 편견이 눈에 띈다는 점을 알고 보자.

- 경기 : 경중미인(鏡中美人) 거울 속에 비친 미인.
- 충청 : 청풍명월(淸風明月) 맑은 바람과 밝은 달.
- 전라 : 풍전세류(風前細柳) 바람 앞에 하늘거리는 가는 버드나무.
- 경상 : 송죽대절(松竹大節) 소나무나 대나무 같은 굳은 절개.

- 강원 : 암하노불(巖下老佛) 바위 아래 늙은 부처.
- 황해 : 춘파투석(春波投石) 봄 물결에 던져진 돌멩이.
- 평안 : 산림맹호(山林猛虎) 산속 숲에 사는 사나운 호랑이.
- 함경 : 이전투구(泥田鬪狗) 진흙탕에서 싸우는 개.

정치판의 추잡한 '이전투구'

'이전투구'에는 함경도 사람에 대한 편견이 들어 있다. 팔도에 대한 정도전의 세평 자체가 편견으로 가득 차 있기 때문이다. 더욱이 '이전투구'는 세월을 거치면서 본래의 뜻과는 달리 부정적인 의미의 성어로 고착되었다. 말이 아주 막돼먹은 싸움질이나 난장판을 비유한다. 정치판에서 '이전투구'는 더 부정적으로 쓰인다. 정치 모리배들의 '이전투구'는 개싸움만도 못하기 때문이다. 국민과 민생, 나라는 아랑곳하지 않고 '사리사욕(私利私慾)'만 난무할 뿐이다.

추잡한 윤가와 김가의 공동정권이 돛을 올린 지 몇 날이 채 되지 않아 '이전투구'가 벌어졌다. 하기야 원래 개만도 못한 자질로 정치를 한답시고 설치고, 한자리 얻어 온갖 갑질로 거들먹거리는 자들이니 이 싸움이 어떨지, 그리고 그 결말이 어떻게 끝날지는 '명약관화(明若觀火)'하다.(이 예견은 사실로 입증되었다.) 그렇지 않아도 스트레스 최고조인데 이자들이 국민들 정신건강까지 상하게 만들려고 작정을 한 것 같다. 아무튼 함경도 사람들에게 미안하고, 특히 개들에게 미안할 따름이다.

뱀 다리 '사족(蛇足)' 한마디, '이전투구'는 지난 2001년부터 매년 연말 발표되는 〈교수신문〉 선정 올해의 사자성어의 후보로 2003년, 2004년, 2021년 세 차례 후보로 올랐으나 한 번도 선정되지 못한 '비운(?)의 사자성어'이기도 하다.(2023년 3월 13일 처음 쓰고, 2025년 12월 15일 수정)

23

자긍공벌(自矜功伐)
잘난 척하고 떠벌린 결과

• • •

노자 《도덕경》 〈24장〉에 이런 대목이 있다. 원문을 함께 인용해
본다.

"자벌자무공(自伐者無功), 자긍자부장(自矜者不長)."
"자신의 공을 스스로 떠드는 자는 공을 세울 수 없고, 스스로를 크
다고 자부하는 자는 오래 발전할 수 없다."

사마천은 이 대목을 '**벌공긍능(伐功矜能)**'이란 네 글자로 압축하
면서 이런 오만함을 버려야만 사람 마음을 얻을 수 있다고 했다.

2천 년 전 사마천이 그렸던 바람직한 공직자의 모습은 어땠을까?
사마천은 이런 공직자들을 〈순리열전(循吏列傳)〉에 소개하고, 〈순리
열전〉을 짓게 된 동기를 마지막 권이자 자신의 서문인 〈태사공자서〉
를 통해 다음과 같이 밝히고 있다.

"법을 받들고 이치에 따르는 벼슬아치는 '**공을 자랑하지도 유능함을 떠벌리지**'도 않는다. 백성들의 입에 오르내리지 않으며, 잘못도 범하지 않는다. 그래서 여기 〈순리열전〉을 짓는다."

'벌공긍능'은 〈태사공자서〉 외에 〈순리열전〉과 〈유협열전〉에도 보인다. 직분에 충실하면 된다는 지극히 평범한 논리지만 그 속에 뼈아픈 일침이 있다.

많은 사람들이 알고 있는 5년에 걸친 초한쟁패는 항우의 역전패로 끝났다. 전력 면에서 절대 우세였던 항우의 역전패에 대해 많은 분석이 따랐고, 사마천은 **단 네 글자로 패배의 원인을 지적**했다. 바로 항우의 '**자긍공벌(自矜功伐)**'이었다. '**저만 잘난 척하고 떠벌린다**'는 뜻이다.

김가와 윤가의 공동정권이 반란으로 단명 아닌 단명을 했다. 그런데 2022년 6월 당시 대통령 후보였던 윤가의 대변인에 임명된 이동훈이란 자가 불과 열흘 만에 사퇴하는 일이 있었다. 이자는 그 뒤 10월에 자신의 SNS에 의미심장한 글을 올려 언론에 보도되었다. 이자의 글에 항우와 '자긍공벌' 이야기가 나왔다. 그 기사를 추려 보았다.(역사 기록에 대한 해석과 표현 일부를 수정했다.)

윤가의 대선후보 시절 대변인을 지낸 이동훈 전 〈조선일보〉 논설위원이 윤가를 겨냥한 듯 "1시간이면 59분을 혼자서 얘기한다", "다른 사람들 조언도 듣지 않고 '나를 가르치려 든다'며 화부터 낸다"면서 5년 치하로 그친 항우의 초나라를 의미하는 '5년 만에 나라를 망

해 먹었다'는 '오년졸망기국(五年卒亡其國)'을 언급했다.

이 씨는 10월 5일 자신의 페이스북에 〈항우본기〉 사마천의 논평
인 "자긍공벌(自矜功伐), 분기사지이불사고(奮其私智而不師古)", 즉 "저
만 잘난 척 떠벌리며, 자기 꾀만 믿고 과거를 본받지 않았다"라는 대
목을 올리면서 "항우가 왜 실패했나? '저만 잘난 척 떠벌리며, 자기
꾀만 믿고 과거를 본받지 않았다'는 사마천의 간단명료한 진단이 가
슴을 때린다"고 했다.

항우는 중국 진나라 말기의 군인으로 초한전쟁 당시 대륙을 제
패하고 초나라 왕이 되었으나 불과 5년 만에 유방에게 패하여 자결
했다.

이 씨는 이어 주어를 명확하게 밝히지 않은 채, "나 때문에 이긴 거야. 나는 하늘이 낸 사람이야"를 인용한 뒤, "한 시간이면 혼자서 59분을 얘기한다. 깨알 지식을 자랑한다. 다른 사람 조언 듣지 않는다. 원로들 말에도 '나를 가르치려 드냐'며 화부터 낸다. 옛일로부터 배우려 하지 않는다"고 비판했다.

그는 재차 항우의 사례를 언급하며, "그래서 어찌 됐느냐? 오년졸망기국(五年卒亡其國) 5년 만에 쫄딱 망했다. 우연찮은 5라는 숫자가 한 번 더 가슴을 때린다"고 탄식했다. 그러면서 "누군가의 얼굴이 바로 떠오른다. 큰일이다"라고 덧붙였다.?

다른 신문도 아닌 〈조선일보〉 기자 출신조차 윤가의 몰락을 예견했다는 기사였다. 뜻하지 않게 자기보다 훨씬 못한 윤가와 비교를 당한 항우가 몹시 억울해하고 분통을 터뜨릴 것 같다. 어쨌거나 '잘난 척 떠벌리는' 자들의 최후는 예나 지금이나 별반 다를 것이 없었다. 윤가는 항우만도 못해 불과 3년에 쫄망한 점이 다를 뿐 ……. (2022년 10월 13일 처음 쓰고, 2025년 12월 15일 수정)

24

조삼모사(朝三暮四)와 목후이관(沐猴而冠)
조삼모사(朝三暮四)에 놀아난 원숭이

• • •

2023년 4월 26일 있었던 윤가와 바이든의 한·미 정상회담을 두고 말들이 많았다. 자를 것도 없지만 '거두절미(去頭截尾)'하고 딱 한마디로 정리하자면 맹탕 그 자체였고, 세금이 아까울 뿐이었다. 당시 이 회담과 관련하여 문득 **'조삼모사'**와 **'목후이관'**이란 고사성어가 떠올랐다. 대입하여 비유하자면 '바xx의 조삼모사와 윤xx의 목후이관'이다. 바xx의 '조삼모사'에 놀아난 윤xx의 꼴이 영락없는 '목후이관'이었기 때문이다.

다들 아는 고사성어지만 먼저 성어의 출처와 고사를 간단하게 소개한다. '조삼모사'는 글자대로 '아침에 세 개, 저녁에 네 개'란 뜻이고, 잔꾀로 남을 속이는 것을 비유하는 성어다. 초등학교와 중학교 교과서에 나올 정도로 널리 인용되고 있는 우화이기도 하다. 그 출처는 《장자(莊子)》〈제물론(齊物論)〉 편이다. 먼저 《장자》에 나오는 우화를 간략하게 소개하면 이렇다.(윤가와 바 씨를 대입시켜 보았다.)

대장 원숭이(바xx)가 도토리를 부하 원숭이(윤xx)에게 나누어 주면서 "아침에는 세 개, 저녁에는 네 개를 주겠다"고 했다. 부하 원숭이(윤xx)는 화를 냈다. 그러자 원숭이 대장(바xx)은 "그러면 아침에 네 개, 저녁에 세 개를 주겠다"고 하자 좋아라 했다. 장자는 부하 원숭이(윤xx)의 어리석음을 이렇게 지적한다.

"아침과 저녁이 약간의 차이는 있어도 모두 일곱 개라는 것도, 하루에 그것을 받을 수 있다는 실질도 변함이 없는데, 화를 냈다가 기뻐하는 다른 대응을 보인 것은 역시 **눈앞의 이익이 좋다고 생각**했기 때문이다."

부하 원숭이(윤xx)가 원했던 눈앞의 이익이 무엇일까? 환대, 연설 때의 박수, 만찬에서의 노래와 환호, 요컨대 자기과시 뭐 이런 것들밖에는 떠오르지 않는다. 대장 원숭이(바xx)는 밥 한 끼 대접하고 얻어내야 할 것들을 다 얻어 낸 반면, 부하 원숭이(윤xx)는 가지고 있던 도토리마저 다 빼앗긴 꼴이 되었다. 다음은 《사기》 〈항우본기〉에 나오는 '목후이관'의 내용이다.

기원전 206년, 항우는 함양성에 입성하여 성을 불 지르고 도살을 일삼았다. 항우는 대업을 위한 큰 그림을 그리지 못하고 '금의환향(錦衣還鄕, 비단옷을 입고 고향으로 돌아가다)'하여 자신의 위업을 자랑하고 싶었다. 그래서 누구라도 예상할 수 있는 관중(關中)에 도읍을 정하지 않고 고향에 가까운 팽성(彭城)을 도읍으로 삼고자 했다. 누군

가가 "사람들이 말하길 초나라 사람은 **'머리 감은 원숭이가 모자를 쓴 꼴(목후이관)'**이라고 하더니 그 말이 사실이었구나"라며 비꼬았다. 이 말을 전해 들은 항우는 그 사람을 삶아 죽였다.

　이후 **'목후이관'은 안목이 짧고 그저 겉으로 드러내는 것만 좋아해서 큰일을 이루지 못하는 어리석음을 비유**하기에 이르렀다. '목후이관'하고 돌아온 부하 원숭이(윤xx)는 아직도 자신이 당한 줄 모른 채 세 개 받던 도토리를 네 개 얻었을 뿐만 아니라 대장 원숭이(바xx) 앞에서 노래까지 불렀다며 '자화자찬(自畵自讚)'에 들떠 있다.

게다가 이런 자신의 성과를 비판하는 사람들을 삶아 죽일 기세다. 이 정도면 '자화자찬'을 넘어 '자가당착(自家撞着)'에 '과대망상(誇大妄想)'이다.《추악한 중국인》이란 자아 비판서를 출간하여 중국을 발칵 뒤집어 놓으셨던 백양(柏楊) 선생은 이런 증상을 **'대두증(大頭症)'**이라 했다. 부하 원숭이(윤가)가 많이 아픈 모양이다.(2023년 5월 4일 처음 쓰고, 2025년 12월 15일 수정)

뱀의 다리 '아침에 변하고 저녁에 바꾼다'는 뜻의 '조변석개(朝變夕改)'도 '조삼모사'와 비슷한 뜻의 성어이다. '조변석개'는 우리가 즐겨 쓰는 표현이고, 중국에서는 '조령석개(朝令夕改)'를 많이 쓴다. '아침에 내려진 명령이 저녁에 바뀐다'는 뜻으로《한서》〈식화지(食貨志)〉(상)가 그 출처이다. 같은 뜻의 '조령모개(朝令暮改)'로도 많이 쓴다.

25

중구삭금(衆口鑠金), 적훼소골(積毀銷骨)
유언비어(流言蜚語)와 마타도어(Matador)

• • •

정치판, 특히 선거 때가 되면 자주 입에 오르는 단어들 중에 **'마타도어(Matador)'**라는 것이 있다. 먼저 마타도어에 대해 AI가 내놓은 정보는 다음과 같았다. 문장을 살짝 다듬었다.

마타도어는 **근거 없는 사실을 조작해 상대방을 중상모략하거나 내부를 교란시키기 위해 유포하는 '흑색선전(Black Propaganda)'을 의미하는 정치 용어**이다. 그 핵심 내용은 다음과 같다.

먼저 어원은 스페인의 투우사 중 소의 정수리를 찔러 죽이는 주연 투우사 마타도르(Matador, 소를 죽이는 자)에서 유래되었다고 한다. 방법은 출처를 밝히지 않은 채 허위 사실이나 유언비어를 퍼뜨려 상대방의 인격과 이미지를 훼손한다. 특징은 일반적인 비판이나 부정적 선전과 달리, **'출처가 불분명'**하고 **'사실무근인 내용'**을 악의적

으로 유포한다는 점이다.

그러면서 다음과 같은 정보를 덧붙였다.

주로 선거철에 후보자의 당선을 막기 위한 **네거티브 전략으로 자주 등장**한다. 현대사회에서는 가짜 뉴스(Fake News)와 결합하여 SNS 등을 통해 빠르게 확산되는 경향이 있다. 중앙선거관리위원회 등에서는 이러한 흑색선전을 막기 위해 선거법 위반 행위를 엄격히 감시하고 있다.

마타도어와 비슷한 성격의 사자성어가 **유언비어(流言蜚語)**다. 일 상에서 흔히 쓰는 '유언비어'는 '유언'과 '비어'의 합성어이다. '유언' 은 글자 뜻 그대로 '떠도는 말'이고, '비어'는 메뚜기 떼처럼 날아다 니는 말이란 뜻으로 역시 '유언'과 같다. '유언'의 출처는《예기(禮記)》〈유행(儒行)〉편의 "오랫동안 서로 보지 못한 채 '떠도는 이야기' 만 들리니 믿을 수 없다"는 대목이다. '비어'는《사기》〈위기무안후열전〉이 그 출처이다. 해당 내용을 보면 이렇다.

한나라 무제 때 두태후의 인척으로 권세를 휘두르던 위기후(魏其侯) 두영(竇嬰)이 세력을 잃자 주위 사람들이 다 떠났다. 오직 관부(灌夫)만 곁에 남아 두영을 지켰다. 한번은 승상 전분(田蚡)이 베푼 술자리에서 두영·관부 두 사람이 전분과 심하게 다투는 일이 벌어 졌다. 일은 점점 커져 황실에까지 알려졌고, 두영은 선제(경제)의 유

언을 위조했다는 혐의로 탄핵당했다. 관부는 그 가족들과 함께 처형되었다. 이 소식을 들은 두영은 화병과 중풍이 겹쳐 음식을 끊고 죽으려 했다. 무제가 두영까지는 죽일 마음이 없다는 말에 두영은 음식을 다시 먹으며 병을 치료하기 시작했다. 그런데 이번에는 두영을 비방하는 **'비어(蜚語)'**가 떠돌았고, 그것이 무제의 귀에까지 들어가자 결국 위성(渭城)에서 참수되었다.

'유언비어'는 대단히 보편적인 사회심리 현상의 하나로서 일부 사람들이 특정한 '희망'에 근거하여 퍼뜨리는 것으로, 사실적 근거가 부족한 전해 듣는 또는 전해들은 말이다. 유언비어는 실제 생활과는 간격과 차이가 크고, 심지어 공격성까지 갖춘다. 따라서 일반적으로 소극적인 사회적 기능을 발휘하며, 왕왕 아주 나쁜 사회적 영향을 조성하기도 한다. 그런가 하면 언론이나 여론이 강제적으로 탄압당할 때 나타나는 소극적 저항의 한 표현으로서 '유언비어'가 널리 퍼지기도 한다.

엄격하게 말해 마타도어와 유언비어의 본질은 다르다. 특히 **유언비어는 권력(자)에 불만을 품은 백성들이 그 불만을 표출하는 하나의 방식으로 기능하기도** 했다. 다만, 어느 쪽이 되었건 가장 **본질적인 공통점이라면 '반복성(反復性)'**이다. 즉, 유언비어나 마타도어가 위력을 발휘하려면 끊임없이 반복해야 한다는 것이다. 옛 기록에는 이런 반복성의 위력을 **'여러 사람의 입은 쇠도 녹이고, 여러 사람의 헐뜯음은 뼈도 깎는다'**는 절묘한 말로 표현했다. 앞 대목에서 **'중구삭금(衆口鑠金)'**이란 사자성어가 나왔고, 뒷 대목에서 **'적훼소골(積毀銷骨)'**이란 사자성어가 나왔다. 출처는 《사기》〈장의열전〉이다.

이 말을 한 유세가 장의는 《국어(國語)》라는 책에 인용된 "여러 사람의 마음이 모이면 성(城)을 만들고, 여러 사람의 입은 쇠를 녹인다"는 속담을 재활용한 것 같다. 《전국책(戰國策)》에도 같은 성어가 보인다. 그리고 '적훼소골'은 이처럼 '중구연금(衆口鍊金)'과 같이 쓰이는데, 거의 같은 뜻으로 '적훼소금(積毀銷金, 헐뜯음이 쌓이면 쇠도 깎는다)'이나 '적참마골(積讒磨骨, 헐뜯음이 쌓이면 뼈도 간다)'이란 성어도 파생시켰다. 모두 반복되는 말의 위력이 얼마나 무서운가를 잘 표현한 성어들이다.

선거철이 다가온다. 또 어떤 유언비어와 마타도어가 기승을 부릴지 걱정부터 앞선다. 선거철이 아니더라도 '사람의 뼈조차 녹이는' 나쁜 사람의 혓바닥이 독극물처럼 뿌려지고 있는 현실이라 딱히 할 말은 없다. **이런 나쁜 말들, 더러운 말들, 요사스러운 말들을 가려내는 지성이 어느 때보다 필요**한 지금이다. 집단지성의 힘을 믿어본다.(2026년 1월 19일)

26

지간후반절(只看後半截)
인생 후반부를 봐라

• • •

"기녀라도 늘그막에 남편을 좇으면 한평생 분 냄새가 거리낌이 없을 것이오, 정조를 지켜온 열녀라도 머리털 센 다음 정조를 잃고 보면 반생 힘들게 지켜온 깨끗한 정절이 아랑곳없으랴! **'사람을 보려면 다만 그 후반을 보라'**는 말은 정말이지 명언이다."

위는 인생 수양서를 대표하는 《채근담(菜根譚)》에 보이는 명구절의 하나이다. 이 구절은 청록파 시인의 한 사람이자 수필가였던 조지훈(1920~1968) 선생의 〈지조론(志操論)〉이란 명문에 인용되면서 널리 알려지기도 했다. 한 사람에 대한 평가를 보려면 그 삶의 후반부, 즉 만년의 언행을 보라는 지적이다. 관련하여 조지훈 선생의 〈지조론〉 한 대목을 인용해본다.

"오늘 우리가 지도자와 정치인들에게 바라는 지조는 이토록 삼엄

한 것은 아니다. 다만 당신 뒤에는 당신들을 주시하는 국민이 있다는 것을 잊지 말고 자신의 위의(威儀)와 정치적 생명을 위하여 좀 더 어려운 것을 참고 견디라는 충고 정도다. 한때의 적막을 받을지언정 만고에 처량한 이름이 되지 말라는 《채근담(菜根譚)》의 한 귀절을 보내고 싶은 심정이란 것이다. 끝까지 참고 견딜 힘도 없으면서 뜻 있는 백성을 속여 야당(野黨)의 투사를 가장함으로써 권력의 미끼를 기다리다가 후딱 넘어가는 교지(狡智)를 버리라는 말이다. 욕인(辱人)으로 출세의 바탕을 삼고 항거로써 최대의 아첨을 일삼는 본색을 탄로 시키지 말라는 것이다. 이러한 충언의 근원을 캐면 그 바닥에는 변절하지 말라, 지조의 힘을 기르란 뜻이 깃들어 있다."

'지조'란 단어가 무척 낯선 지금이다. 과거에는 선비를 비롯한 그 나름 뜻을 세운 사람의 기본자세였던 '지조'가 마치 한참 뒤떨어진 낡은 가치관처럼 취급받는 시대가 되었기 때문이다. 하지만 한번 생각해보자. **철들어 자신이 세웠던 뜻과 포부를 부귀영화, 그것도 정당하지 못한 부와 권력 앞에서 헌신짝 버리듯 버리는 사람이 어떤 사람일까?** 그런 사람이 공직을 맡거나 지도자가 된다면 어떨까?

과거 '지조'는 최대한이 아닌 최소한의 기준이었다. 오늘날 '지조'는 최대는커녕 거론조차 되지 않는다. 더 슬픈 현실은 나이 불문 지켜온 '지조'를 헌신짝처럼 버리는 사람이 너무 많다는 것이다. 참으로 안타깝다. 한 사람의 인생에 대한 평가는 사실 그가 만년을 어떻게 살았느냐가 상대적으로 중요하게 작용한다. 예로부터 '개과천선(改過遷善)'을 군자의 처신으로 높이 평가한 것도 이 때문이다.

'**차돌에 바람이 들면 백 리를 날아간다**'는 우리 속담이 있다. '차돌에 바람이 돌면 석돌보다 못하다'는 속담도 있다. 석돌이란 푸석푸석한 돌을 말한다. 이를 사람에 비유하자면, '지조'를 지키며 차돌처럼 단단하게 살아온 사람도 바람이 들면, 즉 변절하면 하찮은 사람보다 못한 사람이 된다는 것이다. 이런 사람은 한번 움켜쥐면 가루가 되어 날아가듯 형편없이 가벼운 존재가 되어 버린다.

'지조'를 평생 지키기란 결코 쉽지 않다. 하지만 내가 내 삶의 주인이 되어 떳떳하게 삶을 마감하고 싶다면 내 의지와 가치를 함부로 바꾸는 못난 짓은 삼가야 하지 않겠는가? 나와 내 가족, 내 주위 사람들에게 나란 인간이 어떤 사람으로 기억되길 바라는가? 역사의 평가는 내버려 두더라도 말이다. 맨 앞에 인용한 《채근담》 명구의 원문을 인용해둔다. 아울러 참고자료로 《채근담》의 사람 보는 지혜와 관련한 명구들을 덧붙여 둔다.(2025년 12월 15일)

"성기만경종량(聲妓晚景從良), 일세지연화무애(一世之臙花無碍) ; 정부백두실수(貞婦白頭失守), 반생지청고구비(半生之淸苦俱非). 어운 '간인지간후반절(語云'看人只看後半截)', 진명언야(眞名言也)."

참고자료 : 《채근담》의 인간 보는 지혜

'맛있는 음식을 탐하지 않고 항상 나물 뿌리와 같은 거친 음식을 달게 여기는 사람은 어떤 일이라도 이룰 수 있다.' 《채근담》이란 책 이름은 이 말에서 나왔다. 《채근담》을 지은 사람은 그 이력이 분명치

않은 명나라 때 사람 홍자성(洪自誠, 생졸 미상)이라 한다. 유교와 불교
및 도교 사상을 합하여 3교의 공통된 진리성에 바탕을 두고, 인생의
이치를 밝히고 있는 훌륭한 수양서이다.

　여기에 소개하는 구절들은 주로 명예와 이익을 탐하는 인간들의
본질을 명쾌하게 분석하고 아울러 지조의 소중함을 밝히고 있다.

"기생도 늘그막에 남편을 따르면 젊어서의 분 냄새 사라져 버리고, 열녀(烈女)도 머리 희어 정조를 잃으면 반평생의 절개가 수포로 돌아간다. 옛말에 이르기를 '사람을 볼 때에는 그 늘그막을 보라'고 했거니와, 참으로 명언이다."

이 얼마나 기막힌 말인가! 오늘날 늘그막에 그것도 스스로 욕을 보이고 욕을 먹는 수많은 인간, 특히 사회적으로 지도자급에 있는 인간들에게 꼭 들려주고 싶은 대목이 아닐 수 없다.

조지훈 선생도 〈지조론〉에서 《채근담》의 '차라리 한때의 적막함을 받들지언정 만고의 처량함을 취하지 말라'라는 구절을 인용하며 변절을 밥 먹듯 하는 자들을 준엄하게 꾸짖었다. 《채근담》에 나오는 지조의 중요성을 비롯하여 사람을 보는 지혜와 관련한 명구들 몇 개를 인용해본다. 위에 인용한 대목들이 중복되지만 문맥을 고려하여 다시 인용해둔다.

"도덕(道德)을 지키며 사는 사람은 한때만 적막할 뿐이나, 권세에 의지하고 아부하여 사는 사람은 만고(萬古)에 처량하다. 도(道)에 통달한 사람은, 사물 밖의 것을 보고 육체 뒤의 몸을 생각한다. 차라리 한때의 적막함을 받들지언정 만고의 처량함을 취하지 말라."

"명아주국으로 입을 달래고 비름나물로 창자를 채우는 사람들 중에는 얼음처럼 맑고 옥(玉)처럼 깨끗한 사람이 많지만, 비단옷 입고 기름진 고기를 먹는 사람은 굽실거리는 종노릇을 달게 여긴다. 지조

(志操)는 청렴결백(清廉潔白)하면 뚜렷해지고, 절개는 부귀(富貴)를 탐내면 잃게 되는 법이다."

"진짜 청렴에는 청렴하다는 이름조차 없다. 그러므로 이름을 날리는 사람은 바로 탐욕스러운 것이다. 참으로 뛰어난 재주에는 교묘한 재주가 없다. 그러므로 교묘한 재주를 부리는 사람은 바로 재주가 서툰 것이다."

"절의(節義)를 지키는 사람은 복을 구하는 마음이 없으므로, 하늘은 곧 마음 없는 곳을 찾아가 그의 본심을 열어주고, 간사한 사람은 재앙을 피하려고 애를 쓰므로, 하늘은 그 애쓰는 속으로 들어가 그의 넋을 빼앗는다. 보라, 하늘이 지닌 권능의 신묘함을! 인간의 지혜와 기교가 무슨 소용이 있겠는가!"

"뜻을 굽혀 다른 사람을 기쁘게 해주는 것은 자신을 곧게 하여 사람들로부터 미움을 받느니만 못하며, 선(善)을 행하지도 않고 사람들로부터 칭찬을 받는 것은 악(惡)을 행하지도 않고 사람들로부터 헐뜯음을 받느니만 못하다."

"간악한 무리를 제거하고 아첨하는 무리를 막으려면, 그들에게 도망갈 길 하나를 터 주어야 한다. 만일 그들로 하여금 조금도 용납할 곳이 없게 한다면, 비유컨대, 그것은 쥐구멍을 틀어막는 것과 같아서, 도망갈 길이 모두 막혀버린 쥐는 소중한 세간을 물어뜯어 버릴 것이다."

"차라리 소인이 꺼리고 헐뜯는 사람이 될지언정, 소인이 아첨하고 기뻐하는 사람이 되지 말라. 차라리 군자의 꾸짖음과 깨우침을 받을지언정, 군자가 감싸고 용서하는 사람이 되지 말라."

"이욕(利欲)을 좋아하는 자는 도의(道義)에서 벗어나기 때문에 그 해독이 얕고, 명예를 좋아하는 자는 도의 안으로 숨기 때문에 그 해독이 보이지는 않지만 깊다."

"모함하고 헐뜯는 사람은 마치 조각구름이 해를 가리는 것과 같기 때문에 오래지 않아 스스로 밝아진다. 그러나 아양 떨고 아첨하는 사람은 마치 틈바람이 살갗에 스며드는 것과 같기 때문에 그 해로움을 깨닫지 못한다."

27

질현투능(嫉賢妬能)
실력 없는 자의 질투가 사람을 망친다.

● ● ●

기형도(1960~1989) 시인의 〈질투는 나의 힘〉이란 시 때문에 이 말이 크게 유행한 적이 있었다. 2002년에는 영화로도 나왔다. 기형도가 말한 '질투'는 단순한 시기(猜忌)를 넘어, 세상으로부터 인정받고자 했던 욕망이나 부러움, 또는 희망의 또 다른 이름이었지만 **지금 우리 사회에 만연한 '질투의 힘'은 힘이 아니라 자신과 타인을 해치는 추잡하고 악랄한 폭력**이 되고 있다.

질투는 분명 자신을 격려하고 분발하게 만드는 자극 기제로 작용한다. 그러나 모든 일이 그렇듯 정도가 문제이다. AI는 질투심이 강한(지나친) 사람의 특징을 이렇게 정리해주고 있다.(AI보다 간결하게 다듬었다.)

"질투하는 사람은 낮은 자존감과 강한 소유욕으로 타인의 성공이나 행복을 시기한다. 그래서 이를 깎아내리거나 방해하려는 특징을 보인다. 겉으로는 친한 척하지만 뒷담화를 하거나, 사소한 일에도 경쟁심을 느끼며 비꼬는 말버릇을 보인다."

그런 다음 질투에 사로잡힌 사람들의 주요 특징과 행동 패턴을 다음과 같이 요약한다.

- 교묘한 깎아내리기 : 상대방의 성취를 칭찬하는 척하며 비꼬거나, '너치고는 잘했네'와 같은 기분 나쁜 칭찬을 잘한다.
- 끊임없는 비교와 경쟁심 : 자신과 타인을 계속 비교하며, 사소한 부분에서도 우위를 점하려 하고 친구를 계급적으로 나누려 한다.
- 수동 공격적 태도 : 직접적인 충돌 대신 뒤에서 루머를 퍼뜨리거나, 약속을 피하는 등 간접적인 방식으로 불편한 감정을 드러낸다.
- 낮은 자존감과 자격지심 : 겉으로는 자신감이 있어 보이지만, 실제로는 자신을 과소평가하며 타인이 가진 것을 자신의 것으로 만들고 싶어 하는 욕구가 강하다.
- 집착과 통제 : 상대방의 상황(특히 SNS나 사생활)을 예의주시하며, 자신의 통제 범위를 벗어나는 것을 불안해한다.
- 뒷담화 및 고립 : 상대방을 인성에 문제가 있는 사람으로 몰아가거나 뒷담화를 통해 고립시키려 한다.

강한 질투심에서 비롯된 이러한 행동은 상대방을 불편하게 만들

실력은 없고, 질투는 넘친다.

어리석은 과거를 고백, 반성, 성찰 - 기형도, 〈질투는 나의 힘〉

며, 지속될 경우 관계를 파괴할 수 있는 특징을 보인다. 특히 이런 자들이 권력과 부를 가지면 무자비하게 사람을 괴롭히고 공격하며, 심지어 죽이려고까지 한다.

이상의 정보를 가만히 들여다보노라면 여러 사람이 떠오른다. 방송과 유튜브를 비롯하여 각종 SNS를 도배하고 있는 자들 상당수가 위 항목에 고스란히 해당하기 때문이다. 그 혓바닥으로 혹세무민(惑世誣民)하는 사회악들이다.

'초한쟁패'는 중국 역사에서 가장 널리 알려진 흥미진진한 한 단락이자 드라마보다 더 드라마 같았던 역사의 고비였다. 알다시피 이 싸움은 절대 우세였던 항우가 역전패로 끝났다. 극적으로 역전승한 유방은 훗날 자신이 승리하고 항우가 패배한 원인을 분석하게 했다. 유방과 같은 고향 출신인 고기(高起)와 왕릉(王陵)은 이렇게 분석했다.

"폐하는 오만하여 다른 사람을 업신여긴 데 비해, 항우는 인자하여 다른 사람을 사랑할 줄 알았습니다. 그러나 폐하는 사람을 보내성을 공략하게 하여 점령하면 그에게 나누어줌으로써 천하와 더불어 이익을 함께 나누었습니다. 반면에 항우는 **똑똑하고 능력 있는 사람을 시기하고 질투하여** 전투에 승리해서도 다른 사람에게 공을 돌리지 않았으며, 땅을 차지하고도 그 이익을 나누지 않았습니다. 항우가 천하를 잃은 까닭이 여기에 있습니다."

여기서 **'질현투능'**이란 사자성어가 나왔고, 이것이 '질투'의 어원이 되었다.(글자를 바꾸어 '투현질능妬賢嫉能'이라고도 한다.) 당시 유방은 고기와 왕릉의 분석을 인정하면서도 자신을 도운 소하·장량·한신의 역할을 상대적으로 크게 보았다. 그러나 지금 우리 사회의 현상을 놓고 보면, 고기와 왕릉의 분석과 지적이 더 실감 난다. 좋은 인재와 자신의 실력은 갖추기는커녕 그런 사람들을 시기하고 질투했으니 패배는 당연하지 않을까?

실력 없는 자들의 질투는 타인을 해치는 것은 물론 결국은 자신까지 망친다. 그런 자들이 우리 주위에 넘쳐난다. 그럼에도 이런 자들은 멈출 줄 모른다. 그 모든 것을 초월하는 욕망(탐욕)의 포로가 되어 있기 때문이다.

기형도의 〈질투는 나의 힘〉이란 시는 미래의 시점에서 과거의

자신을 객관화하여 바라보며 자신의 어리석었던 과거를 솔직하게 고백하고 반성하는 깊은 성찰의 경지를 보여준다. 이 때문에 스스로에 대한 불안과 타인과의 비교 속에서 힘들어했던 많은 이들에게 깊은 공감을 주는 명시가 되었다. 질투심에 사로잡힌 사람들은 기형도의 시를 차분히 읊어보라. 참고로 기형도는 29년이란 짧은 세월을 누구보다 깊게 건넌 시인이다.(2026년 2월 20일)

28

칠이측군(七珥測君)
귀걸이 일곱 쌍으로 왕의 마음을 훔치다

• • •

권력자의 마음을 헤아리는 일은 왕조체제나 지금이나 그 본질에서 크게 달라지지 않았다. 연일 언론과 SNS 등을 통해 오르내리는 뉴스 중에는 최고 권력자의 심경과 관련한 내용이 빠지지 않는다. 전달자가 누구냐에 따라, **또 전달자의 의도에 따라 당연히 왜곡 전달되기 일쑤다. 이 때문에 서로가 자신이 권력자의 진짜 측근이라며 싸우는 등 소모적인 정쟁**이 벌어진다. 이런 폐단을 잘 알고 있는 권력자는 측근을 통하지 않고 직접 대놓고 자신의 생각과 의중을 전달하기도 한다. 그러나 모든 언행에 신중해야 할 위치에 있는 사람으로서 늘 직접 소통을 고집하기란 한계가 분명하다.

어쨌거나 최고 권력자 주변에는 권력자의 생각과 의중을 헤아리거나 심지어 훔치려는 자들이 있을 수밖에 없다. 권력과 권력자가 있는 한. 먼저 옛날 왕조체제에서 신하가 군주의 속내를 어떤 방식으로 헤아렸는지 그 사례를 한번 보자.

전국시대 제나라 위왕(威王, 기원전 378~기원전 320)의 왕비가 세상을 떠났다. 제나라의 대신 전영(田嬰)은 위왕에게 부인(왕비)을 정하여 민심을 안정시키라고 청했다. 그런데 위왕 신변에는 젊고 아름다운 여성이 일곱이나 있었고, 모두 위왕의 사랑을 받고 있어 그들 중 누가 가장 사랑을 받고 있는지 가려내기가 어려웠다.

전영은 생각 끝에 방법을 찾아냈다. 먼저 사람을 시켜 일곱 쌍의 귀걸이를 구하게 했는데, 그중 한 쌍만 가장 화려하고 아름답고 귀한 걸로 구하게 했다. 전영은 이 귀걸이 일곱 쌍을 위왕에게 바쳤고, 위왕은 아니나 다를까 일곱 명의 미녀에게 귀걸이를 다 나눠주었다.

다음 날, 전영은 가장 화려하고 아름답고 귀한 귀걸이를 한 미녀를 발견할 수 있었다. 전영은 바로 그 미녀를 부인으로 세우십사 청했다. 전영은 위왕이 가장 총애하는 미녀에게 그 귀걸이를 줄 것으로 예상했고, 전영이 그 미녀를 부인으로 추천하자 위왕은 당연히 기쁜 마음으로 받아들였다.

이상 전국시대 제나라의 대신 전영이 구사한 이 고사가 **'일곱 개 귀걸이로 군주의 속내를 헤아리는' '칠이측군(七珥測君)'** 또는 **'칠이 지계(七珥之計)'**라는 사자성어로 남아 전하고 있다.

권력자의 의중을 헤아리는 일은 당연히 필요하다. 권력자가 어떤 일을 두고 고심하고 있거나, 시행한 정책에 대한 민심의 반응 등 여러 가지를 파악하고 싶을 때 측근은 이런 심기를 헤아려 정확한 정보와 견해를 전달해야 한다. 그런 측근이 진정한 측근이다. 그래야만 정책이 순조롭게 실행되고, 권력자는 자신을 가지고 다른 정책에 임

할 수 있기 때문이다.

　문제는 권력자의 잘못이나 실수 및 그릇된 판단에 대한 측근의 오도(誤導)이다. 그저 불편한 심기를 풀어주기 위해 정확하지 못한 정보 전달과 아부로 대처한다면 상황은 매우 심각해진다. 이런 측근은 십중팔구 간신(奸臣)이거나 간신에 가깝다. 특히, 자신의 **사사로운 욕심을 위해 권력자의 의중을 왜곡하고, 그것을 앞세워서 권력자와 자신을 비판하는 사람이나 정상적인 민의 전달의 통로를 막는 측근이라면 틀림없이 간신**이다.

　전영이 위왕을 위해 하루라도 빨리 왕비를 세우라고 건의한 것은 그 자리가 오래 비어 있으면 민심이 불안해지고 궁중의 암투가 벌어질 가능성이 컸기 때문이다. 다만, 여러 후비들 중 누구를 왕비로 삼을 것인가는 거의 전적으로 왕의 마음에 달려 있었다. 전영은 왕의 마음을 헤아리기 위해 일곱 쌍의 귀걸이로 꾀를 냈고, 정확하게 왕의 의중을 알아냈다. 물론 그 왕비가 덕까지 겸비한 인물이었으면 금상첨화였을 것이다.

전영의 '칠이측군' 고사가 갖는 의미는 권력자의 측근으로서 권력자의 심기와 의중을 헤아리는 일의 '정도(定度)의 문제'를 제기하고 있다는 데 있다. 다시 말해, 딱 전영 만큼만 헤아리면 된다는 것이다. 그 선을 넘는 순간 사심(私心)이 개입되기 십상이기 때문이다. 권력자 노릇도 힘들지만 권력자의 측근 역할은 더 어렵고 미묘하다.(2026년 2월 10일)

29

팔간(八姦)과 사방(四方)
외세에 구걸하는 매국노들

• • •

  수천 년 역사를 통해 단 한 번도 청산된 적 없는 여러 현상들 중 간신현상이 있다. 이 현상은 지금도 여전하며, 더 간악하고 정교해져서 각종 카르텔을 형성하여 사회와 나라를 좀먹고 있다. 일찍이 이런 간신현상을 통찰한 사상가가 있었으니 법가사상을 집대성한 한비자(韓非子, 기원전 약 280~기원전 233)였다.

  한비자는 전국시대 말기에 법가사상을 대표했던 인물로, 천하의 이해관계와 형세를 두루 살피고 당시 변법개혁의 경험과 교훈을 종합한 다음, 법을 위주로 한 '법(法)', '술(術)', '세(勢)'를 결합한 탁월한 정치(통치)이론을 제기했다. 그 이론서가《한비자》다.

  《한비자》는 전편에 살기가 흐른다. 인간이 이렇게도 사악한 존재인가? 한 구절 한 구절이 모두 섬뜩하다. 그중 〈팔간(八姦)〉 편은 신하(간신)가 군주를 속이고, 나아가서는 나라를 망치는 여덟 가지 방법 '팔간'과 그것을 막는 방법을 말하고 있다. 그 여덟 가지 중 마지막 **'사방(四方)'은 간신이 외세를 끌어들여 자기 나라 임금과 백성을 협박하는 짓거리**를 적나라하게 보여준다. 먼저 해당 대목을 차분히 읽어 본다.

"여덟째는 사방(四方)이다. 사방이란 주위 이웃 국가들의 세력을 이용한다는 뜻이다. 어떠한 방법으로 하는가? 군주가 자신의 국가가 작으면 큰 나라를 섬기고, 자신의 군사력이 약할 경우에 강한 군사를 두려워해야 하는 것은 당연하다. 대국이 무엇을 요구하면 소국은 들어주지 않을 수 없으며, 대국의 군대가 출병할 때에는 약한 나라는 복종해야 한다. 간사한 신하는 백성들에게서 세금을 걷고, 창고의 재물을 가져다가 대국을 섬기는 데에 쓰며, 대국의 위세를 이용하여 자신의 군주를 협박한다. 심하게는 대국의 군대를 변경에까지 끌고 와 민심을 공포에 몰아넣기도 하고, 작게는 대국의 사신을 자주 불러들임으로써 군주를 떨게 하여 복종시킨다. 이것이 사방이다."

어떤가? 지금 이와 똑같은 짓을 하는 종교계의 간신이라 할 교간(敎奸)을 비롯하여 이른바 극우 유튜버, 아무 생각 없이 그를 추종하는 무뇌아들이 절로 떠오르지 않는가? 특히 한때 집권 여당이었다가 극우 집단으로 변질된 야당의 행태가 영판 이렇다. 미국 항공모함이 누구를 잡으러 온다는 둥, 누가 미국에 가면 바로 체포당할 것이라는 둥, 미국 대통령이 우리 대통령을 잡아갈 것이라는 둥, 자기 뒤에는 미국이 있다는 둥……

우리 역사는 조선시대 이후로 외교의 핵심은 중국을 섬기는 사대

주의였다. 해방과 6·25 한국전쟁을 거치면서는 미국을 섬겼다. 민주
화와 민주정권을 통해 자주외교가 틀을 잡았지만 친일친미 정권이
들어서면 예외 없이 다시 사대로 돌아갔다. 이번 내란 진압과 새로
운 정부가 들어서면서 외교는 자주권을 행사하는 것은 물론, 강대국
을 상대로 전혀 꿀리지 않고 외교를 주도하고 있다. 그럼에도 불구
하고 여전히 외세를 팔아 자신의 궁색한 처지를 모면해보려는 '매국
노'를 방불케 하는 자들이 적지 않다. 한비자는 이런 간신들의 술책
을 심각하게 경고하면서 다음과 같은 대비책을 제시한다.

"무릇 이 여덟 가지 '팔간'은 신하가 간사한 짓을 할 때 사용하는 술책이다. 군주는 이로 인해 간사한 신하의 협박을 받거나 권세를 잃을 것이니 살피지 않을 수 없다. (중략) 군주가 나라를 잃는다는 것은 단순하게 실제로 나라를 잃은 경우만을 가리키는 것이 아니다. 군주가 권세를 장악하지 못해 간사한 신하들이 외세를 업고 권력을 좌지우지하는 것도 나라를 잃은 경우라 할 수 있다. **대국의 요구를 들어주는 것은 멸망을 피하기 위해서지만 요구를 들어주는 것만이 능사는 아니다. 오히려 멸망을 재촉할 수도 있으니, 이때는 반대로 거부하는 것이 나라를 구하는 길이다.** 간사한 자들은 자신의 군주가 대국의 요구를 받아들이지 않는다는 사실을 알게 되면 밖으로 제후에게 국익을 팔지 않을 것이며, 대국의 제후 역시 그들의 말을 듣지 않을 것이므로 군주는 간사한 자들에게 속지 않게 된다."

시대착오적인 자들이 우리 사회를 어지럽히고 있다. 한 줌도 안 되는 자들이라고 무시해서는 안 된다. 여전히 자신이 지금 무슨 말을 하고 있으며, 무슨 짓을 하고 있는지 전혀 자각하지 못한 채 이런 자들을 맹목적으로 추종하는 불쌍한 우중(愚衆)들이 많기 때문이다. 경계해야 하고, 법에 걸리면 가차 없이 처단해야 한다. (2026년 2월 2일)

30

패륜(悖倫)과 왕팔단(王八蛋)
사람이 사람인 이유

● ● ●

최근 젊은(?) 정치인들의 노인 비하, 장애인 비하, 여성 비하 등 '패륜' 짓거리가 도를 넘고 있다. '패륜'이란 인간의 도리를 위반하는 일을 말한다. 글자로 풀이하자면 윤리에 어긋나거나 벗어난다는 뜻이다. 그 행위에는 존속살해, 존속폭력, 존속의 생계를 위협할 정도의 사기 등이 포함된다고 한다. 매우 심각한 악행들이다.

'패륜'은 한자어이지만 중국어에는 이런 표현 자체가 없다. 우리말 사전 등에도 '패륜'이 어디에서 나왔는지 출처가 밝혀져 있지 않다. 일본에 '윤리와 도덕을 무시한다'는 '패덕몰륜(悖德沒倫)'이란 사자성어가 있고, 여기서 '패륜'이란 두 글자가 나온 것이 아닌가 한다. '패덕'은 중국 문헌에 보인다.(《세설신어世說新語》)

이 '패륜'이란 단어의 뜻과 가장 비슷한 중국어 표현으로는 '왕팔단(王八蛋)', 중국 발음으로 '왕빠단'이란 것이 있다. 이 단어는 중국어 욕설로는 보편적인 것이지만, 그 뜻은 대단히 공격적이고 상대를 깎아내리는 표현이다. 먼저 이 표현의 어원 등을 알아본다.

'왕빠단'에서 '왕빠'는 거북의 속어이지만 그 안에는 기생을 등쳐먹고사는 남자를 가리키는 속뜻이 있다. '단'은 알이란 뜻이다. 이에 따라 '왕빠단'에 대한 또 하나의 설은 '왕빠가 낳은 알'이란 모욕적인 표현이란 것이다. 또 다른 설은 '팔단(八端)'을 잊은, 즉 '망판단(忘八端)'의 다른 발음이라는 것이다. '망팔단'의 중국어 발음은 '왕빠뚜안'이다.

'왕팔'에 관한 기록은 옛 역사서 등에 보이며, 배웠다는 사람들이 이를 욕으로 해석하기도 했지만, 직접적인 연관성을 제시하지는 못했다. 명·청 시기에 이르러 민간에서 아내가 간통한 외간 남자를 '왕팔'이라 불렀고, 또 그 아들을 '왕팔단'으로 부르기 시작하면서 '왕팔단'은 그 어미가 간통하여 낳은 아들을 부르는 욕이 되었다. '잡종(雜種)'에 가까운 표현이었다.

또 다른 설인 '팔단을 잊었다'는 '망팔단'에서 '팔단'은 충(忠)·효(孝)·예(禮)·의(義)·염(廉)·치(恥)·신(信)·제(悌)의 여덟 덕목을 가리킨다. 이 여덟 가지를 잊었다는 것은 인간의 근본을 잊은 것이나 마찬가지다. 이 '망팔단'과 '왕팔단'이 발음이 거의 같기 때문에 '왕팔단'은 인간의 근본 도리를 버린 인간도 아닌 놈이 된 것이다. 우리가 흔히 쓰는 '네 가지가 없는 싹수없는 놈', 즉 싸가지 없는 놈이란 말과 거의 비슷하다.(네 가지에 대해서는 여러 설들이 있지만 예·의·염·치로 보면 될 것 같다.)

중국은 예로부터 덕을 중시했다. '팔단'은 곧 '팔덕'이었다. 이 근본을 잊은 인간은 인간이 아니었다. 이런 전통 관념이 반영되어 가

장 지독한 욕으로 바뀐 것이다. '사람 같지 않은 놈', 즉 '패륜아' 그
자체였다. 지금 우리 사회, 특히 정치판에 이런 패륜아, 왕빠단들이
아무렇지 않게 설치고 있다. 당의 원로들을 향해 속된 말로 '똥오줌
못 가린다'는 뜻의 '(평균 91세의 노친네들이) 메타인지가 안 된다'며
'일천한 아집' 운운한 30대의 새파란(?) 놈이 있는가 하면, 대통령 후
보로 나서서 토론회에서 '젓가락' 운운하는 차마 믿을 수 없는 외설(猥

藝)을 늘어놓은 40 먹은 싸가지 없는 놈도 있다. 정말이지 입에 걸레를 물고 다니는 역겨운 놈들이 아닐 수 없다.

사람답게 살자는 말이 있다. '**사람**'의 어원은 '살다'라는 동사에서 유래했으며, '살다'의 어간 '살-'에 중세 접미사 '-암(-아래아)'이 결합하여 파생된 말로, '**살아가는 존재**' 또는 '**삶을 아는 존재**'라는 의미를 담고 있다. '삶', '사랑', '살암' 등과 어원이 같으며, '삶을 아는 목숨'이라는 깊은 의미를 지닌 순우리말이다. 이렇게 사람에는 숭고한 의미가 함축되어 있다. 그래서 우리 속담에는 '**사람이면 (다) 사람인가 사람이라야 사람이지**'라고 했다.

사람 같지 않은 패륜아 왕빠단들에게 정중하게 충고한다. 사람답게 살아라. 그러려면 무엇보다 먼저 그 혓바닥을 잘 간수하고, 진지하게 공부해라. 그리고 생각하면서 살아라. 어떻게 사람답게 사는 것인지에 대해. 우리 속담 하나 더 남긴다.(2026.1.17.)

"사람의 혀는 뼈가 없지만 사람의 뼈를 부순다."

지금 우리 사회는 거대하고 엄청난 변혁기에 접어들었다.
이 변혁에 따른 자기혁신과 공부가 더욱 더 필요한 시점이다!

知人
論世

시사 고사성어로 사람을 알고 세태를 논하다!

"요컨대 배우면 알게 되는데, 깊게 생각하면서 배우면 배운 것에 함축된 의미까지 마음으로 알게 되는 경지에 이를 수 있다는 말씀이다. 어쩌면 공부의 최고 경지가 아닐까 싶다. 그렇다면 이 경지에 이르기 위해서는 또 어떤 공부가 필요할까? 질문하기와 의문 품기다. 옛 현인들도 공부와 학문에 있어서 질문과 의문 품기가 얼마나 중요한가를 누누이 강조하고 있다."

제2부

논세(論世)
세태(世態)를 논하다

맹자는 '사람을 알고, 세상을 논한다(지인논세知人論世)'고 했다. 이 말씀은 '사람을 알아야 세상을 논할 수 있다'는 뜻이기도 하다. 여기서 세상이란 세상의 모습과 상태, 즉 '세태'를 말한다. **쉽게 말해 세상 돌아가는 상황을 정확하게 논할 수 있는 능력이 곧 '논세'**이다. 사람을 안다고 꼭 세상(세태)을 논할 수 있는 것은 아니다. 사람을 아는 일과 함께 세상을 알기 위한 다양한 공부가 필요하다. 맹자는 옛 책을 읽고 옛사람들과 사귀라고 권했다.

사람을 알 수 있는 통로는 활짝 열렸다고 해도 지나친 말이 아닌 세상이 되었다. 조금만 신경 쓰고 시간 들이면 그 사람이 대체로 어떤 사람인지는 알 수 있다. 문제는 그 사람이다. 보통 시민이 망원경을 통해 멀리 있는 그 사람을 보는 것까지는 그다지 어렵지 않다. 망원경이 곳곳에 널려 있기 때문이다. 문제는 속속들이 들여다볼 수 있는 현미경이 태부족이다. **그런 자들은 온갖 수단과 방법으로 자신의 본색을 감추려 들고 거짓말하고 여론을 조작**하기 때문이다.

이 때문에 '논세'가 결코 쉽지 않다. 그 역할을 해줘야 할 언론을 비롯한 지식인들이 손을 놓거나 타락했기 때문에 더하다. 이제 '논세'의 역할까지 보통 시민이 해내야 한다.

지인에서 논세의 단계로까지 나아가기 위해서는 공부가 필요하다고 했다. 그렇다면 어떤 공부가 좋을까? 역사가 사마천은 생각하는 공부를 권한다. 먼저 그 말씀을 들어보자.

"호학심사(好學深思), 심지기의(心知其意)."
"배우길 좋아하고 깊이 생각하면 마음으로 그 뜻을 알게 된다."
(〈오제본기〉)

이 여덟 자는 음미할수록 절묘하다. 필자는 늘 '심사(深思)'에 방점을 찍으면서 모든 의문과 의심, 의혹과 질문이 바로 여기서 비롯된다고 말해 왔다. 그리고 이 여덟 글자를 가만히 잘 살펴보면 사마천의 절묘한 글자 배치와 의도를 알 수 있다. 생각 '思'라는 글자 아래에 있는 마음 '心'은 바로 다음 글자 마음 '心'자로 이어지고, 끝 글자인 뜻 '意' 자 아래의 마음 '心'으로 마무리된다. 그리고 전반부 끝 글자인 '思'와 후반부 끝 글자인 '意'는 마음 '心'을 공통분모로 대구를 이룬다. 또한 '學'과 '知'도 어울린다. 참으로 절묘한 배치이자 의미심장한 명구가 아닐 수 없다.

요컨대 배우면 알게 되는데, 깊게 생각하면서 배우면 배운 것에 함축된 의미까지 마음으로 알게 되는 경지에 이를 수 있다는 말씀이다. 어쩌면 공부의 최고 경지가 아닐까 싶다. 그렇다면 이 경지에 이

르기 위해서는 또 어떤 공부가 필요할까? 질문하기와 의문 품기다. 옛 현인들도 공부와 학문에 있어서 질문과 의문 품기가 얼마나 중요한가를 누누이 강조하고 있다.

"위학환무의(爲學患無疑), 의즉유진(疑則有進), 소의소진(小疑小進), 대의대진(大疑大進)."

"학문을 함에 있어서는 의문이 없는 것을 걱정해야 한다. 의문을 품으면 진보한다. 작게 의문을 품으면 작게 진보하고, 크게 의문을 품으면 크게 진보한다."

표현을 조금 달리하자면 **"공부에 의심이 없으면 문제다. 의심하면 진보한다. 작게 의심하면 작게, 크게 의심하면 크게 진보한다"** 정도가 될 것 같다.

'의(疑)'에는 '의문', '의심', '의혹' 등이 모두 포함된다. 당연히 '질문'도 그 범주에 들어갈 터이다. 의심 없는 학문은 죽은 학문이고, 의문 없는 창조란 없다. 남송시대의 대사상가 육구연(陸九淵, 1139~1193)의 말씀이다. 육구연과 같은 시대를 살면서 치열한 논쟁까지 벌였던 주희(朱熹, 1130~1200, 70세)도 거의 비슷한 말씀을 남겼다.

"배움에는 의심 품기가 귀중하다. 작게 의심하면 작게 진보하고, 크게 의심하면 크게 진보하며 의심하지 않으면 진보란 없다."

육구연의 제자라 할 수 있는 명나라 시대 진헌장(陳獻章, 1428~1500)도 이런 말씀을 남겼다.

"학기우사(學起于思), 사원우의(思源于疑)."
"배움은 생각에서 비롯되고, 생각은 의문에서 기원한다."

육구연의 말씀이든, 주희의 말씀이든, 진헌장의 말씀이든 **배움과 공부에는 의문과 의심이 필수**라는 점을 강조하고 있다.

제2부는 '논세'로 제목을 달았지만, 1부 '지인'의 연장선상에 있다. 다만 위에서 말씀드린 대로 **공부와 생각, 그리고 의문이라는 세 단어**를 붙들고 30꼭지를 차분히 읽어주셨으면 한다.

31

거열(車裂)
사형과 처형

• • •

　내란 수괴 역적 윤석열에게 사형이 구형(求刑)되었다.(2026년 1월
13일 21시 35분) 이 역사적인 장면은 그 즉시 속보로 나왔고, 방송이
나 유튜브를 통해 생생하게 전해졌다. 시민들의 반응은 대환영이었
고, 일부는 바로 처형해야 한다면서 **'거열(車裂)'**이란 형벌을 언급하
기도 했다. 왕조체제 같았으면 정말이지 온몸을 조각내고 목을 자르
는 '능지처참(凌遲處斬)'에 3족을 멸했을 것이다.

　'거열'이 거론되었으니 이 형벌에 관해 좀 알아보자. '거열'은 글
자대로 **'수레로 찢는다'**는 뜻이다. 형벌로서 거열은 수레로 사지
를 찢어 죽이는 혹형이다. 사마천의 역사서 《사기》에 두 곳이 나온
다.(《진본기》, 〈상앙열전〉) 거열형은 사지를 네 대의 수레에 매달아 말
이나 소로 하여금 사방으로 끌게 하여 사지를 찢어 죽이는 참혹한
형벌을 말한다. 이 형벌의 원형은 《주례(周禮)》에 보이는 '거환(車轘)'
으로 춘추시대부터 이 형벌이 시행되었다고 할 수 있다. 온몸을 조

각낸다는 점에서는 '능지처참(陵遲處斬)'과 같지만, 말이나 소의 힘을 사용한다는 점에서 다르다. 나중에는 다섯 마리 말이나 소에 사지와 머리까지 묶어 다섯 방향으로 끌어 찢어 죽이는 '오마분시(五馬分屍)'라는 더 지독한 형벌도 나왔다. '오우분시(五牛分屍)'라고도 한다.

오랜 세월 동안 지속된 전제 왕권체제에서 정치가들은 정적을 해치기 위해 수많은 혹형들을 발명해냈는데, 대표적인 10대 혹형으로는 다음과 같은 것들이 있었다.

1 박피(剝皮) : 살가죽을 벗기는 혹형으로 처음에는 처형한 다음 벗겼으나 갈수록 잔인해져 산 채로 살가죽을 벗기는 경우가 많아졌다.

2 요참(腰斬) : 허리를 잘라 죽이는 혹형으로 거대한 작두로 몸통을 둘로 자른다. 몸통을 잘린 사람은 한동안 죽지 않은 채 극도의 고통 속에서 몸부림친다. 진시황을 도와 천하를 통일하는 데 큰 역할을 한 이사(李斯) 부자가 이 형벌을 당했다.

3 오마분시(五馬分屍, 거열車裂) : 손과 발, 그리고 머리를 밧줄로 묶은 다음 다섯 마리의 말을 다섯 방향으로 달리게 하여 몸통을 여섯 등분하는 지독한 형벌이다. 여러 대의 수레에 사지를 매달아 끌기도 했기 때문에 거열이라고도 한다.

4 능지(凌遲) : 1,000번의 칼질을 가해 죽인다는 혹형인데, 당초에는 죽인 다음 포를 떠서 젓갈을 담갔다고 한다.

5 액수(縊首) : 목을 졸라 죽이는 혹형으로 교수형과 비슷하나 중국의 이 형벌은 단순히 밧줄을 목에 걸어 매달아 죽이는 것이

아니라 활줄을 목에 건 다음 뒤에서 당겨 죽인다.

6 청군입옹(請君入甕) : 고사성어가 된 이 혹형은 큰 항아리에 쇠
수를 넣고 불을 때서 태워 죽이는 잔인한 혹형이다.

7 궁형(宮刑) : 엄형(閹刑), 엄할(閹割)이라고도 한다. 생식기를 서
세하는 형벌이다.

8 월형(刖刑, 빈형臏刑) : 대체로 무릎 아래를 잘라버리거나 무릎
뼈를 발라내서 앉은뱅이로 만드는 혹형이다.

9 삽침(揷針) : 손톱에 바늘을 꽂는 혹형으로 그 고통은 이루 말
할 수 없다고 한다. 고문의 한 방법으로 활용되었다.

10 활매(活埋) : 산 채로 땅에 파묻는 혹형으로 시간과 힘을 절약
할 수 있어 옛날부터 사용되었다.

위에 든 '10대 혹형' 외에도 삶아 죽이는 팽형(烹刑), 배를 가르는 할복(割腹), 돌을 매달아 물에 빠뜨려 죽이는 침하(沈河), 독약을 먹여 죽이는 독살(毒殺), 혀를 자르는 절설(截舌), 눈알을 파내는 알안(?眼) 등 수많은 혹형들이 기록에 남아 있다.

국민이 주인인 민주주의 체제에서 자신의 부당하고 부정한 권력을 지키기 위해 헌법을 어겨가며 내란을 일으켜 국민들을 해치려 한 이 역적에게 법정최고형인 사형이 구형되긴 했지만, 국민들은 그 정도로 만족하지 못하고 있다. 사형이 사실상 집행되지 않고 있기 때문이 아닌지……. (2026년 1월 14일 13:00)

32

견문발검(見蚊拔劍)
모기를 보고 검을 뽑는 자들

● ● ●

'닭 잡는 데 소 잡는 칼을 쓰다'는 말이 있다. 원래는 '살계언용우
도(殺鷄焉用牛刀)', 즉 '닭 잡는 데 어찌 소 잡는 칼을 쓰랴?'라는 말에
서 나왔다. 출전은 《논어》〈양화(陽貨)〉 편이고, 사마천은 《사기》〈중
니제자열전〉에서 인용했다. 많은 사람들이 이 말이 우리 속담인 줄
잘못 알고 있다. 《논어》의 관련 대목은 이렇다.

"공자가 무성(武城)을 지나다가 악기 연주와 노랫소리를 들었다.
공자는 싱긋이 웃으며 **'닭을 잡는 데 어찌 소 잡는 칼을 쓰는가'**라
고 했다."

여기에는 사연이 있다. 공자의 수제자들 중 한 사람으로 문학에
뛰어났던 자유(子游, 기원전 506~?)는 공자의 가르침 중에서 예악을
매우 중시했다. 그 뒤 자유가 무성(武城)의 관리가 되었다. 무성은 작

은 성이었지만 자유는 스승의 가르침에 따라 예악으로 백성들을 이끌고자 그들에게 늘 악기를 연주하고 노래를 부르게 했다.

　공자가 제자들과 이 무성을 지나다가 악기 연주와 노랫소리를 듣고는 싱긋이 웃으면서, **"닭을 잡는 데 어찌 소 잡는 칼을 쓰는가?"** 라고 했다. 공자의 말인즉 무성처럼 작은 지방에 예악이란 큰 도를 가르치는 것은 마치 '소 잡는 데 쓰는 칼로 닭을 잡으려는 것'과 같다는 뜻이었다. 자유는 공자에게 스승의 가르침에 따라 예악을 베풀고 있는데 어찌 안 된단 말씀이냐고 되물었다.

자유의 이 말에 공자는 문득 느끼는 바가 있어 몸을 돌려 따르던 제자들에게 자유를 배우라고 했다. 공자의 말에 잘못은 없었지만, 지나친 감이 없지 않았다. 공자도 얼른 자신이 말이 지나쳤다는 것을 깨닫고 자유를 배우라는 말로 상황을 수습했다. 혹자는 공자의 이 말을 유머로 해석한다. 공자는 자유의 반문에 자유의 말이 옳다면서 "방금 내가 한 말은 농담이었다"고 덧붙였기 때문이다.

'닭 잡는 데 소 잡는 칼을 쓰다'는 말과 거의 같은 뜻의 우리 속담도 있다. **'모기 보고 환도(還刀) 빼기'**가 그것이다. 이 속담을 한문으로 바꾼 것이 **'견문발검(見蚊拔劍)'**이다. 출처는 《송남잡식(松南雜識)》이란 우리 속담을 한문으로 바꾸어 모아 놓은 책이다. 같은 성격의 책인 《동언해(東言解)》에는 '노승발검(怒蠅拔劍)'으로 나온다. '모기에 성이 나 검을 빼 들다'는 뜻이다. 또 '중을 보고 칼을 뽑는다'는 우리 속담도 있다. 모두 대단치 않은 일에 쓸데없이 크게 노하는 사람이나, 속 좁은 사람, 좁은 소견을 비유하는 표현들이다.

이와 비슷한 뜻의 우리식 사자성어로는 '침소봉대(針小棒大)'가 있다. 정확한 문장으로는 '소침대봉'이 맞다. '작은 바늘을 몽둥이로 키우다'는 뜻이다. 중국의 성어로는 '언과기실(言過其實)'이란 표현이 있다. '말이 실제보다 지나치다'는 뜻이다. 실속 없이 말만 많은 것을 가리킨다. 출처는 한동 때 사람 응소(應劭, 생졸 미상)의 《풍속통의(風俗通義)》〈정실(正失)〉 편이다.

실속 없고 실력 없는 자들의 공통점은 그것을 감추기 위해 허세를 부리는 것이다. 또 **작은 일에 지나치게 반응**한다. '견문발검'이다. 중국 성어로는 '대경소괴(大驚小怪)'라 한다. '작은 일에 크게 놀란다'는 뜻이다. 출처는 송나라 때 학자 주희(朱熹, 1130~1200)의 《답 임택지(答林擇之)》란 글이다. 이런 자들의 또 다른 공통점은 '겁 많은 개가 크게 짖는다'고 자기 정체가 들통 나면 상대를 마구 공격한다. 물론 근거도 없고, 설득력도 없는 억지와 떼쓰기 일변도이다.

지금 우리 사회가 '견문발검'하는 자들로 넘쳐난다. 언론계의 언간을 비롯하여 정치판의 정간들, 법조계의 법간들, SNS와 유튜브 등등 거의 모든 영역에서 이런 현상이 판을 치고 있다. 조금만 건드려도 화들짝 놀라 마치 지진이라도 난 듯 호들갑을 떠는 것은 물론 천박한 말과 글로 상대를 마구 물어뜯는다. 모든 것이 기억되고 녹음되고 녹화되는 세상이다. '견문발검'하고 '침소봉대'한 결과와 그로 인한 업보를 어떻게 감당하려고 하는지 언짢고 가엾을 뿐이다.(2026.1.4.)

33

결자해지(結者解之)
맺은 놈이 풀지

• • •

'**결자해지**'도 우리 속담 '**맺은 놈이 풀지**'를 한문으로 바꾼 성어다. 원전은 조선시대 중기의 문인 홍만종(洪萬宗)의 《순오지(旬五志)》에 보이는 다음 구절로 알려져 있다.

"결자해지(結者解之), 기시자당임기종(其始者當任其終)."
"맺은 사람이 풀고, 시작한 사람이 끝을 책임져야 한다."

'결자해지'는 초등학교 교과서에 실릴 정도로 널리 알려진 속담의 한문 표현이다. 자신이 한 일을 자신이 해결해야 한다는 뜻이다. 이와 비슷한 뜻을 가진 중국의 고사성어로는 '**해령계령(解鈴系鈴)**'이란 것이 있다. '**방울을 푸는 것은 방울을 맨 사람이다**'는 뜻이다. 불교 선종에서 나왔고, 관련 고사는 이렇다.(이 고사는 송나라 때 사람 혜홍(惠洪)의 《임간집林間集》에 실려 있다.)

법등(法燈) 선사는 아주 어린 나이에 깨달음을 얻었는데, 어디에도 매이지 않는 호방한 성격 때문에 주위 사람들에게 무시를 당했다. 법안(法眼) 선사만은 그를 중시했다. 하루는 법안 선사가 대중들에게 "호랑이 목에 금방울이 묶여 있는데 누가 그것을 풀 수 있을까?"라는 선문답을 던졌다. 모두가 대답을 못하고 있는데, 법등이 나서 "호랑이 목에 금방울 건 사람이 풀면 되겠네요"라고 답했다. 법안 선사는 다른 사람들을 향해 "여러분들은 부디 이 사람을 무시하지 마시게"라고 했다.

이 성어와 고사는 명나라 때 사람 구여직(瞿汝稷)의 《지월록(指月錄)》에도 보인다. '묶은 사람이 풀면 된다'는 이 성어와 같은 뜻의 중국 관용어로는 "마음의 병은 마음의 병을 고치는 의사를 찾아야 한다"는 것이 있다. 즉, 마음에 상처를 입으면 그 원인을 찾아 그에 맞는 해결책을 내야 한다는 뜻이다. '해령계령'은 푼다는 뜻의 '해(解)'자와 '묶는다'는 뜻의 '계(系)'자를 바꾸어 '계령해령'으로도 쓸 수 있다.

우리 사회 정치가나 고위 공직자들의 처신을 보면 '결자해지'와 거꾸로 가는 자들이 많다. 일을 꼬이게 만들고 심지어 망쳐놓고도 처벌은커녕 사과조차 하지 않는다. 구질구질한 변명으로 일관한다. 일을 푸는, 즉 설거지나 뒤치다꺼리는 늘 시민들 몫이다. 정치는 정치가가 하는 것 같지만 결국은 국민이 한다는 말도 잘 새겨보면 **정치가가 어질러 놓은 일을 결국은 시민들이 수습**한다는 것으로 들린다.

결자해지(結者解之)
맺은 놈이 풀지

"네가 맺었으니 네가 풀어라!"

'결자해지'는 **책임(責任)**과 책임감을 강조하는 성어이다. 책임이란 떠안아야 할 임무와 일을 가리키는 단어지만 **'맡긴 일(任)에 대한 문책(問責)'이 본래의 뜻**이란 점을 잊지 않아야 한다. 공직자를 비롯한 공인의 위치에 있는 사람이라면 무겁게 받아들여야 한다. 자신들이 누구의 지지로, 누구의 세금으로 그 자리에 있는지를 명확하게 인식하고 있어야 그 처신이 그릇되지 않는다. 나의 권력과 부, 그리고 명성이 어디에서 나왔으며, 누구로부터 나오는가를 아는 공인이라야 오래 명예를 지킬 것이며, 나아가 나라와 국민들에게 혜택을 드릴 수 있다.(2025.12.17.)

* 혜홍(1071~1128)은 북송 시기의 유명한 시인 승려이다. 19살 때 삭발하여 승려가 되었다. 평생 불행한 일을 많이 당했는데, 그의 이름을

빌려 나쁜 일을 꾀한 사람들 때문에 두 차례나 감옥에 갇혔다.

* 구여직(1548~1610)은 명나라 때의 문인으로 불교에 심취하여 관련한
  사람들과 교류했고, 1602년 역대 선사들의 법어를 모은 《지월록》 30
  권을 펴냈다. 이 책은 청나라 강희제 때 같은 제목으로 속편 20권이
  나왔다.

34

공사분별(公私分別)
모든 권력(정치·정권·정당)의 성패를 가르는
하나의 원칙

● ● ●

춘추시대의 큰 정치가 관중(管仲)은 절친 포숙(鮑叔)의 한없는 양보 덕분에 제나라의 재상이 되었다. 관중은 그 자신의 탁월한 식견과 재능으로 제나라를 부국강병으로 이끌었다. 관포지교(管鮑之交)는 이 두 사람의 우정 이야기일 뿐만 아니라 포숙의 고귀한 팔로우십(followship)이 한 나라를 어떻게 부강하게 만드는가를 생생하게 보여주는 한 편의 대하사극과 같다. 특히 이들이 보여준 철두철미한 '공사분별'은 지금 우리 현실에 큰 울림을 준다.

관중과 포숙의 공사분별

관중은 무려 40여 년 동안 재상 자리에 있었다. 그런데 관중은 병이 들어 죽기 전에 자신의 후임으로 멀쩡하게 살아 있는 포숙을 추천하지 않았다. 소인배들이 포숙에게 관중의 처사에 불만을 터트리며 이간질하자 포숙은 "내가 사람 하나는 잘 보았다. 내가 그러라고 그 사람을 그 자리에 추천한 것이다"라며 소인배들을 물리쳤다. 이 얼마나 감동적인 고사인가! 관중은 《관자(管子)》(〈임법任法〉 편)에서 이렇게 말했다.

"누군가를 좋아한다고 해서 사사로운 정으로 상을 내려서는 안 되며, 누군가를 미워한다고 해서 사사로운 원한으로 벌을 내려서는 안 된다."

"부애인불사상야(夫愛人不私賞也), 오인불사벌야(惡人不私罰也)."

그러면서 관중은 원칙과 법으로 일에 임해야 한다고 강조한다. 나아가 관중은 사사로운 애정과 시혜가 증오와 원한의 원인이 될 수 있음을 지적한다.(〈추언樞言〉 편)

"사사로운 애정은 왕왕 미움과 원한의 출발점이 되며, 사사로운 은혜 또한 왕왕 원망의 뿌리가 된다."

"애자증지시야(愛者憎之始也), 덕자원지본야(德者怨之本也)."

애정이 되었건, 은혜가 되었건 균형을 찾지 못하면 제3자의 원망을 사게 된다. 또 애정과 은혜를 베풀어 놓고 돌아오는 것이 자기 마음을 만족시키지 못할 때도 원망하는 마음이 생긴다. 다 사사로운 마음에서 애정과 은혜를 베풀고 받았기 때문이다. 특히 위정자가 사사로운 인연에 매여 공정심을 유지하지 못하면 나랏일 전체가 흔들리게 된다. 나라를 이끌 인재를 기용하는 인사(人事) 문제에서는 더 그렇다.

공사분별은 모든 일의 성공과 실패를 가르는 근본

윤석열 정권이 들어섰지만 1년도 채 되지 않아 뿌리째 흔들리고 있다. 단언컨대 이번 정권의 성패 역시 공사 구분에 달려 있다. 지금으로서는 가망이 전혀 없어 보이긴 하지만. 멀리 갈 것도 없이 이전 정권들의 처절한 실패의 근본적인 원인이 어디에 있는가를 보면 된다.

역사는 잘 보여준다. 성공한 리더는 '공사분별'에 엄격했고, 그것을 기초로 나라가 발전했다는 사실을. **우리 사회 병폐의 뿌리를 파고 들면 예외 없이 공과 사에 대한 무분별, 즉 사사로운 욕심과 만나게 된다.** 사욕이 나라를 병들게 만드는 것이다. 모든 정치가에게 관중과 포숙의 철저한 '공사분별'의 정신을 경고와 경계의 메시지로 들려주고 싶다.

공사분별에 관한 명언명구

참고자료로 공사분별에 관한 역대 명언명구들을 소개해둔다. 기억하거나 베껴두면 쓸모가 있지 않을까 한다.(2023년 처음 쓰고 2025년 12월 13일 수정)

- 공적인 일이 먼저이고 개인의 사사로움은 나중이다.(《삼국지》 〈위지〉 '두서전')

- 나라의 급한 일이 우선이고 개인의 원한은 나중이다.(《사기》〈염파인상여열전〉)

- 사사로움을 없애고 공적인 일을 받든다.(원진元稹, 〈최능수상서호부시랑제崔倰授尙書戶部侍郎制〉)

- 공공의 일을 받들고 법을 지키다.(《사기》〈염파인상여열전〉)

- 사사로움을 없애고 공공의 일을 세우다.(《헐관자鶡冠子》; 《사기》)

〈연소공세가〉)

• 사사로운 원한이 공적인 일에 미쳐서는 안 되고, 좋아한다고 잘
  못을 덮어서는 안 되며, 미워한다고 좋은 것을 없애서도 안 된
  다.(《여씨춘추》〈거사去私〉)

• 사욕을 드러내지 않으면 백성이 원망하는 마음을 갖지 않는
  다.(《좌전》)

• 공의(公義)가 사욕을 이기다.(《순자》)

• 공도(公道)를 세우지 않고 사욕(私欲)으로 용납된 일을 예로부
  터 지금까지 듣지 못했다.(《회남자》)

• 무쇠의 얼굴에 사사로움이 없다.(청, 무명씨,《설호전전說呼全傳》)

• 천하가 손해 보면서 한 사람을 이롭게 할 수 없다 결코!(《사기》
  〈오제본기〉)

• 누군가를 사랑한다고 사사로이 상을 내려서는 안 되며, 누군가
  를 미워한다고 사사로이 벌을 주어서도 안 된다.(《관자管子》〈임
  법任法〉)

• 사랑은 미움의 시작이고, 덕은 원망의 근본이다. 《관자管子》〈추
  언樞言〉)

35

과기가문이불입(過其家門而不入)
공사분별의 자세

● ● ●

삼국시대 막바지 김유신 장군은 백제와의 전쟁에 여념이 없었다. 당시 상황을 《한국민족문화대백과사전》은 이렇게 소개하고 있다.

신라 제27대 선덕여왕 13년(644)에 김유신은 소판(蘇判)이 되었고, 그해 9월에 상장군(上將軍)이 되어 군사를 거느리고 백제의 성열성(省熱城)·동화성(同化城) 등 일곱 성을 공격하여 크게 승리하였다.

그다음 해 정월에 돌아왔으나, 아직 왕을 배알하기도 전에 백제의 대군이 신라의 매리포성(買利浦城)을 침공한다는 급보를 받고, 왕은 또 김유신을 상장군으로 삼아 이를 막으라고 명령하였다. 김유신은 왕명을 받고 처자도 만나보지 못한 채 출정하여 백제군을 쳐 이를 패주시키고, 2,000명을 베어 죽이거나 사로잡았다.

그해 3월에 왕의 귀환하라는 명령이 내렸으나, 김유신이 집으로 가기도 전에 또다시 백제의 군사들이 그 국경에 나와 진둔하고, 장차 군사를 일으켜 신라로 쳐들어오려 한다고 급히 알리자, 왕은 다시 김유신에게 말하기를 "청하건대, 공은 수고롭겠으나 빨리 나가서 적들이 전비를 갖추기 전에 이를 방비하라"하므로, 김유신은 또 집에 들어가지도 못하고 곧 군사를 훈련하고 병기구를 수선한 다음, 서쪽으로 백제를 막으러 나갔다.

이때에 집사람들은 모두 문밖으로 나와서 장군이 오는 것을 기다렸다. 그런데 김유신은 문 앞을 지나면서 돌아보지도 않고 가다가 50걸음쯤 되는 곳에 이르러서 말을 멈추고, 종자에게 집에 가서 물을 떠오라 명령하여 물을 마셔 보고 말하기를 "우리 집 물맛이 아직도 옛날 그대로구나!"하고 그냥 길을 떠나니, 이를 보는 모든 군사들이 말하기를 "대장군도 이와 같은데, 우리들이야 어찌 골육의 가족들과 이별함을 한탄하리요"하며 싸움터로 나갔다고 한다.

하(夏)나라의 시조 우(禹)임금은 임금이 되기 전에 황하의 물길을 다스리는 치수 사업에 종사했다. 아버지 곤(?)이 9년 동안 치수 사업에 매달렸지만 실패하여 우산(羽山)에서 처형당하고, 우가 그 사업을 이어받아 무려 13년 동안 '노신초사(勞身焦思)' 치수에 전념했다. '노신초사'는 흔히 노심초사(勞心焦思)라고 하는데, 본래는 '노신초사'로 표현되어 있다. 마음과 몸이 힘들다는 뜻이다. 당시 상황을 〈하본기〉는 이렇게 기록했다.

"노신초사 13년을 밖에서 살면서 **집 문 앞을 지나면서도 들어가지 않았다.**"

　치수 사업 때문에 13년을 밖에서 살았는데, 어쩌다 집 앞을 지나
면서도 집 안에 들어가지 못했다는 것이다. 다른 기록에는 십 앞을
세 번이나 지나쳤지만 안으로 들어가지 않았다고 되어 있다. 여기
'집 문 앞을 지나면서도 들어가지 않았다'는 뜻의 **'과기가문이불입
(過其家門而不入)'**이라는 대목에서 '삼과이불입문(三過而不入門)', 줄
여서 '삼과불입(三過不入)', '과문불입(過門不入)' 등과 같은 고사성어
가 나왔다. 우는 또 치수 사업과 관련해서 이런 말을 직접 했다.

　"저는 매일 부지런히 일할 것만 생각합니다. 도산씨(塗山氏)의 여
자를 아내로 맞이한 지 나흘 만에 집을 떠나 아들 계(啓)가 태어나는
것도 보지 못했고, 돌보지도 못했습니다. 하지만 물과 땅을 다스릴
수 있었습니다."

이와 관련해서 '십년미감기가(十年未闞其家)'라는 표현도 있다. '십년 동안 자기 집에 들어가지 않았다'는 뜻이다. 우는 스스로 13년 동안 집 밖에 나가 살았는데, 그래서 대략 10년이란 표현으로 오랫동안 집에 들어가지 못했음을 표현했다. 이 표현의 출처는 전국시대 유명한 정치가인 시교(尸佼, 생졸 미상)의 저서로 추정하는 《시자(尸子)》이다.

다른 기록에 따르면 13년 동안 '노신초사'하며 치수에 매달린 결과 우의 몸에도 변화가 생겼다고 한다. 손발에서 손발톱이 더 이상 나지 않았고, 정강이에서는 털이 나지 않았다. 직접 괭이와 삽을 들고 함께 일하고, 허구한 날 황토물에 들어가야 하니 손톱과 발톱, 털이 다 빠져 더는 나지 않았다. 힘들게 일하고 오래 걷다 보니 허리를 제대로 펼 수 없게 되었고, 걸음걸이도 달라졌다. 여기서 '우의 걸음걸이'라는 뜻을 가진 '우보(禹步)'라는 단어까지 나왔다.

사마천은 130권 3천 년에 이르는 방대한 통사 《사기》 첫 권에서부터 통치자의 공사분별을 힘주어 강조했다. 요임금이 그랬고, 요를 이은 순임금이 그랬고, 순을 이은 우임금이 그랬다. **지금 우리 공직자와 사회 각계각층의 리더들에게 요구되는 제1의 자세가 바로 이 공사분별**이다. 우리의 미래가 공사분별 네 글자에 달려 있다고 해도 지나친 말이 아닐 정도로 필요한 자세이자 정신이기 때문이다. 지난 몇 년 나라를 망친 원인이 바로 이 자세와 정신을 내팽개쳤기 때문 아닌가?(2026년 1월 26일)

36

국장흥(國將興), 청우민(聽于民);
장망(將亡), 청우신(聽于神)
흥망의 조짐들

• • •

흥망의 조짐(兆朕)이란 것이 있다. 작게는 한 개인부터 크게 한 나라에 이르기까지 반드시 어떤 조짐이 나타난다. 은나라의 현인 기자(箕子)는 주(紂)임금이 동남아에서 수입한 상아 젓가락으로 식사하는 모습을 보고는 은나라의 멸망을 예견했다. **수천 년 전부터 역사가나 현자들은 나라의 흥망에서 나타나는 여러 조짐을 들어 경고하고 경계**해왔다.

춘추시대 역사서인 《좌전(左傳)》(장공 32년조)에 다음과 같은 섬뜩한 경고가 있다. 섬뜩하다고 한 것은 마치 지난 윤가와 김가의 공동정권의 멸망을 예견한 것 같기 때문이다. 원문과 함께 소개한다.

"국장흥(國將興), 청우민(聽于民) ; 장망(將亡), 청우신(聽于神)."
"나라가 흥하려면 백성들의 소리에 귀를 기울이지만, 나라가 망하려면 귀신의 말에 귀를 기울인다."

역사의 경고가 참으로 무섭지 않은가? 사마천도 나라가 흥할 때와 망할 때 나타나는 현상을 다음과 같은 명언을 통해 정확하게 짚어냈다. 관련 대목을 원문과 함께 보자.(〈초원왕세가〉, 〈평진후주보열전〉)

"국지장흥필유정상(國之將興必有禎祥), 군자용이소인퇴(君子用而小人退) ; 국지장망(國之將亡,) 현인은(賢人隱), 난신귀(亂臣貴). '안위재출령(安危在出令), 존망재소용(存亡在所用).' 성재시언야(誠哉是言也)!"

"나라가 흥하려면 상서로운 조짐이 있기 마련이니 군자는 기용되고, 소인은 쫓겨난다. 나라가 망하려면 어진 이는 숨고, 나라를 어지럽히는 난신은 귀하신 몸이 된다. '나라의 안위는 정책에 달려 있고, 존망은 용인에 달려 있다'는 이 말이 정말 옳구나!"

조직이나 나라의 경영이 얼마나 잘되고 있느냐 여부를 따지는 여러 가지 잣대들 중에서 가장 중요한 것이 인재에 대한 처우다. 사마천은 인재를 흥망의 절대 조건으로 보았다. 사마천은 **'나라가 흥하려면 반드시 조짐이 나타난다'는 '국지장흥필유정상'**이란 말을 두 군데서 하고 있다.

사마천이 같은 말을 두 번이나 반복한 것은 무엇보다 인재의 중요성을 강조하기 위해서였다. 이를 달리 말하자면 제대로 인정받지 못하거나 억압받은 인재, 심지어는 평생 한을 품고 사라져간 불우한 인재들의 억울한 목소리를 대변하는 것이기도 하다. 사마천 역시 이릉이란 장수를 변호하다가 억울한 변을 당하지 않았던가?

인재가 경쟁력인 시대다. 이는 수천 년 동안 변치 않은 진리에 가

국장흥(國將興), 청우민(聰于民)
나라가 잘되려면 백성의 소리를 듣고,

장망(將亡), 청우신(聰神)
망하려면 귀신의 소리를 듣는다.

현자
(賢者)

국운

간신
(奸臣)

까운 명제였다. 그럼에도 불구하고 수많은 인재들이 기회도 갖지 못한 채 명멸했다. 인재를 시기하고 질투하고 모함한 못난 권력자나 그에 기생한 소인배들 때문이었다.

인재를 이유 없이 탄압하거나 말도 안 되는 조건들을 내세우며 그들의 기회를 박탈할 경우 돌아오는 후환은 나라의 멸망으로까지 나타났음을 수많은 역사적 사례들이 입증하고 있다.

춘추시대 제나라의 명재상 안자(晏子, ?~기원전 500)는 인재가 있는데도 알아보지 못하고, 알아보고도 기용하지 않고, 기용하고도 맡기지 않는 것을 세 가지 상서롭지 못한 징조라고 했다. 이를 '국유삼불상(國有三不祥)'이라 하는데 원문과 함께 관련 대목을 인용해본다.

"나라에 세 가지 상서롭지 못한 현상이 있다. 인재가 있는데도

몰라보는 것이고, 알고도 기용하지 않는 것이며, 기용하고도 맡기지 않는 것이다."

"국유삼불상(國有三不祥), 유현이부지(有賢而不知), 지이불용(知而不用), 용이불임(用而不任)."

안자는 나라의 흥망성쇠가 인재와 직결된다는 것을 너무 잘 알았다. 이는 관중(管仲)이 환공(桓公)에게 천하의 패주가 되고 싶다면 사람을 알고(지인知人), 사람을 알았으면 쓰고(용인用人), 쓰되 소중하게 쓰고(중용重用), 기용했으면 맡기고(위임委任), 소인배를 멀리 하라(원소인遠小人)하라고 충고한 것과 같은 맥락이다.

고인들은 국가의 흥망성쇠를 인재와 직결시켰다. 사람을 쓰는 문제가 그만큼 중요하다는 뜻이다.

사마천은 한 걸음 더 나아가 이 문제를 리더의 리더십과 연결시킨다. 사마천은 **"그 군주가 어떤 사람인지 잘 모르겠거든 그가 기용하는 사람을 보라(부지기군不知其君, 시기소사視其所使)"**고 단언했다.(2025.12.18.)

37

기사회생(起死回生)
예방하지 못할 병 없고, 예견하지 못할 재난 없다.

• • •

2022년 이태원 10.29 참사는 예견된 참사였다는 점에서 온 국민을 안타깝고 분노하게 만들었다. 더욱이 진상조사와 책임자 규명 및 처벌은 윤석열 정권에서는 불가능했고, 지금도 진행형이다. 무엇보다 당시는 물론 정권이 바뀐 지금까지 책임지겠다고 나서는 자 하나 없고, 책임자 처벌도 이루어지지 않고 있다. 이런 점에서 역사가 때로는 참으로 비정하다는 생각을 지울 수 없다.

역사는 모든 재난과 재앙은 예견할 수 있고, 나아가 예방할 수 있다는 사실을 생생하게 증언한다. 또 사후처리가 얼마나 중요한가도 누누이 강조하고 있다. 일찍이 이런 예방의 중요성을 강조한 무려 2,500년 전 한 의사 이야기를 통해 10·29 참사의 교훈을 되새겨 본다.

편작(扁鵲)의 '6불치병론'

지금으로부터 약 2,500년 전 춘추시대에 발해군(오늘날 하북성 동남부와 산동성 서북부) 출신의 편작이란 명의가 있었다. 그는 명의의 원조 격인데 그 의술이 얼마나 기가 막혔던지 죽은 사람도 살려낼 정도였다고 한다. 여기서 나온 사자성어가 **'죽은 사람을 일으켜 되살린다'는 '기사회생'**이다. 사람들은 그에게 '신의(神醫)'라는 별명을 붙여 주었다. 편작의 의술 가운데 정작 신기한 대목은 그가 사람의 겉모습만 보고도 오장육부를 훤히 들여다볼 수 있는 신통력을 가졌다는 부분이다. 얼굴이나 신체 구조만 보고도 병의 증세를 단박에 알아내는 능력을 가졌다는 말이다.

편작은 괵(虢)이라는 나라에 갔다가 모두가 죽었다고 인정하여 장례를 치르기 직전에 있던 괵의 태자를 살려냄으로써 명성을 한껏 드날렸다. 이 일로 세상 사람들 모두가 편작은 죽은 사람조차 살려낼 수 있다고 여기기에 이른다. 편작은 "나는 죽은 사람을 살려내지 못한다. 다만 살아날 수 있는 사람을 내가 일어날 수 있게 해주었을 뿐"이라며 담담해했다.

편작의 여러 신비로운 의료 행위 중에서 제(齊)나라 환후(桓侯)의 병세를 진단한 일이 가장 의미심장하다.

제나라를 방문한 편작을 환후는 귀한 빈객으로 맞아들였다. 환후를 예방한 편작은 "군께서는 피부에 병이 있습니다. 지금 치료하지 않으면 점점 병이 깊어질 것입니다"라는 진단을 내렸다. 누가 보아도 멀쩡한 환후는 자신에게는 병이 없다며 편작의 진단을 일축하면서 "의원이 이익을 탐하여 없는 병을 있다고 하여 공을 세우려 하다니"라며 언짢아했다.

닷새 뒤 환후를 다시 찾은 편작은 "군의 병이 혈맥에까지 이르렀습니다. 지금 치료하지 않으면 더욱 깊어질 것입니다"라며 2차 경고를 했고, 환후 역시 멀쩡한 사람 잡는다며 편작을 물리쳤다. 닷새 뒤 편작은 다시 환후에게 "군의 병이 장과 위 사이까지 파고들어 지금 치료하지 않으면 더 깊어질 것입니다"며 3차 경고를 했다. 계속되는 편작의 엉뚱한(?) 경고에 환후의 심기는 더욱 불쾌해졌다.

그로부터 또 닷새 뒤 환후를 다시 찾은 편작은 환후의 얼굴만 보고 아무 말 없이 그 자리를 물러나왔다. 어리둥절해진 환후가 사람을 보내 그 까닭을 물으니 편작은 "병이 피부에 있는 동안에는 탕약과 고약으로 고칠 수 있고, 혈맥에 있을 때는 침이나 뜸으로 고칠 수 있고, 장과 위에 침투했어도 약주로 고칠 수 있습니다. 하지만 병이 골수에 미치면 저승신이라도 어쩔 수 없소. 그런데 지금 군의 병이 골수에까지 파고들어 있어 말씀드리지 않은 것이외다"라고 답했다.

그로부터 다시 닷새 뒤 환후는 병으로 쓰러졌다. 황급히 사람을 보내 편작을 찾았으나 편작은 이미 떠난 뒤였다. 환후는 얼마 되지 않아 죽었다. 이 일화를 소개한 다음 사마천은 다음과 같은 의미심장한 대목을 남긴다.

"성인이 병의 징후를 예견하여 명의로 하여금 일찌감치 치료하게 할 수 있다면 어떤 병도 고칠 수 있고, 몸도 구할 수 있다. 사람들은 병이 많음을 걱정하고, 의원은 치료법이 적음을 걱정하는 것이다. 그래서 여섯 가지 불치병이 있다고들 한다."

사마천이 말한 여섯 가지 불치병은 아래와 같다.

1 교만하여 도리를 무시하는 불치병이다.

2 몸(건강)은 생각 않고 재물만 중요하게 여기는 불치병이다.

3 먹고 입는 것을 적절하게 조절하지 못하는 불치병이다.

4 음양이 오장과 함께 뒤섞여 기를 안정시키지 못하는 불치병
이다.

5 몸이 극도로 쇠약해져 약도 받아들이지 못하는 불치병이다.

6 무당의 말을 믿고 의원을 믿지 않는 불치병이다. 이런 것들 중
하나라도 있으면 병은 좀처럼 낫기 어렵다.

편작은 환후에게 중병의 기미가 보이니 미연에 예방할 것을 주문

했지만, 환후는 이를 일축했다. 사마천 역시 병의 징후를 예견하면 병도 고치고 몸도 구할 수 있다며 편작의 의술이 갖는 의미를 요령 있게 설명하면서, 인간에게 나타나는 여섯 가지 불치병을 거론하고 있다.

1 '교만하여 도리를 무시하는' 불치병은 다분히 도덕적인 냄새가 나지만 정말 못 말리는 불치병임에는 틀림없다. 이 불치병에 걸린 사람이 우리 주변에는 너무 많아 걱정이다. 왜냐하면 대부분 이 병에 걸린 자들이 나라를 망치고 있기 때문이다.

4 '음양이 오장과 함께 뒤섞여 기를 안정시키지 못하는' 불치병은 자신의 마음을 다스리지 못하는 울화병이나 정신병을 말한다.

특히 **2** '몸(건강)은 생각 않고 재물만 중요하게 여기는' 불치병과 **6** '무당의 말을 믿고 의원을 믿지 못하는' 불치병 대목은 고스란히 윤석열과 김건희를 떠올리게 하는 신랄한 풍자로 들린다. 그러면서 사마천은 이 여섯 가지 불치병 중 하나라도 있으면 병을 고치기 어렵다고 경고한다. 자신의 심신에 병이 생겼다는 조짐을 느끼면 심신을 편하게 하고 자신의 언행을 차분히 되돌아보며 좋은 의사를 찾아 상담하면 병을 예방할 수 있다는 요지다.

예방의 중요성

병은 예방이 중요하다는 것을 모르는 사람은 없다. 그런데도 우리는 대부분 병이 난 다음 허둥지둥한다. 일에서도 마찬가지다. 민간에 전하는 편작과 관련된 다음 일화는 **예방의 중요성과 치료보다는 예**

방할 수 있는 능력을 가진 의사가 명의라는 점을 의미심장하게 전하고 있다.

위(魏)나라 군주가 편작에게 "당신 3형제는 모두 의술에 정통하다는 데 대체 누가 가장 의술이 뛰어나오?"라고 물었다. 편작은 뜻밖에 "큰형이 가장 뛰어나고, 둘째 형이 그다음이며, 제가 가장 떨어집니다"고 거침없이 대답했다. 이해가 가지 않는다는 듯 위왕은 다시 "그렇다면 어째서 당신의 명성이 가장 널리 알려져 있소?"라고 다시 물었다. 편작은 이렇게 대답했다.

"큰 형님의 의술은 병의 증세가 나타나기 전에 치료하는 것입니다. 사람들이 잘 모르는 사이에 형님은 병의 원인을 사전에 제거합니다. 그러다 보니 그의 명성이 외부로 전해질 수가 없지요. 작은 형님의 의술은 병의 초기 증세를 치료하는 것입니다. 사람들은 그저 가볍게 치료했다고 생각하기 때문에 그 명성이 마을 정도에 머물 뿐이지요. 저는 중병만 주로 치료합니다. 사람들은 제가 맥에다 침을 꽂고, 피를 뽑으며, 피부에 약을 붙이고, 수술을 하는 등 법석을 떨기 때문에 제 의술이 뛰어나다고 여기는 것입니다. 그러니 제 명성이 전국에 알려질 수밖에요."

인간사가 대개 그렇듯 일의 과정에는 징후라는 것이 있기 마련이다. 또 많은 경험을 통해 그 징후를 예견하기도 한다. 그래서 보통 사람은 경험에서 배운다고 하지 않던가? 하지만 그보다 **더 필요한 것**

은 경험하기 전에 일의 기미와 징후를 살펴 대비하는, 다시 말해 예방하는 능력을 갖추는 일이다. 더욱이 현재 진행되고 있는 일에는 다가올 일의 징후가 내재되어 있다는 점도 명심하자. 그래서 격언에 '지혜로운 사람은 역사에서 배우고, 보통 사람은 경험에서 배우며, 못난 사람은 경험에서조차 배우지 못한다'고 하지 않았던가? 더 큰 문제는 경험조차 깡그리 무시해버리는 못난 자들이 적지 않다는 사실이다.

2,500년 전에 살았던 명의 편작과 사마천의 성찰이 던지는 메시지의 울림이 너무 크게 느껴지는 우리 현실이다. 사마천이 지적한 여섯 가지 불치병 중 우리는 어떤 증상을 몇 가지나 앓고 있을까? 적어도 **경험에서나마 제대로 배우려는 한 차원 아래의 자기 성찰이라도 눈이 번쩍 뜨일 정도로 어려운 시절**이다. '기사회생'해야 하고, 그렇게 하고 있기는 하지만……. (2023년 1월 6일 처음 쓰고, 2025년 12월 13일 일부 수정)

38

논공행상(論功行賞)
민심을 단합시키는 고도의 정치행위

• • •

　무슨 일이든 마무리가 되면 공과(功過)를 따진다. 이를 **'논공행상'**
이라 한다. 큰 경쟁에서 승리하거나 남다른 성과를 거두었다면 '논
공행상'은 큰일이 된다. 선거가 걸린 정치판이라면 이 문제는 더 커
진다. 모두가 자신의 공을 내세우고, 대부분 그 공을 과대평가하기
때문이다. 보상심리의 본질이 그런 모양이다. 이 논공행상이 제대로
이루어지지 못하면 잡음이 나오고, 심하면 내분이 일어난다. 정권이
라면 출발부터 삐걱댈 수 있다.

　2022년 대선과 지방선거에서 거푸 승리한 윤가 정권과 집권 여
당의 꼴이 딱 이 모양이었다. 더욱이 공을 세운 사람에게 상을 주기
는커녕 '토사구팽'을 못 시켜 안달이 났고, 급기야 법정 공방까지 벌
어져 당이 진짜 비상사태에 들어갔다. 집권에 성공한 정당이 승리
후 불과 100일 만에 비상상태에 들어감으로써 패닉 상태에 빠지는
전대미문의 사건이 터졌다. '논공행상'이 잘못되면 어떤 결과가 나오

는지를 아주 실감 나게 보여주었다.

이에 역사상 '논공행상'과 관련한 사례들을 소개하고, '논공행상'이 갖는 의미를 좀 더 깊이 생각해보겠다. 이야기가 좀 길어지겠지만 결론부터 말해 **'논공행상'은 뛰어난 자질과 허심탄회한 마음을 갖춘 리더와 서로의 공로를 기꺼이 인정하고 받아들이는 분위기가 조성되어야만 적절하게 이루어질 수 있는 고도의 정치행위다.** 이 고도의 정치행위가 순조롭게 이루어지면 리더와 구성원의 마음이 합쳐져 정권을 안정시키는 가장 큰 원동력으로 작용한다.

옹치봉후(雍齒封侯)와 '대덕멸소원(大德滅小怨)'

유방(劉邦)은 약 5년에 걸친 '초한쟁패' 끝에 항우(項羽)를 꺾고 천하를 통일한 이듬해인 기원전 201년 20여 명의 공신을 대대적으로 봉했다. 후방에서 전쟁 물자를 끊임없이 공급하고 후방의 정치를 안정시킨 유방과 같은 고향 출신의 소하(蕭何)가 1순위였다. 소하보다 낮은 상을 받은 사람들은 기분이 언짢았고, 특히 상이나 벼슬을 받지 못한 사람들의 불만은 곧 터질 화약고와 같았다. 떡은 몇 개 되지 않는데 먹여야 할 사람이 많은 데다가 유방의 측근들에게 자리가 많이 돌아가는 바람에 이러쿵저러쿵 말들이 많은 상황이었다.

이제 막 나라를 세운 한 왕조의 입장에서 볼 때, 이 같은 통치집단 내부의 모순은 자칫 나라 전체를 혼란으로 몰아넣을 수 있는 상당한 폭발력을 가진 민감한 사안이 아닐 수 없었다. 유방은 걱정이 이만저만이 아니었다. 이런 상황을 인지한 장량(張良)은 유방에게 평소 모든 사람이 다 알고 있는 유방이 미워하던 사람에게 상을 내려서 장수들의 불만을 잠재우라고 권유했다. 유방은 장량의 의견을 받아들여 옹치(雍齒)에게 후작을 내렸다.

옹치와 유방 사이에는 묵은 원한이 있었다. 과거 옹치가 여러 차례 유방에게 모욕을 준 적이 있고, 심지어 중요한 순간에 유방을 배신하기까지 했다. 그러나 옹치가 세운 공 때문에 그를 차마 죽이지 못하고 있었다. 유방은 날을 택해 공신 책봉 등 인사 문제에 불만이 많은 장수들을 포함하여 문무 대신들을 다 불러 술자리를 베풀고, 바로 그 자리에서 옹치를 십방후(什方侯)에 봉한다고 선포했다. 그리고는 승상과 어사에게 서둘러 공을 확정하고 작위를 주라고 명했다. 군신들은 "옹치에게까지 후작을 내렸으니 우리는 걱정할 것 없다"며 기뻐하면서 마음을 놓았다. 이렇게 해서 불안하던 초기 정세는 안정을 찾았다.

《좌전》에 보면 '대덕멸소원(大德滅小怨)'이란 대목이 있다. '큰 덕은 작은 원한을 없애다'는 뜻이다. 관련하여 노자(老子)는 이런 말을 했다.

"큰 원한을 풀어도 반드시 여한이 있기 마련이니 어찌 좋다고 할수 있겠는가? 따라서 성인은 채권을 보류하고 남에게 독촉하지 않는다. 덕 있는 사람은 채권을 보류하고 덕 없는 자는 현물로 거둬들인다. 천도는 편애하지 않는다. 늘 착한 사람의 편을 든다."

노자는 덕으로 원한을 갚으라고 말한다. 적장을 용서하고 원한 있는 사람에게 먼저 상을 내린 유방의 처사는 상당히 수준 높은 권술이자 '대덕멸소원'이라는 차원이 남다른 책략에 해당한다.

뛰어난 리더는 원대한 목표를 실현하기 위해 큰 곳에 눈길을 돌린다. 작은 원한은 따지지 않고 덕으로 원한을 갚아 이전의 미움을 해소한다. 있는 힘을 다해 소극적 요인을 적극적 요인으로 바꾸며, 모든 적극적 요인을 움직여 원대한 목표를 실현한다. 이는 궁극적으로 승리자의 너그러움과 대범함을 과시하는 것이지만, 그 효과는 대중을 단결시키고 어지러운 국면을 안정시키는 큰 차원의 통치술로 연결되기 때문이다.

진나라 문공이 내세운 논공행상의 원칙

논공행상에서 가장 중요한 것은 원칙이다. 기업을 예로 들자면 큰 이익을 남겼다고 해서 아무에게나 성과금을 줄 수는 없는 노릇 아닌가? 춘추시대 걸출한 정치가 진나라 문공(文公, 기원전 697~기원전 628)은 논공행상과 관련하여 네 가지 원칙을 내세운 바 있다. 이 대목은 오늘날 정치가는 물론 기업인과 여러 조직의 리더들이 충분히 본받을 만한 가치가 있다.

첫째, 인(仁)과 의(義)로 나를 이끌고, 덕(德)과 은혜(恩惠)로 나를 지켜준 사람이라면 일등공신이다.

둘째, 행동으로 나를 보좌하여 공을 이룬 이는 실무를 한 사람이다.

셋째, 위험을 무릅쓰고 땀을 흘린 자는 행동대원이다.

넷째, 최선을 다했으나 나의 잘못을 보완해 주지 못한 이도 공신이다.

실제로 어떤 일을 성사시키는 데 공이 있는 사람이 일등공신이 되어야 할 것 같지만 진 문공은 바른 소리를 한 사람을 더 높게 쳐주었다. 즉 인과 의로 주군을 이끌고 덕과 은혜로 주군을 도와주는 사람이야말로 추상적인 것 같지만 정말로 필요한 보필이라는 인식이다. 이게 바로 **권력자들이 잘못된 길로 빠져나가는 것을 막아주는 브레이크 통제 역할**이란 것이다. 주군이 '브레이크 없이 폭주하는 차'가 되는 것을 막아주었기 때문에 일등공신이다.

오늘날에 적용해도 전혀 손색이 없는 기준인 듯싶다. 열심히 힘을 다 쓰면서 일을 한 것을 사실이지만, 나의 잘못을 고쳐주지 못한 사람은 4등급이다. 그런데 이렇게 해놓고 자기가 1등급이라고 빡빡 우기는 사람이 너무 많다. 내가 최선을 다했고 죽을힘을 다했는데 왜 대접을 못 받느냐고 하면서 심지어 배신도 서슴지 않는다. 무려 2,600년이 넘어 지난 지금 안타깝고 안쓰럽게 이런 모습을 목격하고 있지 않은가? 역사의 데자뷔다.

죽음으로 상을 거절한 개자추(介子推)

문공은 19년 망명 끝에 진나라 최고 통치자가 되었다. 그런 다음 자신의 망명을 수행했던 공신들에게 논공행상을 시행했다. 그런데 문공이 굶어 죽을 위기에 처했을 때 자신의 허벅지 살을 베어 국을 끓여 살린 개자추는 그 논공행상에서 빠졌다.(여기서 '허벅지 살을 베어 주군을 봉양하다'는 '할고봉군割股奉君'이란 고사성어가 나왔다.)

사실 자신의 살을 베어 아사 직전에 몰린 주군을 살려 준 것은 그 의미가 만만찮다. 하지만 이러지도 못하고 저러지도 못하는 계륵과 같은 존재는 아니었지만, 논공행상 4등급 중에서 어디에 넣을 지 참으로 애매하기는 했다. 결국 논공행상에서 개자추는 빠졌다. 자기 허벅지살을 베어서 굶어 죽을 처지에 놓인 주군을 구해준 개자추가 상을 못 받았으니, 당시로는 나름 예민한 문제였다.

그러자 이를 풍자하는 노래가 떠돌기 시작했다. 옛날 사람들은 권력자들을 풍자하거나 비꼴 때 노래를 만들어 퍼뜨렸다. 백제 무왕이 선화공주를 꼬이려던 〈서동요〉도 노래였다. 누군가가 개자추가 억울하니까, 노래를 만들어서 아이들한테 부르게 했다. 아이들은 의미도 모르고 동네방네 부르고 다녔다. 이런 내용이었다.

"용이 하늘에 오르고자 하니 다섯 마리 뱀이 보필했네. 마침내 용이 승천을 하니 네 마리의 뱀은 각자 자신의 집으로 들어갔는데, 한 마리는 홀로 제집을 찾지 못하고 헤매고 있네."

그 한 마리가 바로 개자추였다. 노래는 돌고 돌아서 진 문공의 귀에까지 들어갔다. 아차 싶었던 진 문공은 개자추의 소재 파악에 나섰다.

　개자추에게는 노모가 있었다. 젊었을 때 개자추는 어머니와 짚신을 엮어 시장에 내다 팔면서 생계를 유지했다. 노모도 개자추에 관한 소문을 듣고 아들에게 이렇게 말했다.

　"아들아 너는 임금을 그렇게 모시고 다녔는데, 왜 이렇게 되었느냐?"

　"부귀와 영화를 바란 게 아니라 그저 진심으로 주군을 모셨을 뿐이고, 공신들은 자리 때문에 서로 싸우고 있습니다. 저는 그러기 싫습니다."

개자추와 노모는 면산(縣山, 산서성 개휴현介休縣 동남부)으로 숨어 버렸다. 지금도 면산에 가면 개자추 무덤이 있고, 어머니와 개자추의 상이 있다. 문공이 자신의 잘못을 뉘우치고 그를 불렀으나 나오지 않았다. 문공은 그를 나오게 하기 위해 산에다 불을 질렀다. 개자추는 끝내 나오지 않고 어머니와 함께 그대로 타 죽었다. 개자추의 심정은 어땠을까? 아들의 지조를 끝까지 지켜주기 위한 어머니의 심정은 또 어땠을까?

한식(寒食)은 개자추가 타 죽은 것을 기리기 위한 명절인데, 개자추가 불에 타죽은 날을 기억하기 위해서 그날은 데운 음식이나 뜨거운 음식은 먹지 않는다. 그게 한식(寒食)이다.

문공은 또 개자추가 부여안고 죽은 나무를 가져다가 깎아서 신발을 만들어 신었다고 한다. 그 신발을 신고 걸으면 딱-딱-딱 소리가 났다. 개자추를 기억하자는 의미였다. 지금도 중국 사람들은 개자추를 존경한다. 그럴 수밖에 없다. 의리를 중시하고 부귀영화를 헌신짝같이 버리기가 어디 그리 말처럼 쉬운가? 개자추도 인간이었기에 내면의 갈등이 심하지 않았을까?

궁극적으로 부귀영화를 포기할 줄 알았던 개자추였기에 후세 사람들의 존경의 대상이 될 수밖에 없었다. 특히 세태가 어지러울수록 더 귀중한 사람으로 부각되는 법이다. 개자추를 위한 시들도 많이 남겨졌다. 당나라 시대 때 유명한 사람들은 거의 대부분 한식에 대한 이야기를 즐겨했다.

'논공행상'의 본질은 공을 따지고
상을 주기 위함이 아니다

'논공행상'의 뜻은 '공을 따져 상을 준다'는 것이다. 그 본질은 고도의 정치행위에 있다. 그런데 개차추는 '행상'을 거절했고, 심지어 자기 목숨까지 잃었다. 대체 왜? 이런 의문이 들지 않을 수 없다. 나름대로 그 까닭을 생각해보았다.

첫째, 개자추의 고매한 인품이다. 그는 자신의 허벅지 살을 베어 주군을 살렸다. 자기 목숨조차 아끼지 않았던 사람이다.

둘째, 이런 고매한 인품의 소유자였기 때문에 논공행상에서 빠졌어도 주군을 원망하거나 다른 공신들에 대해 이러쿵저러쿵하지 않았다. 어머니에게 한 말 그대로였다.

셋째, 그는 자신에게는 나라를 위해 실질적으로 봉사할 수 있는 특별한 특기나 전문 분야가 없다는 것을 알았고, 그것을 허심탄회하게 받아들였다.

넷째, 만약 자신까지 나서 공을 내세우고 상을 바란다면 주군의 통치행위에 부담을 줄 수 있기 때문이었다. 그는 노모를 모시고 면산으로 들어가 숨어버림으로써 자신의 의지를 확실하게 보여주었고, 백성들의 관심으로부터 멀어짐으로써 들끓던 민심을 가라앉혔다.

문공은 이런 개자추에게 한없이 미안한 마음이 들어 기어이 개자추를 찾아내 그에게 어떤 식으로든 상을 내리려 했다. 문공의 마음을 이해 못할 바는 아니지만, 개자추의 본심을 제대로 헤아리지 못했다. 이 때문에 개자추와 그 노모를 죽게 만들었다. 문공은 공신들과 백성들을 향해 공개적으로 개자추의 공과 인품을 밝히는 선에서 그쳐야 했다. 오늘날로 보자면 개자추 기념관 같은 것을 만들어 개자추의 고매한 인품을 기리는 정도로 괜찮았을 것이다.

'논공행상'의 본질은 민심을 화합시키는 데 있다. 개자추는 민간의 동요를 듣고는 '논공행상' 때문에 자칫 민심이 흩어질 수 있다는 점을 잘 알았다. 그가 산속으로 들어간 까닭이다. 문공은 아주 남다른 '논공행상'의 원칙과 기준을 제기한 바 있다. 개자추는 그 원칙과 기준 어디에도 속하지 않는 공신이었다. 따라서 개자추에 대해 문공은 자신이 세운 원칙을 고집하지 않고 다른 방식을 생각했어야 한다. '논공행상'은 이처럼 뛰어난 리더도 실수할 수 있는, 그래서 모든 방면을 치밀하게 고려해야 하는 고도의 정치행위이다. 특히 민심의 화합에 주안점을 두어야 한다. 그 '논공행상'의 결과가 결국은 백성들에게 영향을 미치기 때문이다.(2022년 8월 26일 쓰고, 2025년 12월 13일 일부 수정)

39

동문서답(東問西答)과 시치미
실력(實力)도 자신(自信)도 없는 자들의
상투(常套) 수법

● ● ●

'동쪽을 묻는 데 서쪽으로 답한다'는 **'동문서답'**은 우리 식 사자성어이다. 대개 묻는 것에는 아랑곳하지 않고 엉뚱한 답을 말하는 것을 비유한다. 우리 속담을 한문으로 바꾸어 소개하고 있는《송남잡지(松南雜識)》에 보이는데, 〈귀머거리를 조롱하다〉는 〈조롱자(嘲聾者)〉라는 아래 우리 시 중의 '문동답서'라는 구절을 인용하고 있다.[《송남잡지》는 조선 말기인 19세기 재야학자 조재삼(1808~1866)이 편찬한 백과전서 성격의 책으로 우리 속담은 '방언류(方言類)'로 분류하여 소개하고 있다.]

욕을 먹어도 헤벌려 웃고
봉질환개소(逢叱還開笑),

동쪽을 물으면 서쪽을 대답하네.

문동편답서(問東便答西).

처자가 일을 말할 때마다
처노매도사(妻孥每道事),

곧 소리를 낮추어 꾸짖네.
즉책어성저(卽責語聲低).

그러면서 "지금 아무렇게나 대답하여 방향을 바꾸는 것을 칭찬한
다"는 해설을 달았다. 문법상 《송남잡지》의 '문동답서'가 정확한 표
현이지만, 어감과 전달력은 '동문서답'이 나아 보인다. 물음의 의도
를 파악하지 못하고 전혀 엉뚱하게 대답하거나, 일부러 질문의 의도
를 흐리기 위해 전혀 관련 없는 답을 하는 경우를 비유하는 성어라
할 수 있다.

중국은 후자의 경우를 나타내는 관련 성어가 많다. 그중 '지동설
서(指東說西)'가 많이 소개되어 있다. '동쪽을 가리키는 데 서쪽을 말
한다'는 뜻이다. 중국의 희극작가 조우(曹禺, 1910~1996)의 대표작
《뇌우(雷雨)》에 이 표현이 나오는데, 제3막의 "나를 욕하려면 욕해.
'지동설서' 하지 말고"라는 대목이다.

같은 맥락의 성어로 '지상매괴(指桑罵槐)'가 있다. '뽕나무를 가리
키며 느티나무를 욕하다', 즉 빗대어 욕한다는 뜻이다. 청나라의 조
설근(曹雪芹, 1715~1763)이 남긴 '만리장성과도 바꿀 수 없는 중국인
의 자존심'이라는 장편소설 《홍루몽(紅樓夢)》 제12회를 보면 가련(賈

璉)이 외출했다가 돌아와서 봉저(鳳姐)에게 힘든 일이 무엇이냐 묻자 봉저가 이렇게 말하는 대목이 있다.

"우리 집안의 모든 일을 그 할망구들이 사사건건 간섭하는 데 뭐가 좋겠어? 조금만 잘못해도 '빗대어 욕하는' 잔소리란……."

제59회에도 앵아(鶯兒)가 황급히 "그것은 내가 한 일이야. 그러니 빗대어 욕하지 말란 말이야"라는 대목이 보인다. 여기서 말하는 '빗대어 욕한다'는 뜻의 '지상매괴'는 표면상 이 사람 또는 이 일을 나무라는 것 같지만 사실은 다른 사람 또는 다른 일을 욕하는 것을 말한다. '동문서답'과 함께 알아 두면 쓸모가 있다.《36계》등에 보이는 '동쪽에서 소리 지르고, 서쪽을 친다'는 '성동격서(聲東擊西)'도 비슷한 성어라 할 수 있다.

우리 사회에서 '동문서답'은 대부분 부정적으로 쓰인다. 그 주범은 정치인을 비롯한 공직자들의 처신이다. 특히 **지적이나 질책을 피하기 위한 주요한 꼼수로 모르는 척 '동문서답'으로 대처하는 경우가 많다.** 그런데 **'동문서답'에 능숙한 자들을 가만히 살펴보면 이런 공통점들이 있다.**

첫째, 자신이 없는 자들이다. 자신이 없으니 질문의 핵심을 피해 엉뚱한 소리를 늘어놓는다.

둘째, 실력이 없는 자들이다. 실력이 없으니 자신도 없다.

셋째, 실력을 기를 노력(공부)도 하지 않는 자들이다.

넷째, 입만 살아 있는 자들이다. 말발로 적당히 땜질할 수 있다고 착각한다.

'동문서답'에 능숙한 자들의 또 다른 공통점은 '시치미'를 잘 뗀다. '시치미'란 길들여진 사냥용 매의 꽁지 쪽에 단 꼬리표를 말한다. 비유하자면 매의 신분증이다. 거기에는 매의 이름·종류·나이와 주인 이름 등이 적혀 있다. 그런데 '시치미를 떼고' 매를 훔치는 자들이 종종 있었던 모양이다. 시치미를 보면 매의 주인이 누구인지 알 수 있어 주인을 찾아 줄 수 있는데 나쁜 마음을 먹고 시치미를 떼어내고 자기가 차지한 것이다. 말하자면 매 도둑놈이다. **'시치미를 뚝 잘 떼는' 자들을 잘 살펴야 한다.** (2026년 1월 20일)

40

명성과실(名聲過實)
실제를 앞지르는 명성에 홀리지 말라

● ● ●

'칭찬만 들리는 사람은 일단 의심해 보라'는 조금은 고개를 갸우 뚱하게 만드는 말이 있다. 이 말 속에는 명성이란 것이 흔히 실제보 다 부풀려지기 마련이기 때문에 그 명성만으로 사람을 쉽사리 판단 하지 말라는 경고가 들어 있다.

일찍이 사마천은 이런 이치를 간파하고 있었다. 그는 한나라 초기 반란을 일으켰던 진희(陳豨)란 인물을 평가하는 자리에서 이렇게 명 성의 허구를 꼬집고 있다.

"진희는 양나라 사람이었다. 그는 젊었을 때 자주 위공자 신릉군 (信陵君)을 칭찬하면서 그를 사모했다. 군대를 거느리고 변경을 지 킬 때도 빈객을 불러 모으고 몸을 낮추어 선비들을 대접하니 **'명성 이 실제를 앞질렀다.'** 주창(周昌)은 이 점을 의심하였다. 그래서 보 니 결점이 매우 많이 드러났다. 진희는 화가 자신에게 미칠 것을 두려워하던 차에 간사한 무리들의 말을 받아들여 급기야 대역무도한 행동에 빠졌다. 아, 서글프다! 무릇 어떤 계책이 성숙한가 설익었는가 하는 점이 사람의 성패에 이다지도 깊게 작용하는구나!"

위 대목의 **'명성이 실제를 앞질렀다'**에서 **'명성과실(名聲過實)'**이란 사자성어가 나왔다. 사마천의 마지막 말이 무릎을 치며 감탄을 하게 만든다. 어떤 일에 대한 계획과 대책은 얼마나 철저한 준비를 거쳤느냐, 또 수많은 경우의 수를 따져 세운 것이냐에 따라 그 질이 판가름 나며, 나아가서는 그 일의 성패를 결정한다. 당연한 이치다. 그런데 우리는 아직까지도 무대책이 대책이라며 밀어붙이기식으로 일을 처리하는 경향이 적지 않다. 그 일이 개인적인 것이라면 그 결과도 개인의 일로 끝나겠지만, 만약 그 일이 국민과 국가의 이익에 관계된 정책이라면 그 정책은 아무리 성숙해도 지나침이 없을 것이다. 나라를 거덜 내고도 최선을 다했다고 강변하는 뻔뻔한 자들의 배짱은 어디에서 오는 것인가? 그 역시 그런 똥배짱에 변변한 대책 하나 마련해 두지 못한 우리들 자신의 무신경과 무대책 때문이 아닐까? '머리는 차갑게, 가슴은 뜨겁게' 우리들에게 필요한 따끔한 일침이다.

'명성과실'은 오늘날처럼 SNS를 비롯한 다양한 언로가 열려 있는 세상에서도 여전히 하나의 사회현상으로 자리 잡고 있다. 집단 지성의 시대가 되었다고 하지만 지성이 올바른 방향을 찾기란 여간 힘들어 보이지 않는다. '명성과실'의 '사이비(似而非)'들이 너무 많이 설치기 때문이기도 하다. 명성(명예)과 관련한 명언 몇 개를 소개해

둔다.(2022년 9월 23일 쓰고, 2025년 12월 16일 수정)

"명예는 물 위의 파문과 같으니, 결국은 무(無)로 끝난다."(윌리엄
셰익스피어)

"명예란 일종의 양심이다. 명예를 존중하는 사람은 결코 양심에
꺼리는 일을 하지 않는다."(맹자)

"착한 사람들의 영광(명성)은 그들의 양심 속에 있는 것이지 입 안에 있는 것이 아니다."(토마스 아 켐피스)

"명예와 영화, 그리고 세상 사람들의 허영심을 소리 높여 비난하는 사람들일수록 명예와 영광을 동경한다."(스피노자)

41

문불야관(門不夜關)과 도불습유(道不拾遺)
5년이 짧은가 긴가?

• • •

대통령 임기가 '5년 단임'이다 보니 '4년 중임'으로 개헌하자는 논의가 심심찮게 지면이나 방송을 장식하고 있다. 핵심은 5년으로는 짧다는 것이다. 대통령이 지속적 정책을 통해 국정을 안정적으로 이끌려면 5년으로는 부족하다는 것이 그 주요한 이유이다. 아무리 생각해도 이건 이유가 안 된다. 5년이면 날수로 1,825일이다. 그리고 지금 이재명 정부가 해내는 일을 보면 앞으로 얼마든지 많은 일을 해낼 수 있을 것으로 보인다. 지금처럼 열심히 제대로 해낼 것이라는 전제하에서.

역사상 집권 5년 만에 중요한 일을 많이 해낸 한 인물에 대한 기록이 남아 있다. 춘추시대 약소국 정나라의 국정을 맡아 20년 동안 혼신의 힘을 다한 정자산(鄭子産, ?~기원전 522)이 그 주인공이다. 공자보다 30년 정도 연상이다. 정쟁의 와중에 아버지가 피살당하는 역경을 겪기도 했다.

사마천은 《사기》 권119 〈순리열전〉에서 정자산이 보여준 정치의 경지를 '불능기(不能欺)'라는 단 세 글자로 표현했다. '속일 수 없다', 또는 '속이지 못한다'는 뜻이다. 관료들이나 백성들이 정자산을 '속일 수 없었기' 때문이다. 사마천은 정자산의 집권 초기 5년에 걸친 정책과 업적을 차례로 기록하고 있다. 그 내용을 요약하면 이렇다.

"자산이 재상이 된 지 1년 만에 더벅머리 아이들이 버릇없이 까불지 않게 되었고, 노인들이 무거운 짐을 들고 다니지 않도록 했으며, 어린아이들이 밭갈이 등 노동에 동원되는 일이 없어졌다. 2년째가 되자 시장에서 물건값을 깎는 일이 없어졌다. 3년이 되자 **밤에 문을 잠그지 않아도(문불야관門不夜關)** 괜찮았고, 4년이 지나자 밭 갈던 농기구를 그대로 둔 채 집에 돌아와도 아무 일이 없었다. 5년이 지나자 군대를 일으킬 일이 없어졌고, 상복 입는 기간을 명령하지 않아도 백성들이 알아서 잘했다."

자산은 정치적으로 공평무사한 관용의 태도로 임했고, 법제 면에서는 법률을 정비하는 개혁조치로 사람들을 편리하게 만들었다. 경제 면에서는 개인의 땅을 인정하고 밭의 경계를 새로 나누게 했다. 그러니 사람들은 '속일 필요도 없었고', '속일 수 없었다.' 그에 대한 평가는 궁중 내란으로 그를 죽이려 했을 때 정적조차도 '그는 어진 사람으로 자산 없는 정나라는 생각할 수 없다'며 그를 죽이지 못하게 했다는 일화에서도 충분히 엿볼 수 있다.

사마천은 중국 역사상 최고의 개혁가로 꼽히는 상앙(商鞅)이 시

행한 변법(變法) 개혁의 성과에 관해서도 기록을 남겼다. 상앙의 개혁은 말 그대로 엄벌과 가혹한 형벌을 동반하는 철혈통치(鐵血統治)였다. 그럼에도 10년이 되어서야 **'길에 떨어진 물건을 줍는 자가 없고(도불습유道不拾遺)'** 산적이 없어졌다. 대단한 성과였지만 정자산에 비하면 손색이 많이 난다. 아무튼 **정자산의 '문불야관'과 상앙의 '도불습유'는 그 뒤 개혁정치의 성과를 대변하는 사자성어**가 되었다.

조선 왕조의 문인 안정복(安鼎福 1712~1791)의 《순암집(順菴集)》에 기재된 〈광주부 경안면 2리 동약(廣州府慶安面二里洞約)〉에는 다음과 같은 내용이 있다.

"남의 물건을 보면 털끝만큼의 욕심도 내지 않으며, 길에 떨어진 물건이 있으면 반드시 그 주인을 찾아서 돌려준다. 옛사람이 풍속의 아름다움에 대하여 논하기를, '길에 떨어진 물건을 줍지 않는다' 하였는데, 천 년이 지난 뒤에 이 글을 읽으면서도 항상 북받치는 마음을 갖게 되는데, 더구나 직접 그런 일을 본 사람이라면 오죽하겠는가!"

권력은 권력을 행사하는 주체와 그것을 받아들이는 객체 사이의 지배(명령)·복종의 관계다. 그 관계는 변증법적 관계이며, 또 현실적으로는 '속임을 당하지 않고' '속이지 못하고' '속이지 않는' 관계로 나타났다. 기원전 6세기 인물인 자산은 '현명함'과 '지혜', 그리고 '개혁'으로 정치를 이끌어, 이 숨 막히는 권력구조와 권력관계를 슬기롭게 이끈 역사상 최고 정치관료의 모범으로 평가받고 있다. 그리고 **그가 남다른 정치의 경지를 후대에 선사할 수 있었던 배경에는 무엇보다 그의 청렴함이 있었기 때문**이다. 그의 청렴함이 어느 정도였는가 하면, 그가 세상을 떠났는데 장례 치를 돈이 없어 그 시신을 광주리에 담아 야산에 묻었다고 한다. 참고로 정자산은 왕족 출신이었고, 재상을 20년 가까이 지냈던 귀족 중의 귀족이었다.

5년은 짧다. 할 일이 많고 제대로 일하려면 그렇다. 5년은 동시에 길다. 할 일을 제대로 정확하게 해내면 그렇다. 시간은 상대적이다. 누가 어떤 사람이 그 자리에 있느냐에 따라 심하면 하늘과 땅만큼 차이가 난다. 지금 우리가 그 차이를 실감하고 있지 않은가? 밤에 문을 걸어 잠그지 않아도 되는 세상이라면 충분하지 않을까?(2026년 1월 18일)

42

방민지구(防民之口), 심어방수(甚於防水)
백성의 입을 막으려 했던 권력은 다 무너졌다!

● ● ●

권력을 잡으면 언론을 통제하고 싶어진다. 권력의 속성이긴 하다. 하지만 권력의 이런 속성을 제대로 아는 사람이라면 이 욕망을 통제할 줄 안다. 언론의 기본 역할이 민심과 여론의 전달이기 때문이다. 다시 말해, **민심과 여론을 거스르고 성공한 정권은 없다.** 또 민심과 여론, 나아가 언론을 통제하려 했던 정권은 다 무너졌다. 이는 지난 역사가 생생하게 보여준다. 말로만 '민심이 천심'이니 '국민만 보고 간다'고 하면서 뒤로는 언론과 여론을 어찌해보겠다는 술수를 부려서는 단언컨대 정권 오래 유지하지 못 한다. 지금은 더 그렇다.

주나라 여왕(厲王, ?~기원전 828)은 즉위 후 사치·방탕한 생활에 빠진 것은 물론 이를 비판하는 민심과 여론을 강압적으로 통제하려 했다. 백성들은 드러내놓고 말하지 못하고 눈짓으로 뜻을 나누었다. 민심은 갈수록 악화되었다. 소공(召公)은 여왕에게 정책의 잘못을 간했다. '백성의 입을 막는 일은 물(홍수)을 막는 것보다 심각하다'는 명언이 바로 이때 소공이 한 말에서 나왔다. 여왕은 소공의 충정을 받아들이지 않았고, 기원전 841년 '국인반정(國人反正)'으로 쫓겨나 타지에서 쓸쓸히 세상을 떠났다. 당시 소공의 충고는 다음과 같았다.

"그것은 말을 못하게 막은 것입니다. **'백성의 입을 막는 일은 물(홍수)을 막는 것보다 심각합니다(방민지구防民之口, 심어방수甚於防水).'** 막힌 물이 터지면 피해자가 엄청난 것처럼 백성들 또한 같습니다. 따라서 물을 다스리는 자는 물길을 터주고, 백성을 다스리는 자는 말을 하도록 이끌어야 합니다. (중략) 백성에게 있어서 입은 대지에 산천이 있어서 거기서 사용할 재화가 나오는 것과 같고, 대지에 평야·습지·옥토 따위가 있어 거기서 입고 먹는 것이 나오는 것과 같습니다. 백성들로 하여금 실컷 말하게 하면 정치의 잘잘못이 다 드러납니다. 좋은 일을 실행하고 나쁜 일은 방지하는 것, 이것이 바로 재물을 생산하여 입고 먹는 것에 쓰는 방법입니다. **백성들은 속으로 생각한 다음 입으로 말하며, 충분히 생각한 다음 행동으로 옮깁니다.** 그런 그들의 입을 막는 일이 얼마나 오래가겠습니까?"

말은 전염병처럼 퍼지는 속성을 갖고 있다. '발 없는 말이 천 리 간다'는 우리 속담도 있듯이, 말의 위력은 우리의 상상을 초월한다.

'말이 발을 달면 여론(輿論)이 된다.'

여론과 언론이 통제를 당하면 유언비어(流言蜚語)가 횡행한다. 지금은 다양한 언로를 통해 풍자와 조롱을 일삼는다. 그래서 예로부터 통치자들은 늘 여론에 주의를 기울였고, 때로는 여론을 조작하기도 했다.

불과 얼마 전까지만 해도 여론은 신문과 방송, 이른바 재래식 언론이 주도해왔다. 그러나 **기존의 재래식 언론은 백성들의 심기(心氣)를 제대로 전달하지 못했고, 지금도 못하고 있다.** 권력의 눈치를 보며 길들여졌고, 그러다 보니 그 자신이 권력의 앞잡이가 되거나, 부스러기 권력을 누리면서 완전히 타락했다. 소공의 이 명언은 권력뿐만 아니라 언론이 심각하게 귀를 기울여야 할 심각한 경고가 되었다.

지금 우리 현실은 집단지성이 타락한 언론을 견제를 넘어 심판까지 하고 있다. 권력이 되었건 여론을 전달(왜곡·조작)한다고 하는 기존의 언론이 되었건 '백성의 입을 막는 일은 홍수를 막는 것보다 어렵다.' 자업자득(自業自得)이다. **기존의 언론은 자신을 길들여온 권력과 함께 무너질 것인지, 아니면 거듭날 것인지를 선택해야 할 기로**에 왔다. 어쩌면 벌써 선택했는지도 모르겠다. 하는 짓을 보면 말이다.(2025년 12월 9일)

43

변화유시(變化有時)
때를 놓친 개혁은 개혁이 아니다

• • •

개혁 성패의 관건은 무엇일까? 여러 가지가 있을 수 있다. 개혁 주체의 의지 정도, 개혁을 지지하는 민심의 향방, 개혁 방향의 정확성, 철두철미한 개혁의 내용, 개혁에 반발하는 세력에 대한 대응책 등등……. 그리고 **이 모든 것에 앞서 필요한 결정적인 요인은 '시기(時機)', 즉 흔히 하는 말로 '타이밍(timing)'**이다.

사마천은 〈진시황본기〉에서 진나라의 멸망에 대해 논평하면서 가의(賈誼)의 〈과진론(過秦論)〉을 인용하여 700년을 넘어 존속했던 주나라와 천하통일 후 불과 15년 만에 단명한 진나라를 이렇게 비교했다.

"주나라는 봉건제가 바른길을 걸었기 때문에 천 년 동안 명맥이 끊어지지 않았다. 진나라는 본말을 모두 잃었기 때문에 오래가지 못했다. 이렇게 볼 때 안정과 위기의 방략은 그 차이가 뚜렷하다. 속담에 '지난 일을 잊지 않는 것이 나중 일의 스승이 될 수 있다(전사지 불망前事之不忘, 후사지사야後事之師也)'고 했다. 이 때문에 군자가 나라를 다스릴 때는 상고시대를 보고 현재에 시험해 보았다. 인정과 사리를 참작하여 성쇠의 이치를 살피며, 권위와 객관적 형세가 적합한지를 헤아렸다. 또 순리에 맞게 거취를 결정하고, '때에 맞게 변화하였기' 때문에 오래가고 사직도 편안했다."

'변화유시'는 '변화에도 때가 있다'는 뜻으로 때에 맞추어 변화하고 개혁하라는 것이다. 아무 때나 무조건 변혁해서는 효과가 나지 않는다는 점을 지적하고 있다. 무엇보다 '적시(適時, at the right time)'가 관건이다.

서한시대 말기의 뛰어난 문장가이자 말더듬이었던 양웅(揚雄, 기원전 53~18년)은 자신의 대표적인 저서 《법언(法言)》(〈문도問道〉 편)에서 "가즉인(可則因), 부즉혁(否則革)" 즉, "시의(時宜)에 맞으면 계속하고, 그렇지 않으면 바꾸어라"고 했다. 상황과 형세에 맞으면 계속 계승·발전시키고, 그렇지 않으면 새롭게 개혁하라는 뜻이다. 양웅이 말하는 상황과 형세는 달리 말해 시기, 즉 적시에 다름 아니다.

'개혁은 혁명보다 어렵다'는 말이 있다. 우리와 중국은 물론 세계 역사상 몇 차례의 혁명이 성공한 경우가 없지 않았지만, 개혁에 성공한 경우는 극히 드물었기 때문이다. 전국시대 후진국 진(秦)나라를 머리끝부터 발끝까지 철저하게 개혁한 상앙(商?)은 그 때문에 중국 역사상 최고의 개혁가로 평가 받는다. 상앙은 심지어 의식개혁까지 시행했다.

　개혁의 본질은 바꾸는 데 있다. 그렇다고 무턱대고 모든 것을 다 바꾸는 것은 아니다. 또 그래서도 안 된다. 그 당시 상황과 시대적 요구에 맞게 적절히 조정할 줄 알아야 개혁에 대한 저항도 줄이고 오래갈 수 있다.

　이재명 대통령이 2026년 신년사를 통해 **1** 지방 주도 성장, **2** 모두의 성장, **3** 지속 가능한 성장, **4** 매력적인 성장, **5** 안정적 성장을 핵심으로 하는 **대전환의 5대 개혁목표**를 제시했다. 모두 전례 없는 개혁정책들이다. 어쩌면 지금이 우리 역사상 다시는 없을 성장과 발전의 적기일 수 있다는 점에서 이 개혁의 성공 여부에 우리의 미래가 달려 있다고 하겠다. 모두가 합심하여 두 번 오기 힘든 이 기회를 살려야 할 것이다.

'개혁의 본질은 이익의 재분배'이다. 기득권 세력의 극렬한 저항을 불러일으킬 수밖에 없다. 이 때문에 혁명에 성공하고도 후속 조치인 개혁에 실패하여 혁명의 의의나 취지조차 무너뜨리는 경우가 비일비재했다. 따라서 개혁을 성공적으로 이끌려면 강약과 완급을 통제할 줄 아는 조정(調整) 능력이 필수적이다. 이런 점에서 양웅의 명구는 귀담아들을 가치가 있다고 하겠다. 단, 때를 놓친 개혁은 결코 성공할 수 없다는 점은 단단히 새겨야 한다. 때를 놓친, 때를 놓치는 개혁은 개혁이 아니다.(2026년 1월 3일 13:04)

44

부상십즉비하지(富相什則卑下之)
빈부의 격차가 초래하는 악영향

• • •

한나라 무제는 개국 이후 100년 가까이 유지해왔던 백성들을 '쉬게 하면서 인구와 생산을 늘린다'는 '휴양생식(休養生息)'의 정책 기조를 바꾸어 정부가 상업과 경제 각 분야에 적극 개입하기 시작했다. 흉노와의 평화 기조도 바뀌어 흉노에 대한 강경책을 취함으로써 전쟁이 잦아졌다. 비축되었던 재정과 식량은 점점 고갈되어 바닥을 드러냈다. 무제는 전쟁 비용을 마련하기 위해 경제에 더욱더 간섭하기 시작했다. 소금과 철을 국가가 전매하는 전매사업으로 바꾼 것이 대표적인 사례들 중 하나였다.

경제와 관련하여 국가가 금지와 통제 정책을 적극 시행함으로써 상인들이 억압받고 빈부의 격차가 심해지는 폐단이 나타났다. 특히 상인은 신분상 불이익을 받았고, 이런저런 악법으로 재산을 몰수당하는 등 갖가지 수모를 겪어야만 했다. 같은 상인들끼리 서로 재산을 고발하게 하여 재산을 몰수하는 '고민령(告緡令)'이라는 지독한 악법까지 동원되었다. 법령은 갈수록 촘촘해졌고, 법망을 빠져나가는 수단과 방법은 더욱더 간악해졌다. 그 결과 사회적으로 좋지 못한 현상들이 나타났다. 그러한 현상들 중 빈부의 차이가 가져오는 현상을 사마천은 〈화식열전〉에서 다음과 같이 적나라하게 묘사하고 있다.

"무릇 보통 사람들은 다른 사람의 부가 자기보다 열 배를 넘으면 그를 헐뜯고, 백 배를 넘으면 그를 두려워하며, 천 배가 넘으면 그의 일을 해주고, 만 배가 넘으면 그의 부림을 당한다."

"부상십즉비하지(富相什則卑下之), 백즉외탄지(佰則畏憚之), 천즉역(千則役), 만즉복(萬則僕)."

사마천은 그러면서 그것이 사물의 이치라고 씁쓸하게 말한다. 이 대목을 오늘날에 적용해도 하등 어색할 것이 없어 보인다. 부와 세태의 관계는 본질적으로 2천 년 전이나 지금이나 별반 달라지지 않았다. **분배의 문제가 세계적인 관심사**로 떠오르고 있는 것도 이를 반증하는 것이 아니겠는가?

2024년 사업소득 상하 격차가 초양극화로 나타나 처음으로 100배 이상 차이가 났다는 통계가 보고되었다. 소득 상위 20%가 하위 20%의 100배 이상이었다. 고소득자는 소득이 증가, 저소득자는 후퇴했다. 오늘날 빈부의 차이가 가져오는 부정적 사회현상은 사마천의 지적보다 훨씬 심각하다. 계층 간 갈등은 말할 것 없고, 각종 범죄증가와 결혼 기피를 비롯하여 심지어 자살 증가와 같은 아주 안

좋은 사회 현상들이 나라 전체에 악영향을 준다.

이런 빈부의 격차에 대한 인식은 이미 수천 년 전부터 있었다. 공자(기원전 551~기원전 479)는 이렇게 지적했다.(《논어》〈계씨季氏〉편)

"불환과이환불균(不患寡而患不均), 불환빈이환불안(不患貧而患不安)."

"재부가 적다고 걱정하기보다는 분배가 고르지 않은 것을 걱정하고, 가난을 걱정하기보다는 (나라의) 불안을 걱정한다."

분배의 불공정과 불공평이 불안을 가져오는 주된 요인임을 지적한 명구 중의 명구이다. 분배의 균형은 나라의 안정을 유지하는 데 중요한 요소임을 2,600년 전 보수주의자 공자도 정확하게 인식하고 있었다. 나라의 정책뿐만 아니라 기업경영이나 관리학 등 모든 분야에서 새겨들어야 할 보편적 원칙이라 할 수 있다. 위 구절의 앞뒤 대목을 함께 다 소개하면 다음과 같다.

"나는 이렇게 들었다. 나라와 집을 가진 사람은 재부가 적다고 걱정하기보다는 분배가 고르지 않은 것을 걱정하고, 가난을 걱정하기보다는 (나라의) 불안을 걱정한다. 고르게 돌아가면 가난함이 없고, 화합하면 적음이 없고, (나라가) 편안하면 나라가 기울지 않는다."

2013년 11월 12일 중국 공산당 전체회의에서 시진핑 주석은 '당의 제18기 3중 전회 정신으로 사상을 확실하게 통일하자'는 제목으로 강연하면서 "전회의 정신을 관철하기 위한 몇 가지 요구와 제시한 여섯 항목 중 다섯 번째 사회의 공평과 정의를 촉진하고 인민 복지의 증진을 출발점이자 종착점으로 삼아야 한다. 경제 발전을 이루고 나서 공평성의 문제를 해결하겠다는 것이 아니라, 파이를 계속 확대함과 동시에 그것을 분배하는 일도 잘해야 한다"는 점을 강조하면서 위 명구를 인용한 바 있다.

공자가 말한 이 명구는 중국 사회에 적지 않은 영향을 미쳤다. 역대 위정자들이 중시했을 뿐만 아니라 백성들도 왕왕 이것으로 **공평과 분배 정책의 합리성을 점검**해왔다. 주의할 것은 균등 분배가 절대 균등이 아니라는 점이다. 남송 때의 사상가 주희(朱熹,

1130~1200)는 이에 대해 각기 그 분수만큼 갖는 것이라고 해석하기도 했다.

현재 중국에서 공평과 정의는 사회의 주류적 가치관의 하나다. 이런 사회를 어떻게 만들어낼 것인가는 위정자들이 끊임없이 고려하고 있는 문제다. 구체적으로 닥친 문제들을 처리할 때 리더들은 수시로 고인들이 남긴 이런 지적과 혜안을 잊지 말아야 할 것이다. 사회의 안정과 장기적 안정이야말로 인민 생활의 행복지수와 함께 숨쉬는 요인이기 때문이다.

지금 우리 사회도 바로 정의와 공평이란 심각한 명제와 문제에 직면해 있다. 철저히 기득권에게 유리하게 왜곡된 사회구조, 기울어진 운동장과 같은 경쟁구도, 이를 노골적으로 부추기고 돕는 정치와 관료들, 금수저와 흙수저 논란, 전포(전부 포기한) 세대 문제, 생업이 파괴된 경제구조 등등이 이 문제를 더욱 절박하게 만들고 있다. 정의와 공평이란 아젠다를 전면 부각시켜야 때가 이미 지났지만, 반드시 들고 나서야 한다.(2026년 2월 22일)

45

부실시기(不失時機)
때는 놓쳐서는 안 된다

● ● ●

'때'라는 우리말이 있다. 그 사전적 의미는 '시간의 어떤 순간이나 부분으로 좋은 기회나 알맞은 시기'를 말한다. 따라서 때는 '놓치지 말라'가 아니라 '놓쳐서는 안 된다'에 가깝다. 같거나 비슷한 뜻의 우리 속담으로는 '쇠뿔도 단김에 빼라', '물 들어왔을 때 노 저어라' '해가 쬐는 동안 건초를 만들라' 등이 있다. 영어에는 '쇠는 달았을 때 쳐라'는 것이 있다. 모두 기회를 놓치지 말라는 뜻의 속담이자 격언들이다.

'때를 놓치지 말라'는 뜻의 중국어 표현은 **'부실시기(不失時機)'** 다. 적당한 시간과 유리한 기회를 놓치지 말라는 뜻이다. 모택동(毛澤東)은 1938년 발표한 《항일 유격전쟁의 전략 문제(抗日遊擊戰爭的戰略問題)》 제4장에서 다음과 같이 썼다.

"상황에 비추어 기민하게 병력을 분산하거나 병력을 집중하는 것이 유격전쟁의 주요한 방법이다. 그러나 기민하게 병력을 전이(轉移, 변환)할 줄 알아야 한다. 적은 유격대가 자신들에게 큰 위협이 된다고 느끼면 병력을 보내 진압하거나 공격을 가한다. 따라서 유격대는 상황을 고려하여 공격할 만하면 그 자리에서 공격하고, 공격할 수 없을 때는 '**시기를 놓치지 말고**' 빠르게 다른 방면으로 옮겨가야 한다."

주은래(周恩來)는 〈당의 제6차 전국 대표대회에 관한 연구〉에서 "이때는 국공이 분열되고 두 달이 지난 시점으로 만약 …… 노력하여 '시기를 놓치지 않아야' 한다"라고 했다. 또 종군작가 오강(吳强, 1910~1990)도 장편소설 《홍일(紅日)》 제14장에서 "군사 행동은 '시기를 놓치지 않는' 것이 중요하다"고 했다.

시기(때)는 사업의 성공과 실패, 전쟁의 승리와 패배에 대단히 중요하다. 사람들은 늘 '때를 놓치지 말라. 놓치면 다시 오지 않는다'고 말한다. 그러나 시기는 준비된 사람에게만 눈짓을 보낸다. 위대한 군사가가 천 리 밖에서 승부를 결정지을 수 있는 까닭은 이미 장막 안에서 일찌감치 마음의 준비와 모든 일을 다 갖춘 다음 동풍, 즉 기회만 오기를 기다리기 때문이다. 기회가 일단 오면 바로 꽉 움켜쥐고 시간과 기세를 타고 벼락같이 계획을 실시하여 완성시키는 것이다.

기회가 오는 데는 몇 가지 방식이 있다. 하나는 우연히 찾아오는 것이고, 또 하나는 방법을 만들어 잡거나 기회를 찾는 것이며, 또 하나는 시기를 창출하는 것이다. **기회 창출이야말로 의심할 바 없이**

군사를 비롯한 정치와 통치 예술의 최고 경지다. 그러나 **무엇보다 다가온 기회와 때를 놓치지 않는 일이 가장 중요**하다. 관련한 명언들 몇 개를 소개해둔다.

"당단부단(當斷不斷), 반수기란(反受其亂)."
"잘라야 할 때 자르지 못하면 도리어 난을 당한다."(〈제도혜왕세가〉)

"시지불행(時至不行), 반수기앙(反受其殃)."
"때가 왔는데 결행하지 않으면 도리어 재앙을 당한다.(〈회음후열전〉)

"시난득이이실(時難得而易失)."

"시간(시기)이란 얻기는 어려워도 잃기는 쉽다."(〈제태공세가〉)

이밖에 '칼을 쥐었으면 반드시 베어야 한다'는 '조도필할(操刀必割)'라는 표현도 있다. 때가 왔으면 칼을 뽑아 베어야 한다. 기회는 왔을 때 잡아야 한다. 때를 놓치면 일 전체가 어긋나기 마련이다. 한 번 놓친 기회를 다시 잡으려면 전보다 몇 배 아니 몇십 배 더 큰 대가를 치러야 한다. 기회를 기회인 줄 아는 지혜로운 눈을 먼저 갖추어야 한다.

모든 정권은 초반이 가장 중요하다. 역사상 거의 모든 정권이 이른바 '병목 위기'를 겪었고, 그 위기를 넘긴 정권들만 장기간 안정을 얻었다. 이재명 '국민주권' 정권이 벌써 1년을 코앞에 두고 있다. 병목 위기는 넘긴 것 같지만 해결하고 개혁해야 할 일들이 산적해 있다.

'잘라야 할 때 자르지 못하고, 결행해야 할 때 결행하지 못하면 그 후과는 상상을 초월할 정도 심각할 것이다.'

은나라를 멸망시킨 개국공신 강태공(姜太公)은 봉지인 제나라로 가다가 어느 여관집 주인의 **'시간(시기, 때)이란 얻기는 어려워도 잃기 쉽다'**는 충고에 정신이 번쩍 들어 바로 여장을 챙겨 봉지로 떠났다. 지금 강태공과 같은 행동이 절실해 보인다.(2026년 2월 8일)

46

제갈량의 '삼공(三公)'
모든 정책의 기본

• • •

'삼공'이라 하면 대개는 조선시대 영의정·좌의정·우의정을 합쳐 부르는 이름으로 알고 있다. 같은 뜻의 다른 표현으로 '삼정승(三政丞)'이 있다. 그 어원을 보면 약 3천 년 전인 중국 주나라 때 기록에 보인다. 지위가 가장 높았던 고대의 세 관직을 합쳐 부르는 이름이었다. 세 관직의 이름은 많은 변화를 거쳤지만 '삼공'이란 단어는 지금까지 사용되고 있다.

이제 이야기 해보려는 '삼공'은 최고위 세 관직이 아니라 '공'이란 글자가 들어가는 세 개의 단어다. **공정(公正)·공평(公平)·공개(公開)**가 그것이고, 관련한 인물은 '만고의 충절'로 불리는 제갈량(諸葛亮, 181~234년)이다. 이를 통해 **공직과 조직을 이끄는 리더들이 갖추어야 할 가장 기본적인 원칙과 자세**를 알아보고자 한다.

제갈량은 '만고의 충절', '탁월한 지략가', '지혜의 화신', '유능하고 어진 재상의 모범', '고금에 둘도 없는 명재상' 등등의 칭송이 뒤따르는 중국인들이 가장 사랑하는 인물이다. 유비는 '삼고초려(三顧草廬)' 해가면서까지 그를 발탁했으며, 심지어 자신과 제갈량의 관계를 물이 없으면 살 수 없는 물고기와 물의 관계에 비유했다. 여기서 수어지교(水魚之交)란 고사성어도 나왔다.

유비는 또 오나라 정벌에 실패한 뒤 백제성(白帝城)에서 쓰러져 죽기 전에 못난 아들 아두(阿斗, 유선劉禪의 별명)를 걱정하면서, 아들이 도저히 인물이 아니라고 판단되면 제갈량 당신이 직접 황제 자리에 올라 촉을 통치하라고 했다. 이것이 유비의 진심이었겠느냐를 두고 역대로 말들이 많지만, 한 가지 분명한 사실은 유비가 그만큼 제갈량을 믿었다는 것이다.

촉나라의 국정을 담당하는 동안 제갈량은 주로 형주(荊州)에서 데리고 온 측근들에 의지하는 동시에 원래 유장(劉璋)의 부하와 익주(益州)의 권문세족들을 발탁하는데 눈을 돌렸다. 출신은 보잘것이 없어도 재능이 있으면 큰 힘을 들여서라도 등용했다. 그의 인재 정책은 훗날 "때를 맞추어 능력 있는 사람을 최대한 쓸 줄 알았다"는 평을 들었다. 그는 전국시대 법가 사상가들인 신불해(申不害)와 한비자(韓非子)의 법술을 믿어 법과 명령을 엄격하게 적용했으며 상과 벌이 분명했다. 누구든 법을 어기면 엄격하게 징벌했다. 그래서 촉의 관리나 백성들은 **그가 상을 내리면 누구도 시기 질투하지 않았고, 그가 벌을 내리면 누구도 원망하지 않았다**고 한다.

참군(參軍) 마속(馬謖)을 무척이나 아꼈지만 군령을 어기고 가정(街亭)을 지키지 못해 위나라 군대에게 패하자 눈물을 흘리며 그를 죽이고, 사람을 잘못 기용한 죄를 물어 자신의 관직을 강등시켜달라

고 자청한 일화는 유명하다. '읍참마속(泣斬馬謖)'이란 고사가 바로 여기서 나왔다.

익주의 권문 대족들은 유장 이래 오랫동안 권력을 휘두르며 군신의 도를 무시해 왔지만 제갈량은 그들의 불법행위에 대해서도 가차 없이 엄단했다. 이러한 조치들로 인해 촉은 정치적으로 어느 정도 투명성과 통일을 유지할 수 있었다.

제갈량은 역량이 떨어지는 두 명의 주군을 모셨다. 그는 이런 조건과 환경을 결코 탓하지 않았다. 그는 당시 형세로 보아 삼국이 정립할 수밖에 없음을 잘 알았다. 그래서 유비에게 삼분천하를 제안했다. 그는 이 형세를 유지하기 위해 내정을 개혁하여 촉나라 정치를 안정시켰고, 외부적으로는 오나라와 동맹하여 상대적으로 강한 위나라를 견제함으로써 삼국 정립이라는 형세를 유지했다. 이를 위해 그는 단 한 점의 사심 없이 혼신의 힘을 다했다.

《삼국지》〈촉서〉에서는 제갈량을 가리켜 "정치가 무엇인가를 아는 뛰어난 인물이었다. 관중과 소하에 견줄 만하다. …… 나라 사람들이 모두 두려워하면서도 아끼는 인물이었다"라고 평했다. 그냥 정치를 하는 것과 정치를 제대로 아는 것의 차이를 지적한 말이다. 제갈량이 정치를 제대로 알았다는 것은 그가 평생 공개(公開)·공정(公正)·공평(公平)이라는 '삼공(三公)의 원칙'을 지키며 살았다는 사실에서 잘 드러난다. **정치와 정책을 공개하면 공정해질 수밖에 없고, 공개와 공정을 견지하면 공평해 질 수밖에 없다.** 이는 오늘날 우리 공직자들이 심각하게 받아들여야 할 참으로 귀중한 충고이다.

제갈량은 오나라와의 연맹을 유지하면서 여러 차례 북벌을 단행했다. 심혈을 기울여 조조의 위나라를 멸망시키고 한 황실을 부활시키려 했으나 현격한 역량 차이를 극복하지 못하고 실패했다. 건흥 12년(234) 마지막 북벌 중에 전방 오장원(五丈原)전투에서 패배하고 병을 얻어 세상을 떠나니 시호는 충무후(忠武侯)다. 후대 봉건 통치자들에 의해 "있는 힘을 다해 충성하되 죽어도 여한이 없었던" 충신의 전형으로 평가받았다.

중국인들은 그들이 가장 사랑하는 또 한 사람 주은래(周恩來) 전 총리가 죽자 '국궁진력(鞠躬盡力)'이란 네 글자로 그의 죽음을 애도했는데, 제갈량이 출정에 앞서 유선에게 바친 저 유명한 〈후출사표(後出師表)〉에 나오는 말이다. 제갈량은 이 글에서 "신은 죽을 때까지 있는 힘을 다할 것입니다"라며 비장한 결의를 표시하고 있다. 전후 두 편의 '출사표'는 역대 문장들 가운데서도 명문으로 꼽히는데, 제갈량의 인간됨을 이보다 더 잘 나타내주는 글은 없다는 평이다.

제갈량은 또 북벌에 앞서 유선에게 올린 글에서 자신의 재산을 공개했다. 얼마 되지 않은 재산이나마 자신의 생계를 유지하기에 부족함이 없다며, 자신은 오로지 촉과 백성들을 위해 있는 힘을 다 할 뿐이라고 했다. 그가 죽은 뒤 집 안을 정리하려고 보니 당초 제갈량 자신이 밝힌 재산에서 한 뼘의 땅도 한 푼의 돈도 늘지 않았다고 한다.

제갈량은 위나라를 정벌하기 위한 북벌에 나섰다가 오장원에서 병사했다. 말하자면 과로사였다. 그는 자신의 죽음을 예감하고 뒷일까지 대비한 다음 촉나라 군대를 철수시켰다. 제갈량의 충정과 청렴 정신은 후손에게도 유전되었다. 아들 제갈첨(諸葛瞻)은 후주 유선의 딸과 결혼한 부마라는 귀한 신분이었지만, 위나라 장수 등애(鄧艾)와의 전투에서 포로로 잡혀 고관대작의 회유를 받았으나 이를 거부하고 자결했다. 제갈첨의 아들 제갈상(諸葛尙)도 면죽관(綿竹關)전투에서 전사했다.

제갈량이 평생 지키고자 했던 '삼공'이란 원칙은 오늘날 각계각층의 리더들이 고스란히 받아들여야 할 가장 기본적인 자세이다. 또 모든 정책의 실행에서 견지해야 할 원칙이기도 하다. **이 원칙과 자세를 지키는 일은 곧 공직자의 공사분별을 가늠 하는 시금석**이 된다.(2026.1.30.)

"어진 신하를 가까이하여 중용하고 소인들을 멀리하여 내친 일, 이것이 바로 전한의 고조·문제·경제·무제 때에 한창 흥성하여 잘 다스려졌던 까닭입니다. 소인배를 가까이하여 등용하고 어진 신하들을 멀리하여 내친 일, 이것은 바로 후한의 환제와 영제가 천하를 망하게 한 까닭입니다. 이를 논하면서 일찍이 환제와 영제를 두고 탄식하며 가슴 아파하지 아니한 적이 없었습니다."(제갈량의 〈출사표〉 중에서)

47

선성탈인(先聲奪人)과 선발제인(先發制人)
정책에서 선수(先手)의 중요성

● ● ●

　모든 싸움에서 '먼저 손을 쓰는' '선수'는 주도권과 직결되기 때문에 선수를 치거나 선수를 잡는 것은 매우 중요하다. 역대로 이와 관련한 책략이 많은 까닭이다. 역사 사례를 한번 보자.《좌전》의공(宣公) 12년 조를 보면 진나라 군대가 정나라를 구원하고 초나라와 충돌하는 중에 초나라 영윤(令尹) 공숙교(公叔敎)가 '선인유탈인지심(先人有奪人之心)'이란 말을 했다. '상대보다 먼저 마음을 빼앗으라'는 뜻인데, 기를 꺾으라는 것이다. 나중에는 '**선성탈인(先聲奪人)**'으로 줄여서 말하는 경우가 많아졌다. 글자 뜻은 '**먼저 소리를 질러 기세를 꺾어라**'는 것이다. 즉, 먼저 자기편의 위세를 과시하여 그 기세로 상대방을 누르거나, 우호적인 여론을 업고 재빨리 한 걸음 앞서 나감으로써 주도권을 장악하라는 말이다.

　'선성탈인'은 선수를 통해 주도권을 쥐는 책략이다. 이때 **중요한 것은 한 번에 상대를 기세를 꺾을 수 있는 전력이 확보되어 있어야**

한다. 단번에 상대의 기를 꺾지 못하면 역공을 당하는 것은 물론 패배할 가능성이 높다. 이 모략은 군사 방면에서 많이 활용되었지만 지금은 정치모략으로서의 활용도가 높다. 정치 캠페인이나 선전에서 선수를 쳐서 상대의 기를 단박에 꺾으면 승리할 가능성이 높다. 단, 진짜 실력이 뒷받침되지 못한 허풍의 선제공격은 절대 금물이다. 일시적으로 여론을 움직일 수는 있어도 결코 오래가지 못한다. 지금처럼 모든 정보가 거의 완전히 공개되는 시대적 상황과 실질적으로 여론을 좌우하는 집단지성의 존재를 정확하게 인식해야 한다.

'선성탈인'과 같은 뜻의 책략으로 '선발제인(先發制人)'이란 용어가 있다. 특별한 상황이 아니면 모든 싸움에서 선수는 주도권을 쥐는 가장 중요한 책략으로 작용한다. 먼저 사례를 중심으로 그 의미를 좀 더 알아본다.

《사기》〈항우본기〉의 한 대목이다. 기원전 209년 9월, 진승(陳勝)과 오광(吳廣) 등 농민 봉기군이 진나라에 대항해 일어났다. 회계군(會稽郡)의 군수 은통(殷通)도 이러한 정세를 틈타 봉기하여 권력을 잡고자 항우의 숙부 항량(項梁)을 찾아가 이렇게 말했다.

"진나라의 기운은 다했다. 장강 북안에서는 이미 봉기군이 일어났다. 듣자 하니 **'선수를 치면 상대를 제압하고, 뒤처지면 상대에게 제압당한다'**고 했으니……."

항량과 조카 항우도 봉기할 생각이었는데, 은통이 먼저 이야기를 꺼낸 것이다. 은통의 밑에 들어갈 수 없다고 생각한 두 사람은 은통을 죽이고 은통의 도장을 빼앗았다. 이어 회계군(會稽郡)의 8천 명을 통솔하여 '진을 반대하고 초를 부흥시킨다'는 기치를 높이 들었다.

《한서》의 항우 전기인 〈항적전〉 중에도 "선수를 치면 상대를 제압하고, 뒤처지면 상대에게 제압당한다"는 말이 보인다. 또 《병경백자(兵經百字)》의 '선(先)' 조항에 이런 대목이 있다.

"병에는 선천(先天)·선기(先機)·선수(先手)·선성(先聲)이 있다. …… 그중에서 선천의 활용이 가장 최선이다. 선을 활용할 수 있는 자는 모든 것을 제대로 펼 수 있다."

요컨대 《병경백자》에서는 '선'을 으뜸으로 꼽고 있다. '선'은 곧 '선발제인'의 뜻이다. 전쟁에서는 '선발제인'을 가장 중요하게 인식하고 있다. 누구든지 '선발제인'의 비결을 장악하기만 한다면 주도권을 확실하게 움켜쥘 수 있다.

역사가 증명하듯 정치·경제·군사 등 여러 영역에서 '선발제인'의 수단을 활용하여 성공을 거둔 예는 헤아릴 수 없이 많다. 이런 점에서 **'선수는 강하고, 후수는 재난을 부른다'**는 중국의 오랜 격언은 나름 일리가 있는 말이다.

군사상 '선발제인'을 운용한 사례들은 많기도 하고, 또 대단히 전형적이다. 정치에서 '선발제인'을 운용한 사례는 더 많고 더 보편적이다. 사람들이 흔히 말하는 '먼저 앉는 놈이 임자다'라던가, '악당에게 예고란 없다' 등등은 모두 정치상 '선발제인'의 정수를 표현한 것

들이다.

한 가지 더 언급한 점은 이 모략이 현대사회에 들어와서는 경제 모략의 중요한 항목으로 자리 잡았다는 사실이다. 현대 경제경영에 서는 상품의 생산과 판매, 그리고 사용 주기가 급속도로 짧아지고 있다. 신제품을 뜸 들이지 말고 빠르게 출시해서 시장을 선점할 수 있어야 한다. 당연히 신상품에 대한 철저한 보안이 필수 조건으로 따른다.

이재명 정권의 여러 정책을 보노라면 위에서 소개한 '선성탈인' 과 '선발제인'이란 책략이 절로 떠오른다. 특히 몇 수 앞을 내다보 고 선수를 치는 정책은 그 효과가 바로바로 나타난다. **정책에 있어 서 '선수(先手)'가 얼마나 중요하고 필요한가를 잘 보여주고 있다**고

하겠다. 다만, 앞에서도 지적했다시피, 이 정책을 실행할 실력과 일어날 수 있는 만약에 대한 대비와 대책이 갖추어져 있지 않으면 큰 일 난다.

선수(先手)는 선점(先占)으로 이어지고, 선점은 안정(安定)으로 이어진다. 안정은 성장(成長)과 발전(發展)을 위한 디딤돌이다. **선수-선점-안정-성장-발전으로 이어지는 선순환으로 이어진다면 우리는 국운융성(國運隆盛)이란 전대미문의 한 시대를 활짝 열어젖힐 수 있다.**(2026년 2월 4일)

48

성동격서(聲東擊西)
'동쪽에서 고함지르고, 서쪽을 친다'

• • •

내란 특검이 보여주는 다양한 수사법을 접하다 보니 병법서의 전략 전술이 절로 떠올랐다. 그중 하나가 **'성동격서(聲東擊西)'**였다. **'동쪽을 향해 소리치고, 서쪽을 공격한다'**는 뜻이다. 정작 공격해야 할 곳을 치지 않고 다른 쪽으로 관심을 돌려 상대를 방심시킨 다음, 벼락같이 그곳을 쳐서 승리를 거두는 전술이다.

'성동격서'는 원하는 곳을 바로 공략하지 말고 다른 곳을 공격하는 척하여 적을 또 한 번 혼란에 빠뜨려 전세와 주도권을 완전히 장악하고, 그 기세로 원하는 곳을 쳐서 승리하라는 뜻이다. '성동격서'의 사상은 옛 전적 여러 곳에 언급되어 있다. 대부분 군사 방면을 가리키는 내용이었으나 점차 다른 영역으로까지 확대되었다. 이와 관련해서는 전국시대 한비자가 정리했다는 법가사상의 대표적인 저서 《한비자(韓非子)》〈세림(說林)〉(상)에 처음 보인다.

"지금 초나라가 군대를 일으켜 제나라를 친다고 하는 것은 소문일 뿐이며, 사실은 우리 진나라를 침공하는 것이 진짜 목적이라고 생각됩니다. 이에 대한 방비를 서두르는 것이 옳을 것입니다."

강공(康公)이 동쪽 변경의 수비를 명령하니, 초가 제를 치겠다던 움직임을 멈추었다.

강태공(姜太公, 기원전 11세기)이 남겼다고 전하는《육도(六韜)》〈무도(武韜)·병도(兵道)〉에서는 "서쪽에 욕심이 있으면 동쪽을 기습한다"고 했다. 명 왕조의 개국공신 유기(劉基, 1311~1375)가 저술했다고 전하는《백전기략(百戰奇略)》〈성전(聲戰)〉에서는 "동쪽에서 소리치고 서쪽을 공격하며, 저쪽에서 소리치고 이쪽을 공격하여, 적으로 하여금 어디를 지켜야 할지 모르게 만들면, 내가 공격하는 곳은 적이 지키지 않는 곳이 된다"라고 했다.

'성동격서'는 경영에서도 자주 보게 되는 전술이다. 스티브 잡스의 애플이 동영상 콘텐츠를 구현할 수 있는 아이팟을 출시하기 전의 일이다. 잡스는 경쟁상대의 시선을 다른 쪽으로 돌리기 위해 영화나 동영상 따위를 보면서 운전할 수는 없다는 등 배경 활동으로 음악만 한 것이 없다며 연막술을 펼쳤다. 소니를 비롯한 경쟁상대들이 이에 현혹되어 아이팟과 유사한 기기에다 동영상을 구현할 생각도 못하는 틈에 잡스는 동영상 구현이 가능한 아이팟을 출시하여 단숨에 시장을 석권했다.

잡스가 구사한 전략이 바로 '성동격서'다. 이 전략은 유지하기 힘

든 비밀을 최대한 지켜야 한다는 취약점 때문에 자주 활용하지는 않지만, 정확하게 실행하고 예상대로 맞아떨어진다면 그 파괴력은 상상을 초월한다. 따라서 전략으로서 '성동격서'는 먼저 동쪽을 만들어내는 단계, 다음으로 소리를 만들어내는 단계, 끝으로 서쪽을 치는 단계가 일사불란하게 순서대로 진행되어야 한다. 또 '성동'을 무리하게 진행해서는 안 되며, '격서'의 시기를 그르쳐서는 안 된다.

정치가 되었건 통치가 되었건, 외교가 되었건 경영이 되었건 '성동격서'는 어디에나 활용할 수 있는 좋은 전술이다. 단, 평소 공부와 훈련의 뒷받침 없이 과시용이나 좋다고 그냥 따라 해서는 낭패 보기 십상이다. **모든 일이 그렇듯 제대로 하고, 원하는 성과를 내려면 끊임없이 공부하고 훈련해야** 한다.(2025년 8월 9일 작성, 2025년 11월 2일 수정 보완)

49

소훼난파(巢毀卵破)
스스로 조직을 망가뜨린 정치 검사들

● ● ●

영화 〈야당〉의 마지막 장면을 보면 '**소훼난파(巢毀卵破)**'라고 쓴 액자가 걸린 구관희 검사의 별실이 나온다. 참고로 '야당'이란 마약 범죄 수사에서 정보원 역할을 하는 브로커를 뜻하는 은어이다. 이 영화는 마약·경찰·검찰·야당의 관계를 다룬 범죄 영화이다. 영화 〈야당〉은 2025년 최고 흥행작으로 청소년 관람 불가에도 불구하고 6년 만에 관객 300만 명을 돌파했다고 한다.

이 범죄 영화에서 진짜 범죄자는 우리가 흔히 말하는 일반 범죄자가 아니다. 출세에 눈이 멀어 불법은 물론 자신을 도운 이강수(강하늘 분)까지 해친 정치 검사 구관희(유해진 분)와 마약에 절어 있는 정치가의 아들, 그것을 덮으려는 정치가와 그를 돕는 검찰, 이들이 범죄자들이다. 그리고 이들이 우리 현실을 생생하게 재연하고 있다.

영화는 누명을 쓰고 죽음의 문턱까지 갔다가 '기사회생'한 이강수와 역시 검찰에게 누명을 쓴 마약범죄수사대의 오상재(박해준 분)의 공조로 구관희를 비롯하여 그와 결탁된 자들을 소탕하는 씁쓸한 해피엔딩으로 마무리된다. 이 영화를 정치의 관점에서 본다면 아무래도 정치 검사와 검찰, 이들과 결탁한 정치가의 타락이 주된 메시지가 될 것이다. 특히 검찰의 몰락을 보여주는 여러 장치들에 주목하게 된다. 희희낙락하는 이들의 정체를 생생하게 유튜브 중계로 전하는 장면은 노무현 대통령을 괴롭힌 검사들을 떠올리게 했다.

다시 타락한 정치 검사 구관희의 별실에 걸린 액자 이야기로 돌아간다. 영화는 이 액자의 글씨를 꽤 길게 비춰준다. '소훼난파', 무슨 뜻일까? 무슨 고사라도 있을까? '소훼난파(巢毁卵破)'는 '새집(법질서)이 부서지면 알(국민)도 깨진다'는 뜻으로 실제 검사들이 즐겨 쓰는 용어로 알려져 있다. 법이 망가지면 국민이 다친다는 의미로 황병국 감독은 "모두가 함께 생각해 봤으면 하는 문구를 영화 속에 등장시켰다"라고 밝혔다.(《스포티비뉴스》 강효진 기자) 감독의 인문학적 소양이 볼만하다.

공융(孔融)의 죽음과 소훼난파(巢毁卵破)

'소훼난파'는 동한 말기의 명사 공융(孔融, 153~208)과 그 가족에 관련된 고사에서 비롯된 사자성어이다. 고사는 공융의 죽음으로부터 시작된다.《삼국연의》제40회에 나오는 대목이다.

조조가 손권과 유비를 토벌하기 위해 준비하고 있는데 태중대부 공융이 "유비와 유표는 모두 한 왕실의 종친이라 함부로 토벌해서는 안 되며, 손권은 6개 군에 장강의 험준함을 차지하고 있기 때문에 쉽게 취할 수 없습니다. 승상께서 의미 없는 군대를 일으켰다간 천하의 신망을 잃을까 두렵습니다"라고 말렸다.

조조는 "이자들은 모두 황명을 거역한 역신들이니 어찌 토벌하지 않을 수 있단 말인가?"라며 성을 냈다. 그리고는 야단을 쳐서 공융을 물러가게 한 다음, "앞으로 다시 이따위 소리를 지껄이는 자는 모두 목을 베겠다!"는 명을 내렸다.

공융은 하늘을 올려다보며 "어질지 못한 자가 어진 자를 토벌하려 하니 어찌 패하지 않으리오!"라고 탄식했다. 이때 어사대부 치려(郗慮)의 가신 하나가 이 말을 듣고는 치려에게 일러바쳤다. 공융에게 늘 무시당하고 있던 치려는 바로 조조에게 달려가 다른 일까지 얽어 공융을 해치는 말을 했다.

"공융은 평소 승상을 업신여깁니다. 게다가 예형(禰衡)과 어울려 지내면서 서로를 공자가 죽지 않았느니 안회가 다시 살아났으니 하며 자화자찬합니다. 지난번 예형이 승상을 욕보인 것도 공융이 시켜서 그런 것입니다."

그렇지 않아도 공융을 못마땅하게 생각하던 조조는 벼락같이 화를 내며 공융을 잡아들여 공융의 가산을 몰수하고 가족들까지 모조리 목을 베었다.

공융에게는 7세 된 딸과 9세 된 아들이 있었다. 아버지 공융이 잡혀가던 날, 이 둘은 바둑을 두고 있었다. 이들은 아버지가 잡혀가는

것을 바라보면서도, 꼼짝하지 않고 묵묵히 바둑을 두었다. 사람들은 아이들이 아직 어려서 무슨 일이 벌어지는지 모르고 있다고 생각하여 빨리 도망가라고 재촉했다. 그러나 공융의 딸은 매우 침착하게 오빠와 바둑을 두며 말했다.

"새집이 부서졌는데 어찌 알이 깨지지 않겠습니까?"
"안유소훼이난불파호(安有巢毀而卵不破乎)?"

이 일을 보고 받은 조조는 곧 사람을 보내어 이들 둘까지 잡아오도록 하였다. 공융의 딸은 자신들을 잡으러 온 난폭한 사람들을 보고도 전혀 겁내지 않고 오빠에게 이렇게 말했다.

"죽은 뒤에도 혼령이 있어서 부모님과 함께 있을 수 있다면, 이 어찌 즐거운 일이 아니겠어?"

말을 마치자 고개를 쳐들고 형의 집행을 기다렸다. 주위의 사람들은 이를 보고 눈물을 흘리지 않을 수 없었다.(《후한서》〈공융전〉)

공융의 딸이 남긴 '새집이 부서졌는데 알이 깨지지 않겠는가'라는 말에서 '소훼난파'라는 사자성어가 나왔다. 훗날 이 사자성어는 **조직이나 집단이 무너지면 그 구성원들도 피해를 입게 되는 것을 비유**하게 되었다.

일곱 살 난 공융의 딸은 아버지 못지않게, 아니 아버지보다 더 당당하게 죽음을 받아들였다. 지금 우리 상식으로는 믿기지 않는 이야기다. 그건 그렇고, 우리 검찰과 검사들은 어떤가? 선량한 국민을 범죄로부터 지켜 걱정 없이 생업에 종사할 수 있게 봉사해야 할 검찰이란 조직을 완전히 타락한 정치집단으로 만들고, 결국은 국민들의 지탄 속에 해체될 운명을 앞두고도 반성은커녕 여전히 거짓과 술수로 버티는 자들 아닌가?

'소훼난파'는 불가피하다. 둥지도 알도 통째로 들어내서 시궁창에 처박든지 완전히 태워버려야 한다. 공융의 딸이 말한 '소훼난파'는 조조와 그 간신의 모함으로 억울하게 죽은 아버지를 뒤따르는 의연함과 처연함이지만, 우리 검찰의 '소훼난파'는 왜 이리도 구질구질할까? 개운치 않고 찝찝하다. 왜? 일곱 살 딸처럼 의연하게 당당하게 받아들이지 못하기 때문이다. 당당은 그만두더라도 **최소한 자신들**

의 운명을 말없이 받아들이지도 못하는 찌질한 이들이 바로 수십
년 무소불위의 칼을 휘둘러 온 검찰의 진짜 정체다. 그 정체가 만천
하에 드러나고 있다. 둥지가 부서지니 알들이 여기저기서 깨지면서
난리를 피운다. '소훼난파'다.

　역사의 심판은 더디고 때로는 건너뛰기도 하지만 절대 잊지 않고
있다가 반드시 실행에 옮긴다. 역사의 법칙이고, 역사의 회복력이다.
역사를 두려워해야 하는 까닭이다.(2025년 10월 21일 처음 쓰고, 2025년
12월 13일 일부 수정하다)

　참고로 '소훼난파'와 비슷한 뜻의 성어로 '갈택후어(竭澤涸漁), 복
소훼란(覆巢毁卵)'가 있다. '연못을 말려 물고기를 잡고, 둥지를 엎어
알을 깨다'는 뜻이다. 출처는 《사기》〈공자세가〉이다.

50

신상필벌(信賞必罰)
정권의 성패를 가를 요인

• • •

이재명 국민주권정부의 여러 특징들 중 정권 초기부터 꾸준히 거론되는 것으로 **'신상필벌'**이 있다. **'상은 믿음이 있어야 하고, 벌은 반드시 시행되어야 한다'**는 뜻이다. 모든 조직의 활력과 성취 여부를 결정하는 가장 중요한 요소가 바로 이 '신상필벌'이다. 심하게 말하자면, **정권의 성패 여부를 가름할 결정적 요소가 '신상필벌'**이 될 수 있기 때문에 이 문제를 좀 더 상세히 논의해보고자 한다.

상벌은 역대로 통치자들이 대단히 중시한 문제였다. 정치·경제·군사 등 각 영역에서 통치와 피통치의 관계가 존재하는 이상 상벌은 매우 실질적인 의미를 가질 수밖에 없다. 그만큼 예민한 사안이기도 했다. 최고의 병법서 《손자병법》 첫 장에서 '오사(五事)'와 '칠계(七計)'를 거론하면서 '상벌'의 공정과 엄정함이란 문제를 말하고 있는 것만 보아도 이 문제를 얼마나 중시했는지 알 수 있다.

'신상필벌'과 관련해서는 《한비자》〈외저설(外儲說)〉 편에 춘추시대 진나라 최고 권력자 문공(文公)과 호언(狐偃)의 다음과 같은 대화가 눈길을 끈다. 문공의 물음으로 시작한다.(대화체로 재구성했다.)

"과인이 감미로운 음식을 전당에 두루 차리고 온갖 술과 고기를 접시에 담아 궁실에 가득 벌려 놓고 군민들을 위한 연회를 벌였소. 술은 맑아지기도 전에 만들어지는 대로 사람들에게 날라야 했고, 고기는 상에 차릴 틈도 없이 도살되는 즉시 모조리 먹어 치웠소. 소 한 마리를 잡으면 서울 안에 있는 백성들이 모두 고루 받을 수 있게 했고, 한 해 내내 짠 포로 전 군사들에게 옷을 만들어 입혔소. 이 정도면 백성들을 움직여 전쟁에 나서도 되지 않겠소?"

"부족합니다."

(중략)

"그러면 어찌해야 백성들을 이끌고 전쟁을 할 수 있단 말이오?"

"백성들로 하여금 전쟁을 하지 않을 수 없게 만드십시오."

"그건 어찌해야 하는 것이오?"

"신상필벌 하십시오. 그러면 백성들을 움직일 수 있어 전쟁을 수행할 수 있습니다."

"그렇다면 형벌의 기준은 어디에 두어야 하오?"

"친하고 귀한 자를 가리지 말 것이며, 가장 아끼는 자라도 똑같이 벌을 주십시오."

그 뒤 문공은 호언의 말대로 법 집행을 엄격하고 공평하게 해서 전쟁에 나섰다. 진 문공이 승리를 거두었음은 물론이다. '신상필벌'이란 사자성어는 여기서 나왔다. 이후 '신상필벌'은 동서고금의 군사가들은 물론 정치와 통치 및 경영에서도 대단히 중시하는 원칙의 하나가 되었다.

전국시대 실전과 이론을 겸비했던 군사 전문가 오기(吳起)는 상벌이 제대로 지켜지지 않을 경우 벌어지는 일에 대해 이렇게 지적했다.

"법도와 명령 계통이 분명히 서 있지 않고 상벌을 엄정히 하지 않으면 징을 쳐 정지하라는 명령을 내려도 멈추지 않고, 북을 울려 진군하라는 명을 내려도 앞으로 나가지 않는다. 이러한 병사가 백만이 있은들 무슨 소용이 있는가?"

관련하여 오기는 이렇게 덧붙였다.

"용감하게 진격하여 잘 싸우는 자에게 상을 주고, 비겁하게 도망치는 자에게는 무거운 형벌을 가한다. 그리고 어디까지나 이것을 믿음직하게 행해야 한다. 이 두 가지를 이중일신(二重一信)이라 한다. 이를 잘 살펴 이치에 통달하면 필승이다."(이상 《오자병법》〈치병〉)

오랜 병법서 《삼략(三略)》〈상략上略〉에서는 "그러므로 장수는 명령을 바꾸지 않아야 하고, 상벌은 반드시 믿음직하게 해서 천지와

같아야만 비로소 사람을 부릴 수 있다"고 했다.

강태공의 저술로 알려진 최초의 통치방략서《육도(六韜)》〈문도 (文韜)·상벌(賞罰)〉에는 이런 의미심장한 대목이 있다.

문왕이 "상은 권하는 것이고, 벌은 징계를 보이는 것입니다. 하나를 상 줘서 백을 권장하며, 하나를 벌해서 대중을 징계하려 합니다. 이를 위해서는 어떻게 해야 합니까?"라고 물었다. 태공은 "무릇 **상을 베푸는 데에는 믿음이 소중하고, 벌을 내리는 데에는 꼭이라는 말이 중요**합니다"라고 답했다.

청나라 때 사람 주호(周鎬, 생졸 미상)는 **"상 줄 것을 주지 않으면 잘하는 것을 막게 되고, 벌줄 것을 주지 않으면 간신을 키우게 된다"**고 했다. 군법과 군령을 만들어 공포했다면 집행할 것은 철저하게 집행해야지, 법이 있는데도 믿지 않고 명령이 내려졌는데도 실행되지 않게 만들어서는 안 된다. 만약 단 한 번이라도 상벌이 엄하게 집행되지 않아 전군에 신뢰를 잃게 되면, 일체의 군령이 지속적으로 집행되기 어려워진다.

제갈량(諸葛亮, 181~234)은 기산(祁山)에서의 1차 출병에 실패한 뒤 눈물을 머금고 가정(街亭)을 빼앗긴 마속(馬謖)의 목을 베고, 공을 세운 왕평(王平)에게 큰 상을 내리는 한편, 자신에게도 책임이 있다 하여 세 계급을 강등시켜 달라고 청했다. '신상필벌'의 전형적인 본보기이자, 이것이 곧 촉나라 군대 전투력의 원천이기도 했다.

《삼국지》에서 제갈량은 "실로 충성을 다하고 보탬이 된 인물은 원수라 해도 반드시 상을 주었고, 법을 어기고 태만히 한 자는 친하다 해도 반드시 벌을 내렸다. ……그리하여 모두가 그를 두려워하면서도 사랑했고, 형벌은 준엄했지만 원망하는 자가 없었으니, 그 마음씀씀이가 공평하고 징계는 분명했기 때문이다"라고 말한 바와 같다. 제갈량이 죽자 그에게 벌을 받았던 사람들조차 모두 슬프게 눈물을 흘렸다고 한다. 상벌과 관련하여 제갈량은 다음과 같은 원칙의 말씀을 남겼다.

"상으로 공을 장려하고 벌로 나쁜 짓을 방지해야 한다. 상벌은 공평하지 않으면 안 된다. 상은 왜 베푸는가를 알게 해야 용사들이 죽음의 의미를 알게 되고, 형벌은 왜 받는지를 알아야 사악한 자들이 두려움을 알게 되는 것이다."(《편의십육책便宜十六策》제10 상벌)

'상은 작을수록 효과가 크고, 벌은 클수록 효과가 크다'는 말이 있다. 다시 말해 상은 그 사람이 아무리 미천하고 보잘것없어도 공을 세웠으면 반드시 주어야만 상의 위력과 신뢰성을 발휘할 수 있고, 벌은 그 대상이 아무리 귀하고 높은 신분이라도 반드시 처벌해야만 다수가 수긍하게 된다는 뜻이다. 《육도(六韜)》〈장위(將威)〉편에도 "살귀대(殺貴大), 상귀소(賞貴小)"라 했다. "벌은 큰 사람일수록, 상은 작은 사람일수록 의미를 가진다"는 뜻이다. 《육도》의 위아래 대목을 함께 보면 이렇다.

"한 사람을 죽여 삼군을 떨게 할 수 있다면 죽여야 하고, 한 사람에게 상을 주어 만인이 기뻐한다면 상을 주어야 한다. 벌은 큰 사람일수록, 상은 작은 사람일수록 의미를 가진다."

전국시대 유세가 범수(范睢)는 군주의 상벌이 사사로운 친분에 얽매이게 되면 상벌의 효과는 물론 군주의 권위마저 손상한다며 이렇게 지적하고 있다. 뒤의 문장과 원문을 함께 인용해둔다.

"어리석은 군주는 그가 총애하는 사람에게만 상을 주고, 미워하는 사람에게는 벌을 줍니다. 그러나 영명한 군주는 상은 반드시 공로가 있는 사람에게 내리고, 형벌은 반드시 죄를 지은 자에게 내립니다."

"용주상소애이벌소오(庸主賞所愛而罰所惡) ; 명주즉불연(明主則不然), 상필가우유공(賞必加于有功), 이형필단우유죄(而刑必斷于有罪)."

상벌은 삼공(三公)의 원칙을 지켜야 한다. 공정(公正)·공평(公平)·공개(公開)가 그것이다. 특히 벌은 자신이 무엇을 잘못했는지 '엄격하게 징계'하는 '엄징(嚴懲)'으로 분명히 알게 한 다음, 그 잘못을 고칠 여지가 보이면 '가벼운 처벌'인 '경벌(輕罰)'로 마무리하는 것이 좋다.

'신상필벌'이 통치 수단과 조직을 이끄는 리더십의 주요한 원칙이 되기 위해서는 일정한 '한도(限度)'가 있어야 한다.

"벌이 많고 상이 적은 것은 벌이 없는 것이나 마찬가지고, 상이 많고 벌이 적으면 상이 없는 것이나 마찬가지다. 벌이 지나치면 착한 자가 없어지고, 상이 지나치면 간신배가 많아진다."《신기제적태백음경 神機制敵太白陰經》권2)

상벌의 기준을 제대로 장악해야만 상벌 두 가지 수단을 잘 운용하여 군대와 나라를 다스릴 수 있다.

우리의 현실을 한번 돌아 보자. 주변에서 **상을 받는 사람들을 보면 대부분 힘 있고 자리 있는 자들**이다. 실제 성과를 낸 아랫사람들은 그 공을 인정받기는커녕 상관이 상을 받도록 그 공을 상관에게로 돌려야만 한다. 구체적인 공적을 기재하는 이른바 '공적조서' 작성도 아랫사람 몫이다. 그 조서를 작성하는, 실제로 공을 세운 아랫사람의 마음은 어떻겠는가?

중국의 전통적 리더십에서는 아랫사람의 공을 윗사람이 가로채는 이런 행위를 '남공(攬功)'이라 한다. 반면 벌은 힘없고 미천한 사람들이 주로 받는다. 가진 자들은 자신들의 카르텔을 한껏 이용하여 벌을 면하고 빠져나간다. 사실 이게 우리 현실 아닌가?

국민주권정부가 들어섰다. 이 정부의 성공 여부를 가늠하고 가름할 요인들은 많을 것이다. 무엇보다 망가진 경제를 되살리고, 나아가 확실한 선진국 대열로 진입하는 것이 급선무이다. 그러려면 정확한 정책이 뒷받침되어야 하고, 그 정책의 실행과정에서 '신상필벌'은 가장 중요하면서 관건이 되는 원칙으로 작동해야 할 것이다. 당연히 엄정한 법 집행도 함께해야 한다.(2026년 2월 14~15일)

51

안위재출령(安危在出令), 존망재소용(存亡在所用)
정책의 중요성과 리더

• • •

지난 윤가와 김가 공동 정권의 악행을 정말이지 처절하게 겪고, 새로운 이재명 정부가 일하는 모습을 지켜보면서 새삼 절감한 사실은 **정책과 리더, 인재와 리더의 함수관계 및 중요성**이었다. 특히 어떤 정책을 내느냐에 따라 나라와 국민 전체의 상황이 달라질 수 있음을 확실하게 알게 되었다. 그것도 불과 몇 달 사이에 벌어진 기가 막힌 모습이었다.

사마천은 2,100년 전에 통치자(리더)와 정책, 통치자와 인재의 상관관계를 다음과 같은 기가 막힌 명언으로 통찰한 바 있다.

"안위재출령(安危在出令), 존망재소용(存亡在所用)."

"(나라의) 안정과 위기는 (어떤) 정책을 내느냐에 달려 있고, 존속과 멸망은 (어떤) 사람을 쓰느냐에 달려 있다."《사기》〈평진후주보열전〉)

이 천고의 명언은 한나라 때 인물인 주보언(主父偃, ?~기원전 126)이 무제(武帝)에게 올린 대흉노 정책에 관한 글에 인용된 《주서(周書)》가 그 원전이다. 주보언은 흉노에 대해 강경책이 아닌 유화책을 실시할 것을 주장하면서 다음과 같은 말로 마무리를 했다. 《주서》는 《상서(尙書)》의 〈주서〉 편을 가리키는 것으로 보인다. 권50 〈초원왕세가〉에도 똑같은 뜻의 대목으로 '안위재출령(安危在出令), 존망재소임(存亡在所任)'이 나오는데, 마지막 글자 '용(用)'이 '임(任)'으로 바뀌어 있을 뿐이다.

"때문에 《주서》에서는 ' (나라의) 안정과 위기는 (천자가) 어떤 명령을 내느냐에 달려 있고, (나라의) 존속과 멸망은 존망은 (천자가) 어떤 사람을 쓰느냐에 달려 있다'고 했습니다. 바라옵건대 폐하께서는 이를 자세히 살피시고 깊이 생각하십시오."

사마천은 이 대목에서 깊은 울림을 받은 것 같다. 두 번씩이나 인용하여 자신의 관점을 강조하고 있다. 원전이 남아 있지 않기 때문에 이것이 정확한 원문인지는 알 수 없지만, 사마천 이전부터 **나라의 흥망성쇠가 결국은 통치자가 어떤 정책을 내고, 어떤 인재를 기용하느냐에 달려 있다는 인식**이 자리 잡고 있었음은 분명해 보인다. 사마천의 이 관점을 오늘날 관점에서 재해석해 보면 이렇다.

"나라의 안정과 위기는 국민이 어떤 리더를 뽑느냐에 달려 있고, 나라의 존망은 국민의 의식 수준에 달려 있다."

　명말청초의 사상가 고염무(顧炎武, 1613~1682년)는 자신의 대표적인 저서《일지록(日知錄)》에서 '천하의 흥망은 보통 사람들 책임(천하흥망天下興亡, 필부유책匹夫有責)'이라는, 당시로서는 상상하기 어려운 관점을 제기하여 파문을 일으킨 바 있다. 고염무로부터 400년이 지난 지금 우리는 과연 고염무의 인식 수준을 뛰어넘었는가? 이런 질문을 던지지 않을 수 없다.

　우리뿐만 아니라 전 세계 여러 나라에서 자질과 수준 미달의 리더를 선택하고 있는 현실이다. 그나마 우리는 깨어 있는 '필부'들의 힘으로 내란을 극복하고 새로운 미래를 향해 힘차게 달리고 있는 중이다. 문제는 기한이 정해져있는 리더와 정권이 그 임기를 마치고 난 다음일 것이다. 얼마 전 타계한 이해찬 전 총리의 '20년 집권' 구상을 넘어 적어도 한 세대 '30년 집권'의 큰 그림을 하루라도 빨리 구체적으로 그려야 할 때이다. 우물쭈물하다가는 또 역사의 시계를 거꾸로 돌리는 우를 범할 수 있기 때문이다. **정권을 빼앗기는 가장 심각한 원인(原因)이자 주범(主犯)은 안주(安住)와 안일(安逸)이다.**(2026년 1월 31일)

52

유전가사귀(有錢可使鬼)
돈이면 귀신도 부리는 세상

• • •

지금으로부터 무려 1,800년 전에도 '황금만능' 풍조가 만연했다. 오죽했으면 '돈이 신이다'는 〈전신론(錢神論)〉이란 글까지 나왔을까? 긴 문장은 아니지만 매우 의미심장하다. 돈을 좋아하는 것을 넘어 숭배하는 풍조와 돈의 권력화를 풍자하고 비판하고 있다. 글을 쓴 사람은 노포(魯褒, 생졸 미상)란 인물로 중국 서진(西晉, 266~316) 때의 문인이자 학자다.

화폐를 비롯한 물질을 숭배하는 사상은 화폐가 생산된 이후 본격적으로 나타났다. 갑골문(甲骨文)을 보면 지금으로부터 3천여 년 전인 상(商)나라 때 조개를 화폐로 사용하여 멀리까지 나가 상업행위를 한 상황이 잘 드러나 있다. 《주역(周易)》 괘의 해설에도 상인들이 밤낮으로 이해득실을 계산하는 심리상태가 묘사되어 있다. 이런 것들은 모두 화폐와 물질에 대한 숭배의식을 반영하는 것으로 화폐의 생산과 더불어 이미 발생하고 있음을 알 수 있다.

화폐에 대한 이런 숭배의식을 보다 심각하게 반영하는 것은 문학 작품들이었고, 노포가 살았던 시기는 상품 화폐경제가 상당한 수준으로 발전했을 때였다. 그보다 훨씬 이전인 춘추전국 시기(기원전 770~기원전 222)에는 비교적 발달한 화폐경제와 도시의 상업이 이미 나타났고, 금속화폐도 전국 각지에 널리 유통되고 있었다. 화폐의 작용이 사회경제에 널리 확대되면서 화폐와 물질을 숭배하는 현상은 사회생활 및 사람들의 사상에 더 많이 반영되기 시작했다.

역사가 사마천은 당시 유행하던 속담인 "천금을 가진 자식은 저잣거리에서 죽지 않는다(천금지자千金之子, 불사우시不死于市)"는 구절을 인용하며, "부유해야 인의가 따른다(인부이인의부언人富而仁義附焉)"고 날카롭게 지적했다.(《사기》〈화식열전〉)

이 무렵 화폐와 물질의 숭배 현상을 기록으로 남긴 저술도 나타났다. 예를 들어 《여씨춘추(呂氏春秋)》〈거유去宥〉 편)에는 금을 갖고 싶은 자가 대낮에 금방에 침입하여 황금을 훔치다가 붙잡힌 고사가 기록되어 있는데, 왜 그런 짓을 했냐는 물음에 그자는 "사람은 안 보이고, 황금만 보였다"고 답한다.

진·한 시기는 통일된 중앙집권 봉건 대제국의 성립으로 국내 상품유통의 발전과 확대에 한결 유리한 조건이 마련되었다. 이에 따라 이후 2천 년에 걸친 봉건 지주제를 기반으로 하는 경제체제에서 상품 화폐경제도 오랫동안 비교적 높은 발전 수준을 유지했다. 화폐와 물질을 숭배하는 사상을 반영하는 기록도 끊임없이 나타났다. 그중 가장 널리 암송되며 이런 사상을 심각하게 반영하는 전형적인 기록이 바로 노포의 〈전신론〉이다.

그런데 노포보다 조금 앞서 위·진 교체기에 성공수(成公綏, 231~273)가 〈전신론〉이란 글을 쓴 바 있고, 이 글이 노포의 작품에 나름 영향을 주었던 것으로 보인다. 3세기 중엽에서 4세기까지 100년이 채 안 되는 기간에 두 편의 〈전신론〉이 출현했다는 사실은 결코 우연이 아니다.

당시 서진의 사마씨(司馬氏) 정권은 정치는 부패하고 풍속은 타락했다. 권문대족, 예컨대 재산이 왕에 버금갔던 회교(和嶠, ? ~292) 같은 자는 인색하기로 악명이 높아 사람들이 '전치(錢癖)'(《진서》〈화교전和嶠傳〉,〈두예전杜預傳〉)라 부를 정도였다. 속된 말로 '돈에 미친 자'란 뜻이었다. 일부 명문 사족들은 앞을 다투어 부와 사치를 자랑했는데,

어떤 자는 한 끼 식사에 만 전을 쓰니 온 사방이 다 젓가락이었다고 한다.

또 고상함의 상징이라고 하는 죽림칠현(竹林七賢)의 한 사람인 왕융(王戎) 같은 자는 고상하게 청담(淸談)을 외치면서도 장사를 겸하여 밤낮으로 돈 계산하느라 여념이 없었다. 금전 숭배 의식이 신분이나 학식 따위와는 상관없이 사회생활 각 방면, 모든 사람에게 침투해 있었음을 잘 보여준다.

'금전만능'은 정도의 차이는 있었지만 어느 시대고 그 본질은 크게 달라지지 않았다. 봉건 왕조체제에서도 그랬고, 자본주의 체제에서도 그랬다. 사회주의 체제라고 크게 다를 바 없었다. 그리고 지금 우리 사회가 이 금전만능 내지 황금만능 풍조에 골병이 들고 있다.

특히 곳곳에서 극성을 부리고 있는 우리 사회의 이른바 극우 유투버들의 상식으로는 도저히 이해할 수 없는 온갖 행패의 본질도 '돈'이다. 이자들은 '돈'이 있는 곳, '돈'이 되는 일이라면 없는 영혼이라도 판다. 온갖 욕설과 막말을 입에 단 채 국민을 협박하고, 말끝마다 '돈, 돈'을 외친다. 아니, 위협과 협박으로 구걸한다. 더 큰 문제는 이런 자들에게 놀아나 돈을 갖다 바치는 돈 없는 불쌍한 사람들이 적지 않다는 현실이다.

더 이상 공부하지 않는 배웠다는 자들, 법과 관련한 자격과 자리에 있으면서 법을 마구 왜곡하는 자들, 민심을 읽기는커녕 사욕에 사로잡혀 못된 정치에만 몰두하는 자들, 아무렇지 않게 가짜뉴스와 악의적인 보도를 일삼는 자들……이런 자들의 등 뒤에도 늘 '돈'이 어슬렁거리고 있다.

우리 사회를 좀먹고 병들게 하는 두 가지 크고 심각한 현상은 물질적으로는 '돈'이고, 정신적으로는 '시기와 질투'이다. 시기와 질투의 대상은 주로 자기보다 능력 있고 대중의 사랑을 받는 사람이지만, 돈 많은 사람에 대한 시기와 질투 또한 그 못지않다. 한 번 더 사마천의 명언을 인용하는 것으로 지금 우리 사회 황금만능 풍조의 본질을 대신한다.(2026년 2월 25일)

"무릇 보통 사람들은 다른 사람이 자기보다 열 배 부자이면 그를 헐뜯고, 백 배가 되면 그를 두려워하며, 천 배가 되면 그의 일을 해주고, 만 배가 되면 그의 부림을 당한다."

"부상십즉비하지(富相什則卑下之), 백즉외탄지(佰則畏憚之), 천즉역(千則役), 만즉복(萬則僕)."

〈전신론〉은 상세한 해설과 함께 이 책 부록으로 실어 두었다.

53

일석이조(一石二鳥)에서
일석다조(一石多鳥)로
윈_윈의 시대로

● ● ●

'돌멩이 하나로 새 두 마리'라는 뜻의 **'일석이조'**는 일상에서 많이 쓰는 사자성어이다. '도랑 치고 가재 잡는다'와 '마당 쓸고 돈 줍는다'는 우리 속담과 같은 뜻이다. '일석이조'는 영어 속담의 'To kill two birds with one stone'을 한자로 옮긴 것이다. 같은 뜻의 중국 성어로는 '일거양득(一擧兩得)'과 '일전쌍조(一箭雙鵰)'가 있다. '한 번에 둘을 얻는다'는 '일거양득'은 《전국책》(〈진책秦策〉 2)이 그 출처이고, '화살 하나로 수리 두 마리를 잡는다'는 '일전쌍조'의 출처는 《북사(北史)》(〈장손성전長孫晟傳〉)라는 역사서이다. 간혹 더 많은 이익을 얻은 경우에는 '일석삼조'를 쓰기도 한다. 먼저 《전국책》에 나오는 관련한 역사 사례 하나를 소개한다.

전국시대 중산국(中山國)의 상국 사마희(司馬熹)는 국왕의 신임을 한 몸에 받고 있는 인물이었다. 그런데 왕이 총애하는 음간(陰簡)이란 여자가 사마희를 아주 미워했다. 음간은 늘 베갯머리에서 사마희를 헐뜯었다. 왕이 그 말을 믿는 날에는 큰일이 날 판이었다. 역사적으로 왕이 아끼는 여자에게 잘못 보여 죽임을 당하거나 쫓겨난 예들이 무수히 많았기 때문이다. 사마희도 이 점을 잘 알고 있었다.

당시 중산국에는 전간(田簡)이란 지혜로운 자가 있었는데, 사마희가 이런 곤경에 처해 있다는 사실을 알고는 슬며시 이렇게 저렇게 하라며 대책을 알려 주었다.

그로부터 얼마 뒤 이웃 조(趙)나라에서 사신이 왔다. 조나라는 전국칠웅(戰國七雄)의 하나였기 때문에 약소국인 중산국이 대접을 소홀히 할 수 없는 나라였다. 상국인 사마희는 거의 한순간도 떨어지지 않고 사신에게 붙어 다니며 접대했다. 연회 석상에서 사마희는 사신에게 아무렇지 않게 지나가는 말처럼 이렇게 물었다.

"듣자 하니 조나라에는 음악에 능숙한 미녀가 많다던데, 우리 중산국에도 보기만 해도 놀라 자빠질 정도로 아름다운 여인이 있지요. 우리 왕께서 총애하시는 음간이란 여인인데 마치 선녀와 같답니다. ……."

《전국책》〈중산책(中山策)〉에는 이 부분을 다음과 같이 묘사하고 있다.

"그 용모와 자태가 실로 절세가인이라 할 수 있죠. 눈·코·피부·눈썹·머리 모양이 실로 제왕의 황후감이지 결코 제후의 첩은 아니지요."

중산을 다녀온 사신으로부터 이 이야기를 들은 조나라 왕은 아니
나 다를까 직접 보지 못했지만 이미 마음이 움직이기 시작했다. 그
래서 다시 사신을 중산국으로 파견해 음간을 조나라 왕에게 달라고
했다. 사마희, 아니 전간의 제1단계 책략이 적중하는 순간이었다. 조
나라 왕의 요구대로 음간을 바친다면 사마희는 곤경에서 쉽게 빠져
나올 수 있다. 여기까지가 전간이 가르쳐 준 '첫 단계'였다.

음간을 끔찍이도 아끼는 중산국 왕은 승낙하지 않았다. 신하들
은 당황하지 않을 수 없었다. 강국 조나라의 요구를 거절할 경우, 중
산국은 곤경에 처할 것이 뻔했기 때문이었다. 중산국 왕과 신하들은
속수무책이었다. 속으로 회심의 미소를 지은 사람은 사마희 한 사람
뿐이었다. 이 중요한 시기에 사마희는 '제2단계' 책략을 실천에 옮겼
다. 사마희는 틈을 타 국왕에게 이렇게 대책을 올렸다.

"저에게 조나라 왕의 요구도 거절하고, 우리나라의 안전도 확보할
수 있는 방법이 있사옵니다만."

"뭐요? 그런 기막힌 대책이 있단 말이오?"

"이참에 음간을 아예 정식 왕후로 삼으십시오. 그러면 청을 거절
해도 조나라가 어쩌지 못할 것입니다. 제가 보기에 이밖에 다른 뾰
족한 방법은 없을 것 같사옵니다만."

이렇게 해서 중산국은 위기를 모면했고, 음간을 왕후로 앉히는 데

힘을 다한 사마희는 더 이상 음간의 미움을 받지 않게 되었다.

전간의 꾀로 사마희는 곤경에서 빠져나왔고, 음간을 왕후로 세움으로써 더 이상 음간에게 미움을 받지 않게 되었으며, 조나라의 요구를 적절히 거절하여 중산국의 체면을 살렸으니 정말이지 빈틈없는 '일석삼조'의 모략이었다.

2025년 10월 29일 경주 APEC을 앞두고 열린 한·미 정상회담은 그야말로 극적이었다. 회담의 결과를 놓고 보면 우리로서는 '일석이조'가 아니라 돌 하나로 여러 마리의 새를 잡은 '일석다조'라 할 수 있다. 우리가 얻은(잡은) 여러 마리의 새들을 정리해보면 이렇다.

첫째, 협상 타결이다. 미국의 일방적 압박과 팽팽한 줄다리기 협상이 타결된 것 자체가 우리가 잡은 첫 번째 새라고 할 것이다.

둘째, 핵연료로 추진되는 잠수함 건조라는 깜짝 놀랄 만한 엄청나게 큰 새를 잡았다.

셋째, 핵연료를 만들기 위해서는 핵 재처리 기술을 활용해야 한다. 자연스럽게 따라온 세 번째 새였다.

넷째, 당연히 한·미 군사공조가 강화되었다.

다섯째, 북한과 중국을 견제할 수 있는 강력한 무기 하나를 장착할 수 있게 되었다.

여섯째, 자주국방이 더욱 강화될 것이다.

일곱째, 핵 재처리 기술을 이용한 다양한 도구를 만들 수 있게 되었다.

여덟째, 이 기술로 만들어진 제품을 수출할 수 있는 기회도 생

겼다.

아홉째, 우리 무기에 대한 대외 신인도가 높아져 더 많은 수출이
기대된다.

세계정세가 빠르게 바뀌고 있다. 기업계의 판도도 급격하게 재편
되고 있다. 이제 **힘을 앞세운 낡은 '무조건 경쟁'의 시대가 저물고
있다.** 윈_윈 하지 않으면 살아남기 힘들다. 이번 한미정상회담과 함
께 세계를 선도하는 기업인들의 방한은 이런 세계적 추세를 생생하
게 보여주었다. 이제 국가 간 외교는 물론 기업경영은 '일석이조'에
서 '일석다조'로 그 방향을 하루빨리 바꾸어야 한다. 한미정상회담과

앞서가는 세계적 기업인들이 그것을 잘 보여주었다. APEC도 '일석다조'의 성과를 거두고 훌륭하게 마무리되길 기원한다.(2025년 10월 31일 처음 쓰고, 2025년 12월 15일 수정)

뱀의 다리 APEC(아시아 태평양 경제협력체) 정상회의가 대성공으로 마무리되었다. 우리 방위산업과 무기는 세계를 감탄시키고 있다. '일석다조'가 실현되고 있다.

54

장망지주(將亡之主),
유공인지유언(惟恐人之有言)
귀를 열지 않는 권력자는 독재자이다

● ● ●

1398년 명 태조 주원장(朱元璋)이 죽었다. 맏아들 주표(朱標)가 1392년 병으로 일찍 죽었기 때문에 주원장의 손자 주윤문(朱允炆)이 즉위했다. 이가 건문제(建文帝)이다. 건문제는 취약한 권력 기반을 다지기 위해 지방에 왕으로 나가 있는 황족들의 세력을 삭제하는 '삭번(削藩)' 정책을 집행했다. 북경에 있던 연왕(燕王) 주체(朱棣)는 1402년 황제 주변의 간신배들을 처단한다는 명분으로 군대를 일으켜 당시 명 왕조의 수도인 남경(南京)을 공격했다. 건문제는 행방불명되었고, 주체가 정권을 탈취했다. 이가 성조(成祖) 영락제(永樂帝)이다.

입궁한 주체는 보좌에 앉아 당대의 명망 있는 지식인인 방효유(方孝孺, 1357~1402)에게 정식으로 등극하기 전에 발표할 즉위 조서를 작성하라고 명령했다. 방효유는 한사코 이를 거부하면서 통곡했다. 그러면서 "죽었으면 죽었지 조서를 기초할 수 없소이다!"며 버텼다.

주체는 "구족(九族)을 없애겠다!"고 협박했다. 방효유는 "십족을 없앤다 해도 내가 어찌하겠소!"라며 주체를 조롱했다. 주체는 방효유의 구족과 친구는 물론 학생들까지 포함하는 십족을 몰살했다. 무려 873명이 연루되어 죽었다.

방효유와 가족의 죽음은 처참했다. 주체는 칼로 방효유의 입을 귀까지 찢게 하고 사지를 해체하여 취보문 밖에다 버렸다. 아내와 두 아들은 자살했고, 두 딸도 남경을 흐르는 진회하(秦淮河)에 몸을 던졌다.

방효유는 명나라 초기 성조 주체의 쿠데타에 정면으로 반발한 지식인으로, 자신은 물론 10족 몰살이라는 처참한 결말을 맞이했다. 그의 죽음은 향후 명나라 정치의 암흑상을 예고하는 전주곡이었다. 더욱이 그가 십족이 멸하는 화를 당한 뒤로는 더 이상 제왕을 위해 죽겠다는 지식인이 나타나지 않았다. 하지만 그의 죽음은 칼로 올곧은 지식인의 신념을 꺾을 수 없다는 생생한 사례로 남았다. 사실 변절을 밥 먹듯이 하는 세태와 비교할 때 그의 죽음은 순진무구하기까지 하다. 하지만 바로 그것 때문에 그의 절개가 돋보이고 새삼스럽다. 방효유는 죽기에 앞서 다음과 같은 절명시를 남겼는데, 충신의 절개와 꼿꼿함이 가득 흘러넘친다.

하늘이 재앙을 내리시니 그 까닭을 누가 알리오.
간신이 뜻을 얻어 나라를 꾀하네.
충신의 울분이 피눈물이 되어 흐르네.
이로 죽으려는데 무슨 다른 목적이 있으리오.

오호라 슬프다, 내 죄가 아니겠는가!

방효유는 《잡저(雜著)》〈누경(婁敬)〉 편에서 이런 말을 남긴 바 있다.

"장흥지주(將興之主), 유공인지무언(惟恐人之無言) ; 장망지주(將亡 之主), 유공인지유언(惟恐人之有言)."

"흥하는 군주는 누가 말해주지 않을까 걱정하고, 망하는 군주는 누가 무슨 말을 할까 걱정한다."

이 명언은 조직과 리더의 흥망을 바른말(직언)의 수용 여부와 연계한 천하의 명언이다. **리더와 조직 나아가 한 나라의 흥망이 리더**

의 경청(傾聽) 여부로 판가름 난 역사적 사실은 수많은 사례가 생생하게 입증하고 있다. 더군다나 우리는 불과 몇 년 사이 이를 말할 수 없이 처절하게 겪지 않았던가?

리더의 귀는 늘 열려 있어야 한다. 누가 되었건 그 말에 귀를 기울일 줄 알아야 한다. **듣기 싫은 소리라도 들어야 한다. 듣기 싫은 소리를 들으려 하지 않는 리더는 대부분 독단(獨斷)하고 결국 독재(獨裁)로 흐른다.**(2026년 1월 22일)

55

재취즉민산(財聚則民散), 재산즉민취(財散則民聚)

재부는 아래로 흩어져야

• • •

《예기(禮記)》〈대학(大學)〉편에 보면 다음과 같은 의미심장한 대목이 나온다.

"재취즉민산(財聚則民散), 재산즉민취(財散則民聚)."

"재부(돈)가 위로 몰리면 인민은 흩어지고, 재부가 아래로 흩어지면 인민이 모여든다."

《구당서(舊唐書)》〈배연령전(裴延齡傳)〉에는 앞뒤 구절이 바뀌어 인용되고 있지만 뜻은 같다. 간혹 '인취즉재산(人聚則財散), 재취즉인산(財聚則人散)'으로 쓰기도 한다. 역시 뜻은 매한가지다.《예기》의 앞뒤 관련 구절을 함께 보면 이렇다.

"덕은 근본이요, 재물은 끝이다. 근본을 밖으로 내치고 끝을 안으로 끌어들이면 인민들이 서로 빼앗으려고 다툰다. 그러므로 재부가 위로 몰리면 인민은 흩어지고, 재부가 아래로 흩어지면 인민이 모여든다. 이렇기 때문에 말이 어그러져 나가면 어그러져 들어오고, 재화가 어그러져 들어오면 어그러져 나가게 된다."

당나라 때 시인이자 문장인 백거이(白居易, 772~846)는 《책림(策林)》(2) 〈불탈인리(不奪人利)〉, 즉 〈남의 이익을 빼앗아서는 안 된다〉는 문장에서 이렇게 말하고 있다.

"이산우하(利散于下), 즉인일이부(則人逸而富) ; 이옹우상(利壅于上), 즉인노이빈(則人勞而貧)."

"재부와 이익이 아래로 흩어지면 백성은 편하고 부유해지지만, 재부와 이익이 위로 쏠리면 백성은 힘들고 가난해진다."

부의 집중이 가져오는 문제점을 옛사람들은 정확하게 인식하고 있었다. 재부의 분배방식은 백성의 빈부는 물론 국가경제 전반을 결정하는 중요한 요소이기 때문이다.

송나라 때 사람 채양(蔡襄, 1012~1067)의 〈논재용찰자(論財用札子)〉라는 글에 보면 "신이 듣기에 인민이 나라의 근본이고, 근본이 단단해야 나라가 안녕하다고 합니다. 또 '재부가 위로 몰리면 인민은 흩어지고, 재부가 아래로 흩어지면 인민이 모여든다'고 들었습니다. 인민은 보살피지 않으면 안 되고, 재화는 통하게 하지 않으면 안 된다는 것을 알 수 있습니다"라고 했다.

　그런가 하면 원나라 때 사람 소천작(蘇天爵, 1294~1352)의 〈제승
상동평충헌왕전(題丞相東平忠獻王傳)〉에 보면 "인민은 나라의 근본이
며, 재부는 인민에게서 나옵니다. 이를 함부로 쓰면 취하는 것이 절
도가 없어 인민이 그 어려움을 견디지 못합니다. 옛사람들은 '재부
가 위로 몰리면 인민은 흩어지고, 재부가 아래로 흩어지면 인민이
모여든다'고 했습니다. 폐하께서는 유념하십시오"라고 했다.

　일찍이 춘추시대 월나라의 공신으로 만년에 사업가로 변신하여
크게 성공한 범려(范蠡)는 '세 차례 억만금을 모아 세 차례 모두 주
위에 나누어 주었다'는 '삼취삼산(三聚三散)'의 고사를 남겼다. 오늘
날로 말하자면 '노블레스 오블리주'의 실천이었다. 이런 행적 때문에

범려는 공자의 제자들 중 유일한 상인으로 학문과 문화에 기여한 자공과 함께 지식(경영철학)과 사업 수완을 겸비한 유상(儒商)의 모범으로 추앙 받고 있다.

　이상의 명언들은 부가 소수의 가진 자들에게 집중되면 백성들의 마음이 흩어질 수밖에 없고, 반면 부가 아래로 널리 고루 돌아가면 백성들의 마음이 모여 민심이 돌아온다는 한결같은 지적이다. 지금 세계는 모든 부와 권력이 극소수에게로 집중되어 온갖 모순이 터져 나오고 있는 현실이다. 불과 몇 년 전만 해도 우리 대기업들은 사내 보유금을 수백 조씩 쌓아 놓고도 이를 풀기는커녕 온갖 악법에 기대어 힘없고 가난한 노동자를 입맛대로 해고하고 쥐어짰다. 최근 쿠팡 사태는 이런 현상이 여전하다는 것을 생생하게 보여주고 있다. 쿠팡 사태는 외국 기업이 우리나라에 들어와서 이런 못된 짓을 저지르고 있다는 점에서 사태의 심각성이 더하다.

　재부는 가능한 많은 사람에게로 돌아가야 한다. 그래야 그것을 가지고 보다 적극적으로 경제활동에 나설 수 있다. 고용 창출도 뒤따른다. 이런 점에서 《예기(禮記)》〈대학〉 편의 위 구절은 참으로 명언 중의 명언이 아닐 수 없다. **인간의 적극성보다 더 크고 중요한 재산은 없다.** 분배와 공평의 문제가 시대적 화두로 떠오르고 있는 우리의 현실이다.(2026년 2월 9일)

56

전사지불망(前事之不忘),
후사지사야(後事之師也)
과거는 현재를 비추는 거울이고, 미래의 나침반이다

● ● ●

일제는 1937년 12월 13일부터 이듬해 2월까지 불과 6주 만에 중국 남경 인민 30만 명을 무자비하게 죽이는 천인공노할 만행을 저질렀다. '남경대도살'로 불리는 인류 역사상 전례가 없는 악행이었다. 중국은 매년 12월 13일 희생자들을 국가제사로 추도하고 이 대도살을 잊지 말자는 뜻에서 '남경대도살기념관'을 세웠다.

남경대도살기념관에 들어서면 맨 먼저 눈길을 끄는 메인홀의 큰 글귀가 있다. 바로 **'전사불망(前事不忘), 후사지사(後事之師)'**의 여덟 글자이다. 《전국책》에 나오는 '전사지불망(前事之不忘), 후사지사야(後事之師也)'를 줄인 것이고, **'지나간 앞일을 잊지 않아야 훗날의 스승이 될 수 있다'**는 뜻이다. 사마천은 〈진시황본기〉에서 진나라가 불과 15년 만에 망한 원인의 하나로 이 대목을 인용했다.

그릇된 전철을 밟지 않으려면 앞일을 잊어서는 안 된다. 누구나 할 수 있는 평범한 말이다. 그래서 잊고 사는 것은 아닌지 모르겠다.

인간은 늘 반복되는 같은 실수 때문에 자신을 탓하고 때로는 절망에 빠지기도 한다. 그러나 가만히 생각해보면, 실수했다는 받아들이기 싫은 그 사실 자체에만 집착해서 실수의 원인과 교훈을 되새기는 일에 소홀했기 때문에 실수가 일쑤 반복되는 것은 아닌지?

'전사지불망, 후사지사야'는 작게는 한 개인으로부터 크게는 한 나라, 나아가서는 인류 전체에 아주 평범하지만 절대 무시할 수 없는 명언 중의 명언이다.

"옛날을 보고서 지금 세상을 검증하고, 인간사를 참고하여 흥망성쇠의 이치를 살핀다."

사마천이 같은 곳에서 덧붙인 또 다른 명언이다. **과거는 현재의 둘도 없는 훌륭한 스승이고, 미래의 방향타**이다. 사마천은 이 평범한 진리를 축으로 삼아 인간사를 한눈에 꿰뚫는 통찰력으로 위대한 역사서를 남겼다.

한 인간의 과거는 그 사람의 역사다. 그래서 그 사람의 과거 행적을 보면, 기본적으로 그 사람이 어떤 사람인지 알 수 있다. 과거의 잘잘못을 살피고, 특히 잘못에 대해 어떤 태도와 자세를 보였는가를 보면 그 사람의 현재 모습이 드러난다. 흔히 '사람은 고쳐 쓸 수 없다'고 하지만 꼭 그렇지는 않다. 반성하고 참회하고 변화하고 발전하고 진화하는 사람도 많기 때문이다.

문제는 과거의 잘못을 반성한다고 하면서도 과거의 잘못을 반복하는 자들이다. 이런 자들의 과거는 현재를 비추는 거울이고, 미래의

방향을 가리키는 나침반이다. 과거의 행적과 지금의 언행을 잘 살피면 어렵지 않게 그 자의 미래를 예측할 수 있을 것이다. 이런 자들은 말 그대로 고쳐 쓰지 못한다.

사마천은 '술왕사(述往事), 사래자(思來者)'라는 천고의 명언도 남겼다. '사래자'는 '지래자(知來者)'로 쓰기도 한다. '지난 일을 서술하여 다가올 일을 안(생각)다'는 뜻이다. 다시 말해, 과거를 살펴 미래를 예측한다는 뜻이기도 하다. 과거 역사를 살피면 그 나라의 미래를 알 수 있듯이, 한 개인의 과거를 잘 살피면 현재와 미래도 충분히 짐작할 수 있다.

사마천은 미래를 예견할 수 있는 힘으로서 역사의 작용과 중요성을 강조하고 있다. 사마천이 죽음보다 치욕스러운 궁형을 감수하면서까지 역사서를 완성한 것은 살아서는 자신의 진심을 알릴 길이 없다고 판단하고, 지난 역사에다 자신의 사상을 기탁하여 후세 사람들이 알아볼 수 있게 하고자 했기 때문이다.

과거(역사)는 현재를 비추는 거울이고, 미래의 방향을 제시하는 나침반과 같다. '술왕사, 사래자'는 역사의 중요성은 물론 역사공부의 중요성을 강조하는 명언이기도 하다. 또 하나, 현재의 언행을 의심받고 있는 자들이나 교묘한 말로 진영과 세대를 이간질 하는 정치 모리배들에게서 확인되는 공통점은 '공부하지 않는다'는 사실이다. 여기서 말하는 공부에는 역사를 비롯한 인문학 독서는 물론 자신의 과거 행적을 성찰하는 공부도 포함된다. **어제 한 말로 오늘 한 말이 반박당하는 세상**이다. '공부하고 성찰하라!'(2026.2.5.)

57

천시(天時)·지리(地利)·인화(人和)
큰 운이 닥치면 하늘도 못 말린다

• • •

**하늘이 내려준 좋은 운수,
우월한 지리적 이점, 사람들 간의 화목과 조화**

《맹자》(〈공손추하公孫丑下〉) 편의 첫머리에 보면 **"천시불여지리(天時不如地理), 지리불여인화(地理不如人和)"**라는 유명한 대목이 나온다. **"천시는 지리만 못하고, 지리는 인화만 못하다"**는 뜻이다. 《손빈병법》에도 "천시·지리·인화 이 셋을 얻지 못하면 이겨도 재앙이 따른다"고 했다.

'천시'란 하늘의 계절 또는 운수로 풀이하고, '지리'란 지리적 조건의 이점이나 주변 환경을 말하며, '인화'란 사람 사이의 화합을 가리킨다. 굳이 해석해보자면 내 의지가 작용하지 않거나 작용할 수 없는 운수나 상황보다는 의지와 노력에 의한 서로의 화합이 가장 큰 힘을 발휘할 수 있다는 것이다. 맹자는 뒤이어 이렇게 말한다.

"진리의 도를 얻는 자는 돕는 이가 많고, 진리의 도를 잃는 자는 돕는 이가 적다. 돕는 이가 극단적으로 적어지면 친척도 등을 돌리지만, 돕는 이가 아주 많으면 천하가 따른다."

'진리의 도를 얻는다'에 대해서는 해설들이 많지만, 지도자로서 늘 백성 편에 서서 백성들의 화합을 이끌어내는 자세로 풀이하는 경우가 많다. 이 대목은 훗날 정치와 군사를 비롯한 여러 방면에 응용되었고, 현대에 와서는 경영에서 크게 주목을 받고 있다.

경영에서 천시·지리·인화는 성공의 3대 요소로 꼽힌다. 사업에 따른 운과 기술을 비롯한 실력, 그리고 조직원의 단합을 두루 겸비하면 성취하지 못할 일이 없기 때문이다. 이 세 요소에서 천시는 대개 운으로 이해하지만 때로는 원래 뜻에 가까운 '시기(時機)'로 받아들여야 한다. 경영에 있어서 투자 여부를 비롯한 진퇴의 타이밍이 대단히 중요하기 때문이다. 물론 사람들의 진정한 힘이라 할 수 있는 인화가 가장 중요하다.

과거에는 '운이 7할, 노력이 3할'이란 뜻의 '운칠기삼(運七技三)'이라 했지만, 지금은 반대로 '운삼기칠(運三技七)' 또는 '기칠운삼(技七運三)'인 시대가 되었다. 《성경》의 말씀대로 '하늘은 스스로를 돕는, 즉 노력하는 사람을 돕는다.'

지금 우리에게 '천시'와 '지리'라는 두 요소가 성큼 다가왔다. 그와 함께 큰 운도 따르고 있다. 큰 운이 닥치면 하늘도 막지 못한다고 했다. 문제는 우리 내부의 화합, 즉 '인화'이다. 이 세 요소가 조화를 이루면 얼마든지 국운(國運)의 융성(隆盛)을 맞이할 수 있다. 지금 우

리에게 전례가 없는 기회가 왔고, 또 오고 있다. 반란을 극복한 깨어
있는 시민들의 덕이다. 내란의 주동자와 그 부역자들을 확실하게 처
단하는 일만 남았다.

　'인중승천(人衆勝天)'이라 했다. '사람이 많으면 하늘도 이긴다'는
뜻이다. 여전히 깨치지 못하고 있는 일부 몰지각한 자들의 각성을
촉구한다. 지금 깨어나지 못하면 영원한 루저(loser)로 남을 것이기
때문이다.

　참고로 '운칠기삼'은 그 출처가 분명치 않은데, 우리가 즐겨 쓰는
편이다. 최근 검색 AI에서 출처를 청나라 때 소설가 포송령(蒲松齡,
1640~1715)의 괴기소설《요재지이(聊齋志異)》라고 했는데, 이는 맞

지 않다. 한편 중국의 인공지능인 딥시크(DeepSeek, 深度求索)는 우리식 성어라고 답했다. '인중승천'의 출처는《사기》〈오자서열전〉이다.(2025년 11월 20일 처음 쓰고, 2025년 12월 15일 수정)

58

천여불취(天與不取), 반수기구(反受其咎)
쇠는 달구어졌을 때 두드려라!

• • •

새 정권의 성공은 집권 초반 여섯 달에 달려 있다고들 한다. 길게 잡아도 1년 안에 거의 모든 개혁정책의 기초를 확실하게 다져야 한다. 내란 청산이 최우선이다. 법적 처벌은 단호하고 확실해야 한다. 혁명보다 더 어려운 일이 개혁이다. 이는 지난 수천 년 역사가 생생하게 입증하고 있다. 관련하여 시사 고사성어 하나 소개한다.

"천여불취(天與不取), 반수기구(反受其咎)."

"하늘이 주시는 데도 받지 않으면 오히려 벌을 받는다."(《사기》 권41 〈월왕구천세가〉)

월나라 왕 구천(勾踐, ? ~기원전 465)은 와신상담(臥薪嘗膽) 천신만 고(千辛萬苦) 끝에 오나라를 정벌하는 데 성공했다. 오나라 왕 부차 (夫差, ? ~기원전 473)는 강화를 요청하면서 용서를 빌며 목숨을 살려

달라고 했다. 구천은 부차를 차마 죽일 수 없어 용서하고자 했으나 범려(范蠡)는 강력하게 반대하면서 "하늘이 주시는 데도 받지 않으면 오히려 벌을 받습니다"라고 했다. '천여불취, 반수기구'는 **기회를 놓쳐서는 안 된다는 것을 강조**할 때 쓰는 말이다.

비슷한 사례 하나를 더 소개한다. 유방과 항우가 치열하게 세력을 다투던 초한쟁패 과정에서 상당한 군사력과 리더십을 갖춘 한신(韓信)은 천하의 정세를 좌우할 수 있는 캐스팅 보트(casting vote)를 쥐고 있는 것이나 마찬가지였다. 책사 괴통(蒯通)은 한신을 찾아가 천하를 셋으로 나누는 '천하삼분(天下三分)'으로 독립하여 천하의 안정을 꾀하라고 권유하면서 '때가 왔는데 움직이지 않으면 도리어 재앙이 미친다(시지불행時至不行, 반수기앙反受其殃)'고 했다. 한신은 망설였다. 괴통은 포기하지 않고 다음과 같은 절묘한 논리로 한신을 설득했다. 이 대목은 음미할수록 의미가 깊다.

"지혜는 (사물의 선악에 대한) 판단을 과감하게 내리게 하고, 의심은 행동을 방해합니다. 터럭처럼 사소한 계획을 꼼꼼히 따지고 있으면 천하의 큰 운수는 새카맣게 잊어버립니다. 지혜로 그것을 알고 있으면서도 결단하여 행동으로 옮기지 못하면 모든 일의 화근이 됩니다. 그래서 이런 말이 생겨난 것입니다. '호랑이가 머뭇거리고 있는 것은 벌이 침으로 한 번 쏘는 것만 못하고, 준마가 갈까 말까 망설이는 것은 늙은 말의 느릿한 한 걸음만 못하며, 맹분과 같이 용감한 자라도 혼자 의심만 하고 있으면 평범한 필부의 하고야 마는 행동만 못한 것이다.' 그러니 순임금과 우임금과 같은 지혜가 있다 한들 입안

에서 웅얼거리기만 하고 내뱉지 못한다면 벙어리와 귀머거리가 지
휘하는 것만 못합니다. 공로란 이루기는 어렵지만 실패하기는 쉽습
니다. 좋은 때를 만나는 경우가 두 번 연거푸 오지 않는 법입니다."

참으로 기가 막힌 논리며 철석같은 심장도 움직일 수 있는 설득
력 넘치는 언변이다. 기회의 중요성에 대해 이보다 더 적절한 명언
이 있을까 싶다. 기회는 그냥 찾아오지 않는다. 기회는 무작정 기다
리는 사람에게는 찾아오지 않는다. 아무리 작고 적은 것이라도 자신
이 만들지 않으면 얻을 수 없는 법이다. '하늘은 스스로 돕는 자를 돕
는다'고 했다.

지난날 오나라 왕 부차는 월나라 군대를 대파하고 구천을 죽음 직전까지 몰아붙였지만, 승리에 들떠 머뭇거리다가 막판의 판단 착오로 구천을 놓아주는 바람에 도리어 자신이 죽임을 당했다. 부차는 오자서의 충정 어린 충고를 무시하고 간신 백비의 달콤한 아부에 놀아나다가 기회를 놓친 반면, 구천은 명신 범려의 강력한 충고를 받아들여 기회를 놓치지 않았다.

한신은 끝내 결단을 내리지 못하고 머뭇거리다 비참한 최후를 맞이했다. 괴통의 말대로 주어진 기회를 취하지 못해 결국은 그 허물과 재앙을 모두 자신이 뒤집어썼다.

작은 기회는 자주 찾아올지 모르지만, 큰 기회는 일생에 몇 번 오지 않는다. **작은 기회를 놓치지 않는 훈련**부터 길러야 한다. 그러려면 사소한 것이라도 소홀히 하지 말고 확실하게 개혁해야 한다. **깨어 있는 시민이 나서 만들어준 우리 역사에 둘도 없는 기회다.**(2025년 8월 8일 작성하고, 11월 2일 수정 보완하다.)

59

토사구팽(兔死狗烹)
사냥개는 영원히 삶기는 신세인가?

• • •

'토사구팽'은 우리 정치판에서 수시로 입에 올리는 가장 핫한 유행어다. 비유하자면 정치판의 영원한 스테디셀러가 되겠다. 2022년 대선과 지방선거가 끝나자마자 아니나 다를까, 이곳저곳에서 언급되었는데, 그 내력과 내용들은 알고 있는지, 또 그 안에 함축된 의미는 이해하고 있는지 당연한 의심이 들었다.

이에 '토사구팽'에 대해 상세히 알아보고 그 함축된 진정한 의미에 대해 생각할 기회를 가져 볼까 한다. '토사구팽'의 출처는 위대한 역사서 《사기》인데, 전문가들은 아주 오래전부터 '인구(人口)에 회자(膾炙)'되던 격언 같은 것으로 추정하고 있다. 이 성어의 내력을 비롯하여 그 함축된 의미까지 자세히 살펴보자.

성어의 내력

'토사구팽'은 기원전 6세기에서 5세기에 걸쳐 활동한 범려(范蠡)의 입을 통해 처음 나왔으니까 적어도 2,500년 이전부터 오르내리던 격언이다. '토사구팽'은 말 그대로 '토끼가 죽으면(잡히면) 사냥개는 삶긴다'는 뜻이다. 즉, 사냥감을 잡고 나면 사냥에 이용한 사냥개는 삶아 먹는다는 것으로, 사냥개를 삶아 먹는 일이 있었는지는 모르겠지만 비유로 읽으면 그 의미가 아주 절묘하다.

'토사구팽'은 《사기》에는 두 군데 〈월왕구천세가〉와 〈회음후열전〉에 나오는데, '날던 새가 다 떨어지면, 좋은 활은 감춘다'는 '비조진(飛鳥盡), 양궁장(良弓藏)'이란 성어와, '적국을 물리치면 모신(謀臣)은 죽음을 면키 어렵다'는 '적국파(敵國破), 모신망(謀臣亡)'이란 성어도 함께 거론되고 있다.('비조진, 양궁장'은 '조진궁장鳥盡弓藏' 또는 '조진장궁鳥盡藏弓'으로 줄여서 표현하기도 한다.)

《사기》에서 이 성어를 처음 거론한 인물은 말했듯이 춘추시대 말기인 기원전 5세기 초, 월나라 왕 구천(勾踐)을 보좌하여 오나라와의 결전, 즉 '오월쟁패'에서 최종 승리를 거두고 오나라를 멸망시킨 1등 공신 범려다. 그는 오·월 두 나라 사이의 약 반세기에 걸친 기나긴 투쟁을 승리로 이끈 뒤 공명을 오래 유지하기란 힘들며, 더욱이 구천과 함께 일을 도모하기란 더욱 어렵다면서, 바로 이 말을 남기고 월나라를 떠나 목숨을 보전한다.

또 하나는 그로부터 약 300년 뒤 유방(劉邦)의 장수로 항우(項羽)와의 대결, 즉 '초한쟁패'에서 결정적인 공을 세운 명장 한신(韓信)과 관련되어 나온다. 유방은 천하를 통일한 다음 공신들을 하나둘씩 제

거하는데 한신도 예외일 수는 없었다. 한신 역시 '토사구팽'을 언급하며 최후를 맞이한다.

범려와 한신 두 사람은 모두 역사상 이름난 인물들이었다. 범려는 '현명한 충신'의 표본이었고, 한신은 '과하지욕(胯下之辱)', 즉 '가랑이 밑을 기는 치욕'을 견딘 끝에 천하의 명장이 되었다. 두 사람 모두 공신이었지만 범려가 온전히 목숨을 보전하고 편안하게 생을 마친 반면, 한신은 비참하게 처형당했다. 모두 불세출의 인물들이었고, 한때 누구 못지않은 부귀와 공명을 누렸건만 어째서 그들의 최후는 하늘과 땅만큼이나 차이가 났을까? 그들의 운명은 도대체 어디서 어떻게 갈라졌는가? 두 사람의 차이점은 욕심을 적당한 선에서 버릴 줄 아는 용기와 그 용기를 실제 행동으로 옮기는 타이밍에 있었던 것은 아닌지? 아무튼 **'토사구팽'은 정치와 권력의 비정한 속성을 날카롭게 간파한 명언**이 아닐 수 없다.

'토사구팽'의 함의(含意)

'토사구팽'에 함축된 의미를 좀 더 들여다보자. 기원전 202년 낙양(洛陽) 남궁에서 연회가 벌어졌다. 이 자리는 7년 전인 기원전 209년 최초의 통일 제국 진(秦)에 대항하는 봉기를 일으키고, 기원전 206년 항우와 본격적인 대권 쟁탈에 나선 지 5년 만에 천하를 재통일한 서한의 개국 황제 유방을 위해 베푼 말 그대로 거국적인 규모의 축하 자리였다. 이 자리에서 유방은 공신들에게 자신이 절대적 열세를 극복하고 항우를 물리칠 수 있었던 원인에 대해 허심탄회하게 분석해보라고 요청했다.

같은 고향 출신의 고기(高起)와 왕릉(王陵)은 유방이 오만한 성격에도 불구하고 천하의 이익을 함께 나누었기 때문에 성공했고, 반면 항우는 인자한 성품에도 불구하고 인재를 의심하고 공을 독차지하는 바람에 천하를 잃었노라는 나름의 분석을 내놓았다.

유방은 "그대들은 하나만 알고 둘은 모른다"며 자신이 승리할 수 있었던 것은 장량(張良)과 소하(蕭何), 그리고 한신(韓信)이라는 걸출한 인재 셋을 기용했기 때문이라는 저 유명한 '인재가 성패를 결정한다'는 논리를 제기했다. 그중 한신에 대해 유방은 "100만 대군을 통솔하여 싸웠다 하면 승리하고, 공격하면 반드시 점령하는" 명장이라고 추켜세웠다.

언젠가 유방은 한신과 더불어 마음을 터놓고 수하 장수들의 능력에 대해 품평하는 자리를 가진 적이 있다. 이 자리에서 유방은 "나 같은 사람은 군대를 얼마나 거느릴 수 있다고 생각하나?"라고 물었다. 한신은 "폐하는 그저 10만이면 충분합니다"라고 대답했고, 유방은 "그대는 어떤가?"라고 재차 물었다. 한신은 이 대목에서 유명한 고사성어인 '다다익선(多多益善)'이란 대답을 한다. 기분이 좋지는 않았지만 그래도 유방은 웃으면서 그런 그대가 어째서 자기 밑에 있냐고 다그치듯 물었고, 순간 정신이 퍼뜩 난 한신은 "폐하는 군대는 많이 거느리지 못하지만 장수를 잘 거느리십니다"라는 답으로 어색한 상황을 무마하려 했다. 그러나 이 장면을 가만히 곱씹어 보면 **한신의 '다다익선' 뒤로 '토사구팽'의 그림자가 어른거리는 결정적인 순간**이라 할 수 있겠다.

뛰어난 인재의 딜레마

'초한쟁패'라는 대하사극에서 주연은 물론 유방과 항우다. 그러나 이 드라마에서 한신의 역할은 주연들 못지않다. 그는 항우의 숙부인 항량(項梁) 밑에 있었으나 별다른 두각을 나타내지 못했고, 항량이 죽자 항우에게 몸을 맡겨 경호를 담당한 낭중(郎中) 자리를 받았다. 한신은 항우에게 몇 차례 자신의 계책을 건의했으나 묵살 당했고, 다시 유방에게로 도망쳐왔다. 유방 진영에서도 한신은 손님을 접

대하는 별 볼일 없는 자리를 받았다. 그러다 법을 어겨 목이 잘릴 판에 유방이 천하에 뜻을 두고 있으면서 인재들을 죽인다고 항의하여 유방의 측근인 등공(滕公) 하후영(夏侯嬰)의 눈에 들어 식량을 담당하는 군관으로 승진했다. 유방은 여전히 한신의 재능을 알아보지 못했고, 한신은 다시 유방을 떠났다.

다행히 한신의 능력을 간파하고 있던 소하가 한신의 뒤를 쫓아 그를 다시 데려오는 한편, 유방에게 자신이 보증을 서서 한신을 대장군에 임명하게 함으로써 한신은 마침내 날개를 달게 되었다. 이렇게 해서 항우 쪽으로 기울어져 있던 천하대세의 추가 서서히 유방 쪽으로 기울기 시작했고, 한신은 몇 차례 결정적인 전투에서 탁월한 전략과 전술로 항우를 물리침으로써 마침내 유방이 천하의 대권을 쥐게 했다.

'초한쟁패'에서 한신이 세운 공은 그의 책사 괴통(蒯通)의 표현대로 **'공고진주(功高震主)'였다. 즉, '그 공이 주인을 떨게 할 정도로 높았다.'** 항우와 치열하게 대권을 나두는 상황에서 한신은 대권의 향배를 결정할 '캐스팅 보트'를 쥐고 있는 에이스 카드였다. 이 때문에 항우는 무섭(武涉)을 한신에게 보내 자립하라고 회유했고, 이어 책사 괴통은 보다 정교한 논리와 정확한 형세판단을 기초로 한신에게 '천하삼분(天下三分)'을 강력하게 권유했다. 초한쟁패 당시 한신은 마음먹기에 따라 얼마든지 대세의 흐름을 좌지우지할 수 있는 그런 위치에 있었다. 초·한 2강 구도가 아닌 한신을 포함한 3강 구도로 재편될 가능성이 다분했던 것이다.

이처럼 당시 초한쟁패의 상황은 한신이 누구 편에 서느냐에 따라

패권의 주인이 달라질 수 있음은 물론 자신이 자립할 경우는 3강 구도로 대세가 재편될 정도로 한신의 역할과 입지가 절대적이었다. 한신은 결국 유방 편에 서서 대세의 흐름을 유방 쪽으로 기울게 했고, 그 자신은 초왕(楚王)에 봉해지는 영화를 누리기에 이르렀다.

한신의 운명은 천하통일을 기점으로 자신이 생각했던 것과는 다른 방향으로 선회하기 시작한다. 당시 괴통은 한신에게 '천하삼분'을 권유하면서 한신 당신의 존재가치는 항우가 건재함으로써 가능한 것이라고 지적했다. 다시 말해 항우가 제거되는 날에는 한신의 운명도 같은 수순을 밟을 것이라는 냉정한 예측이었다. 한신은 괴통의 건의에 대해 상당히 고민했지만 끝내 결단을 내리지 못했고, 그 결과 잘 알다시피 '토사구팽(兎死狗烹)'으로 그 파란만장한 생을 마감했다.(자신은 물론 삼족이 멸족당했다.)

'토사구팽'을 성찰하다

사마천은 한신의 죽음을 무척 애석해했다. 한신의 일대기인 〈회음후열전〉과 유방의 일대기인 〈고조본기〉 곳곳에서 이런 자신의 감정을 드러내고 있다. 사실 유방이 천하를 재통일한 뒤 보여준 냉혹한 공신숙청의 하이라이트는 누가 뭐래도 한신의 죽음이었다.(혹자는 한신 사건을 중국 역사상 가장 억울한 죽음이자 최대의 권력투쟁 스캔들로 평가하기도 한다.) 이 때문에 역대로 수많은 역사가들이 그 인과관계를 분석하고 논평해왔다.

한신의 일대기를 가장 자세하게 남기고 한신의 고향까지 직접 찾아 그의 행적을 탐문했던 사마천은 "만약 한신이 도리를 알아 겸손한 태도로 자신의 공을 뽐내지 않고, 또 자신의 능력을 자랑하지 않았더라면" 그 공적이 길이길이 전해졌을 것이라며 탄식했다. 사마천은 한신이 그렇게 비참한 최후를 맞이하게 된 까닭을 한신의 성격 내지 기질에서 찾고 있는 것처럼 보인다. 사마천의 원인 분석이 틀린 것은 아니지만 무엇인가 허전하다는 감을 떨치기 어렵다.

관련 기록들을 꼼꼼하게 살펴보면, 한신의 죽음 내지 숙청을 초래한 인과관계에 대해 적지 않은 생각거리를 끄집어낼 수 있다. 특히, 병선(兵仙)으로 추앙받는 **명장 한신이 세태와 인심에 얼마나 무감각했으며, 또 자신을 성찰함에 있어서 어떤 한계를 보였는가를 발견**하게 된다.

우선 한신은 유방이 "자기의 능력을 두려워하고 미워하는 것을 알고 있었으면서도" 주군인 유방에게 고분고분하지 않았다. **늘 유방을 원망하며 불만을 품었다.** 이는 사마천이 지적한 바와 같다. 그 공이 주인을 떨게 할 정도로 막강한 일등 공신이 늘 불만을 토로하고 다니는데, 이를 그냥 봐줄 주군이 어디 있겠는가? 문제는 한신이 이런 상황을 알고 있으면서도 그랬다는 데 있다. 왜 그랬을까? 그의 성격이나 기질 때문일까?

다음으로 **한신은 주변 인물들과의 적절한 관계 설정을 아예 무시**했다. 같은 공신인 주발(周勃)이나 관영(灌嬰) 등이 자신과 같은 반열에 있는 것을 수치스럽게 여겼다. 한번은 유방과 같은 고향 출신의 공신 번쾌(樊噲, '홍문연鴻門宴'에서 유방을 죽이려는 항우의 책사 범증范 增의 의도를 알고 이를 막았던 장사)의 집을 방문하자 번쾌는 "대왕께서 신의 집을 다 찾아주시다니요"라며 극진한 예로 맞이했지만 한신은 번쾌의 집을 나서며, "내가 살아서 번쾌 등과 같은 반열이 되었구나" 며 스스로를 비웃었다. 여기서 '번쾌와 어울리는 것을 부끄러워하다' 는 '수여쾌오(羞與噲伍)'의 고사성어도 파생되었다. 이처럼 그는 다른 공신들과 자신이 같은 반열에 오르는 것조차 견디지 못할 정도로 **자 만심 내지 자괴감에서 헤어나지 못했고, 이것이 인간관계에도 그 대로 반영**되었다.

셋째, 한신은 유방의 아내인 여(呂)태후의 정치적 능력에 대해 전 혀 무지했다. 한신은 유방의 손에 죽은 것이 아니라 여태후와 한신 을 대장군에 추천한 소하의 계략에 걸려들어 죽었다. 한신은 죽는 순간에도 "야녀자에게 속았으니 이 어찌 운명이 아니랴"고 할 정도 로 자신의 **정치적 무감각을 자각하지 못했다.**

이상의 분석을 종합해보면, 한신은 군사 방면은 몰라도 정치 방면 에서는 거의 무지에 가까운 수준을 드러내고 있음을 알 수 있다. 명 장이었는지는 몰라도 정치가는 아니었다. 정치가는 도저히 될 수 없 는 기질의 소유자였다고 봐야 할 것 같다.

인간관계에서도 편협함을 드러내고 있다. 그의 안중에는 오로지 유방과 소하 밖에는 없었다. 그는 유방이 자신의 의심하고 두려워하 고 있다는 사실을 알면서도 적절한 행동으로 그 의심을 거두려 하지 않았다. 다른 사람은 몰라도 유방이 자신을 어쩌지는 못할 것이라고 믿어 의심치 않았던 것이다. 자신을 대장군으로 추천해준 소하에 대해서도 마찬가지였다. 두 사람의 관계를 잘 알았던 여태후는 자신이 한신을 부르면 오지 않을까 염려가 되어 소하를 시켜 한신을 불러들였다. '설마 소하가' 하던 한신은 결국 소하에게 속아 제 발로 사지로 걸어 들어왔다. 이 때문에 '성공도 소하, 실패도 소하'라는 유명한 말이 남겨졌다.

정치(정무) 감각의 결여는 세태와 인심을 제대로 파악하지 못하는 쪽으로도 작용했다. 괴통의 천하대세에 대한 분석과 천하삼분의 건의를 받아들이지는 않았더라도 그러한 형세가 자신에게 어떤 영향을 미칠 것인가에 대해서는 충분한 성찰이 있었어야 했다. 즉, 자신이 처한 형세 속에서 자신의 역할과 위치, 그리고 향후 형세변화가 자신의 역할과 위치에 미칠 영향 등을 심각하게 고려했어야 한다. 장량처럼 부귀영화를 버리고 깨끗하게 물러날 것이 아니라면 말이다. 한신은 이 점에서 치명적인 결함을 보였다.

그런데 **한신의 이 같은 성찰의 한계는 결국은 그의 성격에서 비롯된 측면이 강하다.** 자신에 대해 의심의 눈초리를 거두지 않고 있는 주군 앞에서 '다다익선'이라고 당당하게 말하질 않나, 전황이 긴박하게 돌아가는 시점에 느닷없이 자신을 제나라 왕에게 봉해달라고 유방에게 요구하여 유방으로 하여금 지울 수 없는 뒤끝을 남기게 만들지 않나, 항우를 단숨에 궤멸시키려는 결정적 순간에 군대를 출동시키지 않음으로써 유방의 감정을 완전히 돌려버리질 않나, 같은 공신들을 철저하게 무시하면서 늘 원망과 불만을 토로하고 다니질 않나…… 이 모든 것이 한신의 성격과 기질에서 비롯된 것이 아니 겠는가?

젊은 날 한신은 동네 건달이 "용기가 있다면 차고 있는 칼로 나를 찌르고, 용기가 없다면 내 가랑이 밑을 기어라!"라며 시비를 걸어오 자 그 건달을 한참 쳐다보다가 두말없이 그 가랑이 밑을 기는 치욕 을 견뎌내는 이른바 '과하지욕(跨下之辱)'이라는 천고의 유명한 고사 를 남긴 바 있다. 사마천은 당시 한신이 한주먹거리도 안 되는 이 건 달을 '한참 동안 쳐다보았다'고 기록하고 있는데, 그 한참 동안 한신 은 과연 무슨 생각을 했을까? 어쩌면 이 '과하지욕'이란 고사성어가 세상과 사람을 자기 눈 아래에 두고 살았던 한신의 오만한 성격을 아주 절묘하고도 함축적으로 표현하고 있는 것은 아닐 런지?

한신은 순진하기만 했지 순수하지는 못했던 것 같다. **자신의 위 치를 성찰하지 않고 늘 주변 탓만 했으니** 말이다. 주인을 떨게 할 정도로 그 공이 높았던 한신의 비극은 자신의 성격과 기질을 성찰하 지 못함으로써 비롯된 안타까운 비극이었다. 오늘날 기업의 창업 과 정에서 창업주를 능가하는 지대한 공을 세운 창업 공신에 대한 처우 문제를 고민하는 경우가 있다면, 한신의 비극을 면밀히 검토하고 성 찰해볼 일이다.

끝으로 사족(蛇足) 몇 마디, 당시 '토사구팽'의 당사자로 거론되었 던 자들을 한신에 비유한 것은 결코 아니라는 사실이다. 입에 오르 내리는 '토사구팽'이란 고사성어 안에 좀 더 생각해볼 함축된 의미 가 있다는 사실을 알리고, 가능할는지 모르겠지만 공부 좀 하고 인

용하라는 뜻에서 소개해 보았을 뿐이다. 또 하나, 부질없고 가능성 1
도 없는 생각이겠지만, 맨 처음 '토사구팽'을 언급하며 현명하게 물
러난 범려의 처신에 주목했으면 그자는 어떻게 되었을까?

독자들은 유방·한신·번쾌·장량·소하·여태후·괴통 등을 우리 정
치판의 인물들 중 누구에 해당할 수 있을까 하는 호기심을 한껏 발
휘하여 각각 누가 누구일지 대비시켜 보시기 바란다.

'호기심이 사라지면 지성도 사라지는' 법이다. 어쨌거나 한신이
살아 있다면 자신을 그런 천박한 정치꾼에 이야기에 끌어들일 수 있
냐며 분명 글쓴이를 그냥 두지 않았을 것 같다. 한신에게 양해를 구
하는 바이다.(2023년 1월 13일 쓰고, 2025년 12월 14일 수정하다)

60

호가호위(狐假虎威)
우리 안 간신들의 커밍아웃

• • •

우리에게도 익숙한 이 유명한 성어는 《전국책》에 전한다. **'호가호위'는 '여우가 호랑이 위세를 빌린다'는 뜻으로, 강한 자의 위세를 빙자하여 설치는 것을 비유**한다. 역사 사례를 보자.

기원전 369년 초나라 숙왕(肅王)의 형제인 선왕(宣王)이 즉위했다. 어느 날 선왕은 군신들을 모아 놓고 이렇게 물었다.

"듣자 하니 북방의 여러 제후국들이 우리 초나라의 대장 소해휼(昭奚恤)을 그렇게 두려워한다는데, 대체 어찌된 일이오?"

신하들은 대답하지 못했다. 이때 강을(江乙, 위나라 출신으로 지모가 뛰어났다)이란 대신이 다음과 같은 이야기를 들려주었다.

"호랑이가 배가 고파 짐승을 잡아먹으려다 여우를 잡았습니다. 그

러자 여우는 '너는 감히 나를 삼아먹을 수 없어! 하느님께서 나를 백
수의 우두머리로 삼으셨단 말이다. 지금 네가 나를 잡아먹으면 하
느님의 명을 어기는 것이 되지. 내 말을 못 믿겠다면 내가 몸소 보
여 줄 테니 내 뒤를 따르면서 백수들이 나를 보고 감히 도망가지 않
는 놈이 있는가 보라고'라고 했답니다. 호랑이는 그럴듯하다며 여우
를 따라나섰습니다. 동물들이 보고는 모두 도망쳤습니다. 호랑이는
동물들이 자기 때문에 도망친 줄 모르고 그저 '여우를 무서워하는구
나'라고 생각했답니다. 지금 왕의 땅은 사방 5천 리에 백만 군대를
자랑하고 있으며, 소해휼은 그 일부분일 뿐입니다. 북방 제후들이 해

휼을 두려워하는 것은 실은 왕의 군대를 두려워하는 것입니다. 마치 백수가 호랑이를 두려워하듯이 말입니다."

사람들은 여우가 호랑이의 위세를 빌어 백수를 겁주었다는 고사를 '호가호위'라는 성어로 개괄했다. '가(假)' 자는 빌린다는 뜻으로, 다른 사람의 권세를 빌어 남을 억누르는 것을 비유하는 말이다.

강을이 이 고사를 인용하여, 각 제후국들이 두려워하는 것은 대장 소해휼이 아니라 초나라 선왕이라고 한 아첨은 아주 적절했다. 당시의 사회적 조건에서 보면 전쟁이 빈번했기 때문에 정치·군사·외교 영역에서 이러한 '호가호위'의 책략으로 생존을 도모하는 것도 작은 제후국들에게는 유용했다. 만약 외교상 대국이나 강국에 의지하지 않는다면 언제고 남에게 먹힐 위험이 따르기 때문이었다.

'호가호위'는 역사적으로 간신들이 써먹은 전형적인 수법의 하나였다. 간신은 자신의 위세를 떠벌려 상대를 기죽이기 위해 힘센 사람, 특히 권력자를 앞세운다. 끊임없이 유력한 사람들과의 관계를 강조하면서 자신을 과시한다. 그렇게 해서 상대를 굴복시키거나 패거리를 짓는다. 간신은 최고 권력을 자기 손에 넣을 때까지 '호가호위'를 멈추질 않는다. 따라서 누군가의 **언행을 잘 살피고 분석하면 그가 간신인지 아닌지를 가릴 수 있고, 간신으로서 '호가호위'하는 간행을 정확하게 파악하면 간신을 제어할 수 있다.** 물론 보통 사람들도 '호가호위'하는 경우가 적지 않기 때문에 함부로 간신으로 규정하는 잘못을 범해서는 안 된다.

‘호가호위’에서 하나 더 주의해야 할 것이 있다. **흔히 ‘호가호위’의 핵심과 문제는 여우이지만 그 뒤에 있는 호랑이가 더 큰 문제일 수도 있다는 점**이다. 다시 말해 여우의 꾐에 넘어간 호랑이의 어리석음을 놓치지 말아야 한다.

‘호가호위’를 우리 사회의 신종 간신 부류를 대표하는 검찰의 검간(檢奸)에 적용해보자. 지난 반세기 이상 검간은 무소불위(無所不爲)의 권력을 휘둘러왔다. 여우, 즉 검간이 이런 권력을 갖게 된 데는 호랑이, 즉 역대 정권과 권력자 및 정치가들의 비호(庇護)가 있었기 때문이다. 일개 청에 불과한 검찰이 나라 전체를 흔들고, 급기야 그 출신이 최고 권력의 권좌에 앉을 수 있었던 것도 ‘호가호위’가 극대화되었기 때문이다.

그렇다면 우리 사회 신종 간신 부류를 청산하는 첫 대상은 당연히 검간이 되어야 할 것이다. 지금 검간의 실상은 간신이 흔히 쓰는 ‘호가호위’라는 수법이 초래하는 결과가 얼마나 심각한가를 절절하게 보여수고 있다.

큰일이나 중요한 일이 닥치면 간신이 커밍아웃한다. 그 일이 대부분 자기 개인의 이익과 직결되기 때문이다. 지금 여당과 일부 친여 유튜버 및 평론가들 안에서 ‘호가호위’하는 자들이 출몰하고 있다. 개인의 이익을 지키기 위해 내부를 갈라치기 하면서 유력자와 대통령을 끌어들인다. 마치 자신의 의견과 주장이 권력자의 의중이라도 되는 양 허풍을 떨고 허세를 부린다. 지금 당장 이런 자들을 간신으로 규정하기는 뭐하지만, 그대로 놔두면 간신으로 진화할 가능성이 다분하다.

화근(禍根)은 싹을 틔우기 전에 잘라야 한다. 살다 보면 돌부리에 걸려 넘어지지 산에 걸려 넘어지지 않는다. 우리네 인생도 그렇고, 나라도 그렇다. 야금야금 좀먹기 전에 살충제를 뿌려야 한다.(2026년 2월 4일)

知人論世

시사 고사성어로 사람을 알고 세태를 논하다!

"한때 언론은 사회의 '공기(公器)'로 불렸다. 누구에게나 필요한 신뢰할 수 있는 공공의 재산으로 인정받았다. 오죽했으면 같은 글자의 생존에 없어서는 안 될 '공기(空氣)'라고까지 했을까? 지금은 무엇으로 불릴까? 그 공기도 아니고, 이 공기도 아닌 '무기(武器)'로 불리는 현실이다."

제3부

직필(直筆)과 곡필(曲筆)
언론(言論)과 언간(言奸)

언론의 기능 상실은 물론 신뢰도 추락과 타락 현상이 어제오늘의 일이 아니다. 주류니 레거시니 하는 거창한 이름으로 불리던 기존 언론은 이제 재래식이니 기레기니 하는 경멸조로 불린다. 자본에 잠식당한 언론사, 돈과 권력에만 관심 있는 사주들, 이들의 하수인이 된 언론인들……. 우리 언론의 미래는 없다. 대안도 없다. 대체가 답이다.

　제3부는 우리 언론의 실태를 짚어본 20꼭지의 글을 모았다. 특히 언론계의 간신들인 '언간'들이 그동안 보여준 간악한 짓거리, 즉 권력(자)에 아부하고, 국민을 갈라치고, 특정인을 물어뜯고, 이를 위해 가짜 뉴스와 조작을 일삼는 그 수법을 집중적으로 분석했다. 지금도 여전한 이런 수법과 수작에 농락당하지 않기 위해 마련한 부분이다.

　한때 언론은 사회의 '공기(公器)'로 불렸다. 누구에게나 필요한 신뢰할 수 있는 공공의 재산으로 인정받았다. 오죽했으면 같은 글자의 생존에 없어서는 안 될 '공기(空氣)'라고까지 했을까? 지금은 무엇으

로 불릴까? 그 공기도 아니고, 이 공기도 아닌 '무기(武器)'로 불리는 현실이다. 더 이상 말이 필요 없을 것 같아 기자협회 윤리강령 몇 항을 옮겨 놓는다. 이 강령들과 기자를 포함한 언론인들의 행태를 한번 비교해보시길.

"언론 자유 : 우리는 권력과 금력 등 언론의 자유를 위협하는 내·외부의 개인 또는 집단의 어떤 부당한 간섭이나 압력도 단호히 배격한다."('한국기자협회 윤리강령' 제1항)

"공정 보도 : 우리는 뉴스를 보도함에 있어서 진실을 존중하여 정확한 정보만을 취사선택하며, 엄정한 객관성을 유지한다."('한국기자협회 윤리강령' 제2항)

"품위 유지 : 우리는 취재 보도의 과정에서 기자의 신분을 이용해 부당이득을 취하지 않으며, 취재원으로부터 제공되는 사적인 특혜나 편의를 거절한다."('한국기자협회 윤리강령' 제3항)

"올바른 정보사용 : 우리는 취재 활동 중에 취득한 정보를 보도의 목적에만 사용한다."('한국기자협회 윤리강령' 제4항)

"기자는 사회의 파수꾼이며 빛이다. 기술과 자질을 익혀 사회적 사명을 다해야 한다."(기자의 자세와 적성 8)

61

간신(奸臣)과 언간(言奸)
신종 간신 '언간'의 출현

• • •

"언론 자유 : 우리는 권력과 금력 등 언론의 자유를 위협하는 내·
외부의 개인 또는 집단의 어떤 부당한 간섭이나 압력도 단호히 배격
한다."('한국기자협회 윤리강령' 제1항)

필자는 2023년 출간한 《간신 : 간신론》에서 간신을 다음과 같이
정의했다.

"간신의 출현 배경은 사유제와 국가, 그리고 권력이다. 여기에 개
인의 열악한 인성이 결합됨으로써 하나의 역사현상으로서 간신이
전격 출현했다. 간신은 인성이란 면에서 부끄러움을 모르는 저열하
고 비열한 자로서, 사리사욕을 위해 권력을 탈취하는 것을 목적으로
삼는다. 간신은 권력 탈취를 위해 권력자의 환심을 사는 데 온 힘을
쏟는다. 권력을 쥐면 역사상 탐관(貪官)이 보여준 공통된 특징인 탐

재(貪財)·탐권(貪權)·탐색(貪色)·탐위(貪位)를 위해 수단과 방법을 가리지 않는다. 간신은 소인배의 저급한 인성과 탐관의 특성 및 역사상 존재했던 모든 사악한 부류의 관리들이 보여준 특성을 한 몸에 지닌 자로서 그들이 저지른 짓거리, 즉 간행(奸行)의 결과는 작게는 나라와 백성을 구렁텅이에 빠뜨리며 크게는 나라를 망하게 만든다."

이 글의 키워드인 '언간(言奸)'이란 우리 사회를 좀먹고 있는 다양한 부류의 간신들 중 언론계에 종사하면서 각종 해악을 끼치고 있는 간신 부류를 가리킨다. 주로 '기자'로 불리는 자들 중에서도 '기레기'라는 경멸조의 호칭으로 불리는 자들이다.(현대판 간신 부류에 대해서는 글쓴이의 책《간신 : 간신론》65~84쪽 참고) 참고로 〈위키백과〉에 따르면 '기자' 직업의 '기레기'를 다음과 같이 정의하고 있다.

"네티즌들에게 기자라는 직업은 각종 논란거리 확산과 수많은 왜곡과 과장이 있는 인기거리의 기사로 소위 '기레기'라 불리며 날로 먹는 직업으로 인식되고 있다."

'기레기'와 비슷한 비유로 서방에서는 권력을 감시하는 '왓치독(watchdog, 감시견)'의 역할을 내팽개치고 권력이나 힘 있는 자의 애완용 개로 전락했다고 해서 '랩독(lapdog)', 심지어 '언론계의 창녀'라는 뜻의 '프레스티튜트(presstitute, 언창/언창녀)'라는 지독한 표현까지 있다.(창녀의 영어 표기는 '프라스터튜트prostitute'를 많이 쓰고, 멸칭으로 '호어whore', 속어로 '후커hooker)' 등이 있다.

한편 〈위키백과〉에 따르면 기자의 종류에는 취재기자, 방송기자, 인터넷기자가 있다. 종이 신문을 위주로 하는 언론, 잡지를 주로 하는 언론, 전파를 사용하는 방송 언론, 인터넷 언론에 종사하는 자들로 보면 되겠다.(최근 유튜브를 비롯한 각종 SNS를 이용하여 언론 활동에 종사하는 자들도 포함시킬 수 있겠다.) 따라서 '언간'은 이런 모든 종류의 언론에 종사하면서 글·말·사진·영상 따위를 이용(악용)하여 기자의 본분을 저버린 채 사욕을 위해 '세상을 어지럽히고 백성(국민)을 속이는', 즉 '혹세무민(惑世誣民)'하는 자들에 대한 역사적 사회적 용어로 정의를 내릴 수 있다. 필자는 《간신 : 간신론》에서 '언간'을 이렇게 설명했다.

"새롭게 등장한 간신 부류로 '언간(言奸)'이 있다. 언론매체에 종사하는 자들로 최근 우리 사회에 두드러신 간신 현상을 주도하는 자들로 '기레기'라는 멸칭으로 불릴 정도로 타락한 존재들이다. 이 '언간'들은 대부분 '정간(政奸, 정치판의 간신)', '공간(公奸, 관료판의 공직사 간신)'과 결탁되어 있고, 바로 뒤에 소개할 '학간(學奸, 지식인 출신의 간신)'을 비롯하여 '검간(檢奸, 검찰의 간신)'이나 '판간(判奸, 법원의 간신)'들과도 끈끈한 관계를 유지하며 신형 기득권층으로 자리매김하고 있다. 이들은 '언론인'이라는 탈을 쓰고 힘 있는 자에게 찰싹 달라붙어 그 비위를 맞추고 가려운 곳을 긁는다. 이런 '언간'의 최대 특징이자 장기는 알랑거림, 즉 아부(阿附)로 전문용어로는 '아유봉승(阿諛奉迎)'이라 한다. 알랑거림으로 남(권력자)의 뜻을 헤아려 비위를 맞추고 떠받든다는 뜻이다. 새롭게 등장한 '언간'은 여론과 민심에 막

대한 영향을 미친다는 점에서 그 어떤 간신들의 간행보다 심각하다. 그 수법도 다양하고 악질적이어서 사기꾼은 저리 가라 할 정도다. 철저한 분석과 방비책이 필요하다. 이들이 저지르는 구체적인 수단과 방법은 따로 살필 것이다."

'언간'은 공익이 아닌 사익을 위해 매체를 악용하는 자들로서 갖은 방법과 수단으로 사회와 나라에 악영향을 미치고 있으며, 급기야 하루빨리 청산해야 할 적폐의 1순위로 꼽히는 '사회악'이 되었다. 이들이 벌이는 온갖 악행은 말 그대로 사회의 공해(公害)이자 나라를 좀먹는 해충(害蟲)과 다름없다. 따라서 다른 부류의 현대판 '간신'들 중에서 '검간'과 함께 최우선 척결대상이다. 이에 '언간'들이 주로 써 먹는 수법들을 철저히 분석하고 그 해악을 폭로함으로써 척결의 당위성과 척결에 필요한 근거로 삼고자 한다.

'언간'의 수법은 세부적으로는 차이가 있을지 몰라도 모든 부류의 간신들이 써먹는 수법과 크게 다르지 않다. 이 부분은 '십무삼반이무' 등을 통해 정리한 바 있다. 앞으로 본격적으로 살펴볼 '언간'의 수법들과 같거나 비슷한 것이 많기 때문에 이를 더 축약해서 정리하면 아래와 같다.(상세한 내용은 앞서 말한 글쓴이의 책《간신 : 간신론》(이론편) 88~108쪽에 정리되어 있다.)

1 '사기(詐欺)'와 '기만(欺瞞)'이다. 사기와 기만이란 단어의 글자 뜻은 모두 '속인다'는 것이다.

2 '전도(顚倒)'와 '혼효(混淆)'다. 우리말로 풀이하자면 '뒤바꾸기'와 '뒤섞기'다.

3 '날조(捏造)', '조작(造作)', 그리고 '모함(謀陷)'이다. 간신은 가짜를 진짜로 진짜를 가짜로 뒤섞고, 흑백을 뒤바꿀 뿐만 아니라 없는 것도 만들어낸다. 이를 날조 또는 조작이라 한다.

4 '은닉(隱匿)', 즉 '감추기'다. 자신의 나쁜 의도가 드러나지 않게 하려면 감추어야 하고 꾸며야 한다. 이것이 은닉이다.

5 '위장(僞裝)', 즉 '거짓으로 꾸미기'이다.

6 '아부(阿附)'와 '유혹(誘惑)'이다. '알랑거림', 또는 '꼬리치기'와 '꼬드기기'다.

7 '결당(結黨)', 즉 '패거리 짓기'다.

8 '이간(離間)', 즉 '갈라치기' 또는 '갈라놓기'다.

9 '재장함해(栽臟陷害)'와 '반구서인(反口噬人)'이다. '재장함해'란 훔친 물건을 남의 집에 갖다 놓고 그 사람에게 죄를 뒤집어씌워 해친다는 뜻이다. 우리말로 '뒤집어씌우기' 내지 '떠넘기기'가 되겠다. '반구서인'이란 '도리어 상대를 씹는다'는 뜻으로 자신에게 은혜를 베푼 사람을 해친다는 말이다. 우리말의 '뒤통수치기'가 적당하겠다.

10 '협박(脅迫)'과 '회유(懷柔)'다. '겁주기'와 '꼬시기(꼬드기)'다.

11 '차도살인(借刀殺人)'도 많이 써먹는다. '남의 칼을 빌려 상대를 죽이는' 수법인데 말하자면 '빌리기'가 되겠다.

62

'언간'의 수법 총정리
실로 다양하지만 목적과 본질은
간단한 '언간'의 수법들

• • •

'언간'의 특징과 본질은 '간신'의 그것과 동일

'언간'의 수법은 우리가 앞서 살펴본 바와 같이 매우 다양하다. 물론 소개한 수법보다 훨씬 더 많은 수법이 있다. 언산들이 모든 사악한 수법을 써먹는 목적과 본질은 간단하다. 목적은 '사리사욕(私利私慾, selfish desires)'을 채우는 것이고, 본질은 '탐욕(貪欲, greed)'이다. 이는 '언간' 뿐만 아니라 모든 부류의 간신들이 갖는 공통점이자 특징이다. 이들에게는 오로지 나 한 사람, 내 패거리의 이익만 관심이 있을 뿐이다. 이들에게 공익(公益)·봉사(奉仕)·의무(義務)·국민(國民)·국가(國家)와 같은 개념은 아예 장착되어 있지 않다. 그래서 부끄러움이 없는 '무치(無恥)'한 자들이기도 하다.

다시 말하지만 '언간'의 수법은 다양하다. 다양하기 때문에 홀리고 속아 넘어가기 쉽다. 특히 전파력이 무한대에 가까운 네트워크를 거의 독점하고 있는 것이나 마찬가지이기 때문에 일상에 바쁜 일반

국민들이 그 허위와 거짓을 잡아내기가 만만치 않다. 여기에 포탈과 유튜브까지 가세한 상황이어서 이 '언간'을 비롯한 SNS 간신 부류들과의 싸움은 더욱 힘들어졌다. 물론 집단지성 시대를 맞이하여 이전보다는 훨씬 빠르고 쉽게 거짓을 잡아내고 그 수법을 파악할 수 있게 되었지만, 그런 일을 할 수 있는 집단과 인력은 여전히 역부족이다.

'언간'의 다양한 수법과 핵심 총정리

이제 이런 현실을 염두에 두고 SNS(특히 유튜브)를 포함한 '언간'들이 부리는 수법의 핵심을 총정리해본다. 중복되지만 앞에서 언급한 수법들도 다시 소개했다.

(1) 곡학아세(曲學阿世) '배운 것을 왜곡하여 세상(권력·권력자·민간 民奸)에 아부하다.' '언간'과 결탁한 배운 간신 '학간'들의 주요한 수법이다. 이들은 지금이 '지식으로부터 해방된' 세상임을 모른 채 여전히 알량한 지식 따위로 세상과 국민을 홀리는 '혹세무민(惑世誣民)'에 열을 올리고 있다.

(2) 곡의봉영(曲意奉迎) '자신의 뜻(소신)을 굽혀 (권력과 권력자)를 받들고 그 뜻에 맞추다.' '곡학아세'와 비슷한 수법이다. 출세와 돈을 위해 자신의 소신을 내팽개친 채 권력(자)에 줄을 서고 알랑거리는 수법이다. 기레기 '언간'들은 '곡의봉영'이 몸에 배었다.

(3) 지치득차(舐痔得車) '똥구멍 치질을 핥아 수레(돈과 권력 따위)를 얻다.' 소신을 꺾은 간신이 못할 짓은 없다. 권력과 돈을 쥔 자의 똥구멍까지 핥으며 사욕을 추구한다. 기레기 '언간'들의 짓거리를 조롱하는 비유이다.

(4) 면유퇴방(面諛退謗) '면전에서는 아부하고 물러나서는 비방한다.' '면종복배(面從腹背)'와 같은 뜻이다. 간신에게는 믿음이란 아예 존재하지 않는다. 필요하면 언제 어디서든 얼굴을 바꾼다. 배신과 배반은 모든 간신의 아이콘이다. 간신은 누군가와 손을 잡을 때도 등을 돌리고 잡는 자이다. 권력(자)의 힘이 빠지면 언제 그랬냐는 듯이 물고 뜯는 것이 '언간'의 전형적인 짓거리다.

(5) 협견첨소(脇肩諂笑) '협견'은 어깨는 쭈뼛 세우고 목은 움츠린 모습을 말하며, '첨소'는 알랑거리며 웃는 것을 말한다. 상대에게 머리를 숙이고 허리를 굽히며, 비위를 맞추어 아첨하고, 가식으로 공손한 태도를 가장하는 것이다. 목적을 위해서라면 기레기 '언간'들에게 이런 짓쯤은 아무 일도 아니다.

(6) 가공제사(假公濟私) '공적인 명의를 빌려 사리사욕을 취한다'는 뜻이다. '탁공보사(托公報私)'로도 쓴다. 기레기 '언간'들은 '공기(公器)'로 불리는 언론을 이용하여 개인의 욕심을 채운다. 권력과 권력자에 아부하여 자리를 얻는다. 타락한 우리 언론의 자화상이다.

(7) 거두절미(去頭截尾) '거두절미'는 '머리를 없애고 꼬리를 자르다'는 뜻의 사자성어다. 일상에서 자주 사용하고 있다. 어떤 일의 요점만 간결하게 말한다는 뜻이지만, 자기 멋대로 잘라서 말하는 경우를 지적하기도 한다. '거두절미'는 취재하지 않고 기사를 쓰는 불량 기레기 '언간'의 주요 수법이기도 하다. 남이 쓴 기사나 글과 말 등을 카피하면서 앞뒤는 물론 아무 곳이나 잘라 붙이는 수법이 그것이다. 이렇게 몇 번 거치면 원래와는 완전히 다른 기사가 되어 버리는 일이 일상이 되었다.

(8) 걸견폐요(桀犬吠堯) '걸의 개가 요임금을 향해 짖다.' 폭군의 대명사 걸임금이 기르는 개가 성군의 표상인 요임금을 향해 마구 짖는다는 뜻이다. 나쁜 권력(자)에 길들여진 기레기 '언간'들이 나쁜 권력(자)이 지목하는 선량한 사람들을 물고 뜯는 현실이다. 언론이 권력을 감시하는 '왓치독(watchdog, 감시견)'의 역할을 내팽개치고 권력이나 힘 있는 자의 애완용 개(랩독 lapdog)', 심지어 '언론계의 창녀'라는 뜻의 '프레스티튜트(presstitute, 언창 / 언창녀)'로 전락했다.

(9) 견강부회(牽强附會) '억지로 끌어다 갖다 붙인다'는 뜻이다. 말도 안 되는 논리를 어거지로 끌어다가 자기주장의 근거로 삼는 것을 비유한다. '언간'들과 '학간'들의 전형적인 수법의 하나이다. '견강부회'는 못된 학자들, 즉 '학간'들의 '곡학아세(曲學阿世)'와 함께 하루빨리 뿌리 뽑아야 할 고질병이다.

(10) **경보불사(慶父不死), 노난미이(魯難未已)** '경보가 죽지 않으면 노나라의 난리는 끝나지 않는다.' 춘추시대 노나라는 임금을 죽이는 등 경보의 갖은 만행 때문에 백성들이 치를 떨었다. 당시 패주였던 환공이 사람을 시켜 상황을 파악하게 했더니, "경보가 죽지 않으면 노나라의 난리는 끝나지 않을" 것이라는 보고를 받았다. '언간'을 비롯한 우리 안의 간신들을 제거하지 않는 한 우리들의 난리도 끝나지 않을 것이다.

(11) **구함좌폐(構陷坐廢)** '함정을 파서 상대를 해치다.' 모략을 꾸미며 자기와 다른 정적에게 죄를 씌워 상대를 해치는 것을 '구함좌폐'라 한다. '구함'은 함정을 판다는 뜻이고, '좌폐'는 죄를 얻어 파직당하거나 그냥 버려진다는 뜻이다. 우리 '언간'들의 간행이 '구함좌폐'하는 지경에까지 이르렀다. 이 수법에 당한 사람이 한둘이 아니다.

(12) **남우충수(濫竽充數)** '악대에 불필요한 피리 연주자가 머릿수를 채우다.' 실력 없이 밥만 축내는 밥통 내지 밥 버러지들이 다른 사람들 틈에 섞여 그저 머릿수만 채우고 있는 상황을 비유한다. '언간'들이 딱 이런 자들이다. 문제는 밥만 축내는 것이 아니라 되지도 않는 기사로 무고한 사람을 해치고, 국민들을 이간하는 것이다. 밥그릇을 빼앗아야 한다.

(13) **단장취의(斷章取義)** '문장이나 뜻을 멋대로 잘라서 취한다'는 뜻으로 자신의 생각이나 주장을 대변하기 위해 글쓴이의 원래 의도

와는 상관없이 문장 중 일부를 잘라내는 행위를 가리킨다. 우리 '언간'들이 잘 써먹는 수법이다. 이 '단장취의' 때문에 외교 문제가 발생한 적이 있을 정도다.

(14)당의포탄(糖衣砲彈) '사탕발린 포탄'이란 뜻이다. 줄여서 '당탄(糖彈)'이라고 한다. 무기가 아닌 온갖 다른 방식으로 상대를 회유하고 파먹어 들어가는 간신들의 수단을 비유한다. '언간'의 기사와 말은 사탕발린 포탄과 같은 것이 대부분이다.

(15)대간사충(大奸似忠) '큰 간신은 충신처럼 보인다'는 뜻이다. '언간'들은 자신의 언행을 마치 나라와 국민을 위하는 것처럼 위장하고 포장하고 한껏 부풀린다. 하지만 그 속내는 사주와 '언간' 개인의 사사로운 탐욕으로 가득 차 있다.

(16)대의대진(大疑大進) '크게 의심하면 크게 진보한다'는 뜻이다. 언론이라면 당연히 갖추어야 할 자세의 하나이다. 그러나 우리 '언간'들은 의심은커녕 질문도 하지 않는다. 당연히 의문도 품지 않는다. 그러니 진실은커녕 사실조차 제대로 말하지 못한다. 진실을 외면하는 것은 물론 사실도 못 본체 못 들은 척한다.

(17)도로이목(道路以目) '길에서 만나면 눈으로 뜻을 나누다.' 고대 권력자들은 백성의 여론을 통제하기 위해 '속으로 비방해도 처벌한다'는 '복비법(腹誹法)' 등과 같은 악법을 만들었다. 백성들은 '도로

이목'으로 불만을 교환했고, 결국 왕이 내쫓기거나 나라가 망했다. 백성의 입을 막는 일은 홍수를 막기보다 힘들다. 기레기 '언간'의 술수는 이제 그 수명을 다하고 있다.

(18)동문서답(東問西答) '동쪽을 묻는데 서쪽으로 답한다.' 묻는 것에는 아랑곳하지 않고 엉뚱한 답을 말하는 것을 비유한다. '권간' 과 '언간'의 상투적 수법이다. 그러면서 '일수차천(一手遮天)', 즉 '손바닥으로 하늘을 가리려' 한다.

(19)동족방뇨(凍足放尿) '언 발에 오줌 누기'를 한자로 바꾼 것이다. '동족방뇨'는 정치판의 간신 '정간'과 '언간'의 합작인 경우가 많다. '정간' 하나가 거짓말을 하다 들키면 '언간'들이 나서 그 거짓말에 당의정 따위를 씌워 그 거짓말을 감추거나 함께 거짓말 행렬에 동참하여 그 '정간'을 감싸준다. 망치로 언 발을 깨지 않으면 녹일 수 없는 지경에 이른다.

(20)막수유(莫須有) '꼭 그렇지는 않지만 있을 수도 있다.' 증거도 없이 추정만으로 누군가를 죄인으로 모는 수법이다. '언간'이 익명이나 관계자의 입을 빌려 '막수유'로 누군가를 지목하면, '검간'은 공권력을 동원해서 마구 탄압한다.

(21)면종복배(面從腹背) '앞에서는 따르지만 돌아서서 배반한다.' 간신의 가장 큰 특징들 중 하나가 아첨이다. 온갖 미사여구를 동원

해서 앞에서는 아부·아첨하지만 돌아서면 헐뜯고 비방한다. 또 권력 (자)이 힘을 잃으면 맨 먼저 나서 대놓고 비방한다. '언간'들의 작태 가 딱 이렇다. 권력(자)이 힘이 있을 때는 낯 뜨겁게 알랑거리다가 권 력(자)의 힘이 빠지면 하이에나처럼 달려들어 물어뜯는다. 앞에서 알 랑거리는 자는 경계해야 한다.

(22)명성과실(名聲過實) '명성이 실제를 앞지르다.' 간신은 이름 (명성)과 실제가 결코 일치하지 않는다. '언간'은 자신에게 유리한 간 신을 키우기 위해 갖은 수단으로 명성을 과장한다. 철저하게 검증하 여 그 실제와 실질, 그리고 실체를 환하게 드러내야 한다.

(23)무중생유(無中生有) '무에서 유를 만들어낸다.' '언간'은 사실 조차 제대로 보도하지 않는다. 사실을 왜곡하는 것은 물론 없는 사 실도 만들어내는 '무중생유'로 권력(자)에 꼬리치고, 권력(자)이 지목 하는 무고한 사람을 해친다.

(24)발묘조장(拔苗助長) '모를 뽑아 자라기를 돕다.' 이제 막 자라 고 있는 모를 빨리 키우려고 성급하게 뽑아 올려 모를 죽이는 것을 비유한다. '언간'들은 자신들에게 유리하다고 판단되면 되지도 않는 자(권력·권력자)를 무작정 치켜세운다. 쑥쑥 크는 것 같지만 결국은 말라 죽는다. '언간'들이 대놓고 칭송하는 자들은 잘 살펴보아야 한 다. 대부분 빈 깡통이다.

(25) **방민지구(防民之口), 심어방수(甚於防水)** '백성의 입을 막는 일은 물(홍수)을 막는 것보다 심각하다.' '언간'은 들끓는 민심과 여론을 막거나 바꿀 수 있다고 착각한다. 백성들은 참을 수 있을 때까지 참는다. 그러나 그 마음은 이미 분노로 이글거리고 있다. 그것이 터지면 아무도 무엇으로도 못 막는다.

(26) **백년하청(百年河淸)** 백 년은 '무한한 세월'을 뜻하는 표현이고 '하'는 황하를 이른다. '황하의 물이 맑아지려면 백 년이 넘을 정도로 엄청나게 긴 시간이 걸린다'라는 뜻으로 보통 불가능한 일을

비유한다. '언간'이 참 언론으로 거듭나기란 '백년하청'이다. '대안(代案)'도 아닌 '대체(代替)'가 답이다.

(27) **부화뇌동(附和雷同)** '우레 소리에 맞추어 함께하다.' 자신의 뚜렷한 생각 없이 그저 남이 하자는 대로 따라가는 것을 비유한 성어이다. 선현은 "비속한 사람은 옳고 그름을 가릴 줄 아는 마음이 없기 때문에 하는 말이 다 똑같다. 그래서 '뇌동'이라 한다"는 해석을 붙였다. 기레기라는 모욕적인 이름으로 불리고 있는 지금 우리 '언간'의 짓거리를 지적하고 있다.

(28) **비론제속(卑論儕俗), 여세침부(與世沈浮)** '비천한 논리로 세속에 맞추어 세상과 더불어 부침하다.' 자신의 뜻이나 언행을 (어리석은) 세속(민간)의 기준에 맞추어 떨어뜨려 세속의 비위에 맞추어 부귀와 명성을 얻으려는 자를 비판하는 성어인데, '언간'의 짓거리도 이와 판박이이다.

(29) **사서맹구(社鼠猛狗)** '사직의 쥐새끼, (술집의) 사나운 개'란 뜻의 성어로 이런 자들이 소통을 막고 서서 권력자는 물론 백성의 눈과 귀를 가린다는 비유이다. '언간'이 이런 자들이다. 없애지 않으면 종묘사직이 위태로워진다.

(30) **사이비(似而非)** '같아 보이는 데 아니다'는 뜻이다. 맞는 것 같은데 틀리고, 옳은 것 같은데 그르고, 진짜 같은데 가짜인 경우, 뭔

가 있어 보이는데 실은 비어 있는 등등을 가리킬 때 흔히 쓰는 단어다. 속된 말로 '짝퉁'이고, '가짜'고, '빈 깡통'다. 언론·정치·검찰·사법·관료·지식인에 이런 '사이비'들이 흘러넘쳐 차라리 진짜를 골라내는 쪽이 빠르고 쉽다.

(31) **삼인성호(三人成虎)** '세 사람이 모이면 (없는) 호랑이도 만든다.' 근거 없는 말이나 거짓말이라도 여러 사람이 같은 말을 하면 곧이 듣게 된다는 뜻의 성어로 '언간'의 상투적인 수법의 하나이다. '언간'들은 이런 수법은 나치의 괴벨스를 떠올리게 한다.

(32) **선공후사(先公後私)** '공을 앞세우고 사는 나중이다.' '언간'은 이와 정확하게 반대다. 사사로운 욕심을 채우거나 누군가의 사적인 탐욕을 채우기 위한 앞잡이 노릇을 서슴지 않는나. '언간'은 무조건 '선사후공(先私後公)'이다.

(33) **시위소찬(尸位素餐)** '자리만 차지하고 밥만 축내나.' '언간'은 자리만 차지하고 밥만 축내는 존재를 벗어나 그 자리를 악용하여 온갖 '간행'을 서슴지 않는다. 차라리 아무 일도 하지 않는 것이 낫지만, 밥값이 아깝다. 밥통을 빼앗아야 한다.

(34) **신구자황(信口雌黃)** '아무렇지 않게 멋대로 말을 바꾸다.' 사실관계는 확인도 않고 마구 헛소리를 내뱉거나 수시로 말을 바꾸는 것을 비유하는 흥미로운 성어인데, '언간'들에게 딱 어울리는 말이다.

(35)신목자필탄관(新沐者必彈冠), 신욕자필진의(新浴者必振衣)
'머리를 새로 감았어도 갓에 앉은 먼지를 꼭 털고, 새로 몸을 씻었어도 옷에 묻은 티끌을 꼭 털어낸다.' 애국시인 굴원의 처신을 말하는 명언이다. 제대로 된 언론이라면 취재를 통해 사실관계를 확인했어도 또 체크하고 체크하여 행여 잘못된 것이 없는지 찾은 다음 기사를 써야 한다. '언간'은 사실 확인은커녕 취재조차 않는다.

(36)심장적구(尋章摘句) '문장 몇 개를 뒤지거나 구절 몇 개를 가려내다.' 남의 글의 단편적인 단어 정도만 살피고 그 실질적 의미는 깊이 탐구하지 않는 것을 형용하는 표현이다. 표절(剽竊)과 도절(盜竊)을 넘어서 '복붙'조차 마다하지 않는 '언간'들의 행태에 대한 비유다.

(37)아시타비(我是他非) '나는 옳고 남은 그르다.' 한때 크게 유행한 '내로남불'을 한자로 나타낸 것으로, 무조건 나만 옳고 상대는 그르다는 자세를 말한다. '언간'들은 권력(자)의 비위를 맞추려고 권력(자)이 지목하는 사람을 무조건 물고 뜯는다.

(38)아유봉승(阿諛奉承) '아첨으로 권력자의 뜻을 떠받들다.' 간신은 언제나 인성의 가장 취약한 부분을 사정없이 파고든다. 특히, 누구에게나 듣기 좋고 편한 아부는 역대 간신들 모두가 능수능란하게 써먹은 수법이었다. 권력(자)을 감시해야 할 언론이 권력(자)에 줄을 대고 정신없이 밑을 핥고 있다. 오늘날 우리 '언간'의 자화상이다.

(39)아전인수(我田引水) '제 논에 물대기.' 자기 이익만 생각하고 행동하는 것을 비유하거나, 자신에게만 이롭도록 억지로 꾸미는 것을 비유하는 표현이다. '언간'은 이제 국민의 여론을 대변하지 않는다. 취재도 하지 않는다. 당연히 사실조차 있는 그대로 쓰지 않는다. 자기 이익, 사주의 이해관계, 권력자의 심기만 따져 기사를 꾸미고 심지어 조작한다. 오로지 '제 논에만 물을 대니' 그 물에 잠겨 죽을 것이다.

(40)암전상인(暗箭傷人) '몰래 화살을 날려 사람을 해친다.' 간신은 뒤통수치기의 명수다. 수시로 등 뒤에서 화살을 날린다. 간신은 겉으로는 동정하는 척하고, 착하게 굴지만 등 뒤에서는 무서운 살기를 내뿜고 있다. 표면적으로는 관심을 나타내지만, 등 뒤에서는 죄를 조작해서 죽음으로 몰아넣는다. '언간'이 '검간'의 앞잡이가 되어 '암전상인'을 일삼고 있다.

(41)양령타고(揚鈴打鼓) 간신은 작은 일을 부풀리는 데 고수다. 심지어 하찮은 일조차 어마어마하게 키우는 남다른 재주를 부린다. '부풀리기'와 '키우기' 수법이다. 이와 관련한 성어가 '양령타고(揚鈴打鼓)'다. '방울을 흔들고 북을 친다', 즉 요란을 떤다는 뜻을 가진 성어이다. '양령타고' 수법에는 크게 두 가지 장치가 내포되어 있다.

하나는 겉으로 드러나는 요란함으로 사람들의 주의를 다른 쪽으로 돌리는 것이고, 또 하나는 그 요란함에 감추어져 있는 은밀한 또 다른 장치들이다. 사실 '양령타고'의 핵심은 방울과 북 소리에 숨겨져 있는 간신의 또 다른 은밀하고 악랄한 수법들에 있다. 방울과 북소리에 홀리지 말고 그 안에 감추어져 있는 진짜 의도와 동기 및 목적을 정확하게 간파해내야 한다.

간신들이 요란하게 북치고 나발 불 때는 무조건 의심해야 한다. 다른 의도가 있거나, 시선을 다른 곳으로 돌리려거나, 캥기는 것이 있거나, 권력(자)의 똥구멍을 핥아 귀여움을 받고 싶어서이기 때문이다. 2024년 12월 2일 더불어민주당 이재명 대표를 살해하려 한 끔찍한 사건을 놓고 '언간'들은 사건의 본질을 파헤치려 하기는커녕 말도 안 되게 헬기를 걸고넘어지거나, 수준 이하의 의사들이 거는 시비를 잔뜩 부풀려 요란을 떠는 짓거리가 딱 '양령타고' 수법이었다.

(42) 어목혼주(魚目混珠) '물고기 눈알과 진주를 혼동하다.' 물고기 눈알은 그 모양이 마치 진주 같아 보일 때가 있다. 그래서 가짜로 진짜를 충당하거나, 천한 것으로 귀한 것을 충당하거나, 또 열등한 것으로 우수한 것을 충당하는 것을 '어목혼주(魚目混珠)'라 한다.

'어목혼주'는 정간과 언간들의 상투적 수법이다. 툭 하면 꺼내드는 좌익 빨갱이니 반공이니 하는 구호는 자신들의 무능과 간사함, 즉 진짜 정체를 감추기 위한 위장용 카드다. 문제는 이런 가짜 카드에 길들여진 많은 사람들이 속아 넘어간다는 사실이다. 따라서 가면을 벗겨 그 정체를 완전히 드러내게 해야 하는데, 이때 '어목혼주' 모략을 역으로 이용할 수도 있다.

(43) 엄이도종(掩耳盜鐘) '자기 귀를 막고 종을 훔친다.' 2011년 '올해의 사자성어'로도 선정되었다. 남의 집 종을 훔치려다 종이 너무 무거워 망치로 종을 깨서 가져가려 한 도둑이 있었다. 망치로 종을 때리자 소리가 날 수밖에 없자 도둑은 자기 귀를 막고 종을 두드렸다고 한다. 우리 '언간'들이 하는 짓이 딱 이렇다. 세상사람 다 보고 듣고 있는데도 아무렇지 않게 거짓말하고 조작한다.

(44) 우어기시(偶語棄市) '두 사람이 이야기를 나누어도 (공개) 사형에 처하다.' 진시황 때 이사가 만든 유명한 악법이다. 백성들의 입을 막으려는 독재 권력의 전형적인 수법인데, 지금 우리 '언간'들은 백성을 대신해서 독재 권력을 비판하는 목소리를 내기는커녕 알아서 입을 닫고 있다. 대신 권력의 앞잡이가 되어 백성들을 이간질하고 있다. 이참에 나쁜 '언간'들은 아예 영원히 입을 닫게 만드는 것도 생각해봐야 한다.

(45) 유언비어(流言蜚語) '근거 없이 떠도는 말' '유언비어'는 '유언'과 '비어'의 합성어이다. '유언'은 글자 뜻 그대로 '떠도는 말'이고, '비어'는 '메뚜기 떼처럼 날아다니는 말'이란 뜻으로 '유언'과 같다. '유언비어'는 보편적인 사회심리 현상의 하나로서 일부 사람들이 특정한 '희망'에 근거하여 퍼뜨리는 것으로, 사실적 근거가 부족한 전해 듣는 말이다.

유언비어는 생활 속에서 간격과 차이가 크고 공격성을 갖추고 있어 소극적인 사회적 기능을 발휘하며, 왕왕 아주 나쁜 사회적 영향을 조성하기도 한다. 그런가 하면 언론이나 여론이 강제적으로 탄압 당할 때 나타나는 소극적 저항의 한 표현으로서 '유언비어'가 널리 퍼지기도 한다. 문제는 이런 '유언비어'를 찾아내서 그 사실 여부를 확인해야 할 언론들이 '유언비어' 유포에 앞장서고 있는 우리 현실이다. 그래서 기레기 '언간'이라 한다.

(46)이가난진(以假亂眞) '거짓 모습으로 진짜를 혼란시킨다.' 쉽게 말해 '가짜로 진짜를 어지럽히는' 짓을 가리킨다. 지금 기레기 '언간'이 가장 잘 써먹는 수법이다. 기레기 '언간'들은 가짜뿐만 아니라 쓰레기통에 버리기도 아까운 불량품, 불량인을 뭐 대단한 것처럼 꾸며댄다. 눈 밝은 국민들이 부릅뜨고 가려내서 폐기시켜야 한다.

(47)이식지담(耳食之談) '귀로 음식 맛을 보듯 하는 말.' 천박한 식견으로 하잘것없는 이 일 저 일은 물론 천하 정세까지 아무렇지도 않게 진단하고 단정하는 허울뿐인 '언간'과 '학간' 부류를 비꼬는 절묘한 비유다.

(48)이우아사(爾虞我詐) '너도 속이고 나도 속이다.' 간신과 '언간'은 이해가 일치하면 손을 잡지만 언제든 등을 돌리는 존재들이다. 간신은 등을 지고 악수하는 존재다. '언간'은 국민을 속일 뿐만 아니라 필요하면 자기들끼리도 속인다. 간신에게는 의리란 애당초 없다.

(49) 이율배반(二律背反)　서로 모순되어 양립할 수 없는 두 개의 명제를 '이율배반'이라 한다. '자가당착(自家撞着)'과 비슷하다. 자신이 하는 말과 행동, 자신이 앞에서 한 말과 나중에 한 말이 서로 다른 경우를 가리키기도 한다. '언간'의 기사에는 이런 '이율배반'이 흘러넘친다.

(50) 인두축명(人頭畜鳴)　'사람 머리를 가지고 짐승 소리를 내다.' 간신과 '언간'이 하는 말이나 짓거리가 딱 이 꼴이다. 이들은 '인면수심(人面獸心)'이다.

(52) 입장마(立仗馬)　'서 있는 말'. 당나라 때 간신 이임보는 바른 말 하는 간관(諫官)들에게 "너희는 입장마(立仗馬)를 보지 못했는가? 입장마는 하루 종일 단 한 번도 울지 않지만 3등품 콩을 얻어먹는다. 한 번이라도 울었다간 바로 쫓겨난다!"고 으름장을 놓았다.

'입장마'는 무즉천 때 생긴 것으로 매일 궁궐 문밖에 줄을 지어 서 있는 것이 그 역할이었다. 말들은 의장대의 출입에 따라 들어왔다 나가면 그만이었다. 그저 하루 종일 서 있으면 맛있는 먹이가 제공되었다. 후대 사람들은 이 '입장마'란 표현으로 녹봉만 축내고 아무것도 하지 않는 사람을 비꼬았다. 지금 우리 '언간'이 입에 재갈 물고 있는 딱 '입장마' 꼴이다.

(53) 자가당착(自家撞着)　'자가당착'은 '제 스스로 부딪치기도 하고 붙기도 한다'는 뜻의 성어로, 한 사람의 말과 행동이 서로 앞뒤

가 맞지 않는 모습을 비유한다. '자가당착(自家撞著)'으로도 쓴다. 기레기 '언간'의 짓거리는 거의 모두가 '자가당착'이다. 어제 쓴 기사와 오늘 쓴 기사가 어긋나는 것은 물론, 불과 몇 시간 사이에 쓴 기사도 앞뒤가 맞지 않는 '자가당착'이 일상이 되었다.

(54)자기기인(自欺欺人) '자기를 속이고 남도 속이다.' 국민들을 속이는 데 이골이 난 기레기 '언간'들은 이제 그것이 곧 자신조차 속이는 짓이라는 사실도 모른 채 모두를 속여 댄다. '자기기만(自己欺瞞)'이 아예 골수에 배어 불치병이 되었다.(2007년 올해의 사자성어로 선정)

(55)자업자득(自業自得) '자기가 저지른 일의 과보가 자기 자신에게 돌아간다'는 일본식 성어이다. 같거나 비슷한 뜻의 성어로 '자업자박(自業自縛)', '인과응보(因果應報)', '사필귀정(事必歸正)' 등이 있다. 기레기 '언간'이 손가락질을 받는 것이 바로 이 때문이다. 대안이 아니라 대체가 답이다.

(56)장두노미(藏頭露尾) '머리는 숨기고 꼬리는 드러내다.' '장두노미'는 진실을 숨겨두려고 하지만 거짓의 실마리는 이미 드러나 있다는 비유이다. 속으로 감추면서 들통 날까 봐 전전긍긍하는 태도를 빗대기도 한다. 기레기 '언간'들의 거짓 기사가 딱 '장두노미'다. 자기 딴에는 감춘다고 감추었지만 머리만 처박고 몸통과 꼬리는 드러내고 있기 때문이다. 머리가 나쁜 꿩이 머리를 땅에 처박고 자신의

몸을 숨겼다고 여기는 것과 같다.

(57)적반하장(賊反荷杖) '도둑이 도리어 몽둥이를 든다.' 잘못한 자가 오히려 잘한 사람을 나무라는 경우를 비유하는 성어이다. 거짓과 조작 기사를 써서 비판을 받아도 도리어 비판하는 사람을 나무라는 기레기 '언간'들의 짓거리가 딱 '적반하장'이다.

(58)무의(毋意), 무필(毋必), 무고(毋固), 무아(毋我) '억측하지 않고, 절대 긍정하지 않고, 고집부리지 않고, 자신만 옳다고 여기지 않는다.' 기레기 '언간'들에 대한 공자님의 쓴소리다. 그러나 기레기 '언간'들은 정확하게 이와는 반대로 하고 있다. 억측하고, 한쪽 편만 무조건 들고, 억지를 부리고, 자기들만 옳다고 우긴다.

(59)점입가경(漸入佳境) '경치나 문장, 또는 어떤 일의 상황이 점점 갈수록 재미있어진다.' 원래는 긍정과 칭찬의 뜻이었시만 기레기 '언간'들의 짓거리를 역설적으로 비판할 때도 쓸 수 있다. 같은 맥락으로 '설상가상(雪上加霜)'도 있다. '엎친 데 덮친 격'이란 뜻이다. 또 '볼수록 가관'이란 말도 비슷한 맥락이다.

(60)조변석개(朝變夕改) '아침에 바꾸고 저녁에 고친다.' 수시로 자기주장을 바꾼다는 비유이다. 기레기 '언간'에게 지조(志操)란 없다. 권력과 자본에 아부하기 위해 언제든 자기주장을 바꿀 준비가 된 자들이다.

(61)조삼모사(朝三暮四) '아침에 세 개, 저녁에 네 개' 잔꾀로 남을 속이는 것을 비유하는 성어이다. 기레기 '언간'들의 전형적인 수법이다. 교묘하게 기사를 조작하여 마치 다른 것처럼 꾸미지만 알고 보면 그게 그것이다.

(62)주객전도(主客顚倒) '주인과 손님이 뒤바뀌다.' 서로의 입장이 뒤바뀐 것이나 일의 차례가 뒤바뀐 것을 비유하는 성어이다. 기레기 '언간'은 주요한 것과 부차적인 것을 뒤바꾸거나, 핵심과 알맹이는 뒤로 빼고 빈껍데기를 부풀려 앞세운다. 그렇게 해서 진실은 물론 사실조차 흐린다.

(63)중구삭금(衆口鑠金) '여러 사람의 입은 쇠도 녹인다.' 기레기 '언간'들은 거짓 가짜 정보를 끊임없이 되풀이한다. 웬만한 사람들은 이 선동에 넘어간다. 불세출의 대중 선동가이기도 했던 파시스트 히틀러는 "유언비어도 1천 번만 반복하고 나면 진리가 된다!"고 했다. 우리 언간들과 히틀러가 뭐가 다른가?

(64)지록위마(指鹿爲馬) '사슴을 가리켜 말이라 하다.' '언간'의 수법으로서 이 성어가 가리키는 핵심은 대중의 관심을 다른 곳으로 돌리는데 있다. 이를 '호도(糊塗)'라고도 한다. '호도'란 풀을 바른다는 뜻으로, 사실을 감추거나 대충 흐지부지 덮어버리는 것을 비유한다. 언간들은 '지록위마'로 시선을 돌려 사실과 진실을 감추거나 덮으려 한다.

(65)지리멸렬(支離滅裂) '이리저리 흩어지고 찢기어 갈피를 잡을 수 없다.' 기레기 '언간'들의 기사가 딱 이렇다. '지리멸렬'은 정신상태의 일종이기도 하다. 전문용어로 incoherence 또는 Zerfahrenheit라 하는 사고 형식 장애의 일종이다. 생각에 정리가 안 되는 증상이 주요한 징후이다. 그 말이나 문장은 모순되어 연관이 없는 무의미한 말이 나열되고, 앞뒤가 일관되지 않고 이해하기 어렵다. 증상이 심해지면 말을 마구 뱉어내고, 언어를 새로 만들어내기도 한다. 지금 우리 기레기 '언간'들의 증상이 딱 이렇다.

(66)진화타겁(趁火打劫) '불난 틈에 물건 따위를 훔친다.' 간신은 다른 사람이 위기에 빠진 틈을 타서 사욕을 채우거나 그 사람을 해친다. '언간'은 나라와 국민의 안위는 안중에 없다. 나라가 혼란에 빠져도 자신들에 반대하는 사람들을 비방하고 해친다.

(67)취모구자(吹毛求疵) '터럭을 불어서 흠을 찾아내다.' 무엇이든 '나올 때까지 턴다'는 검간들의 수법이 딱 이렇다. 검간의 앞잡이 '언간'은 검간의 사주를 받아 지목된 대상은 물론 그 가족, 친지, 관련된 사람까지 모조리 털어낸다. 이 과정에서 스토킹은 기본이다. 정말이지 극악무도한 자들이다.

(68)치아위화(齒牙爲禍) '치아가 화근이다.' 치아란 입, 즉 입에서 나오는 말을 가리킨다. 기레기 '언간'은 글과 말로 온갖 재앙을 불러일으킨다. '언간'은 그 말과 글이 아니라 그 존재 자체가 화근이다.

(69) 침소봉대(針小棒大) 직역하면 '작은 바늘을 큰 몽둥이만하다 고 하는 것'이란 뜻으로 작은 것을 크게 부풀려 말하는 것을 의미한 다. 별 것 아닌 일을 큰일인 것처럼 과장하여 떠벌리는 것, 사실을 있 는 그대로 명확하게 밝히지 않고 일정한 효과를 얻기 위해 고의로 부풀려 해석하는 경우, 소수의 사례를 전체의 상황인 것처럼 확대해 석하는 것을 뜻한다. '언간'의 전형적인 수법이다.

(70) 표리부동(表裏不同) '겉과 속이 같지 않다.' 기레기 '언간'의 말과 글은 앞과 뒤, 겉과 속, 어제와 오늘, 오늘과 내일이 다 다르다. 하루에 몇 번씩 뒤집기를 서슴지 않는다. 그 맥락을 조금만 신경 써 서 살피면 그 사악한 의도를 바로 알아낼 수 있다. '언간'에게 속지 않기에 앞서 아예 믿지 않는 것이 답이다.

(71) 표절(Plagiarism, 剽竊 ; 문화어 : 도적글) 다른 사람이 쓴 문학 작품이나 학술논문, 또는 기타 각종 글의 일부 또는 전부를 직접 베 끼거나 아니면 관념을 모방하면서, 마치 자신의 독창적인 산물인 것 처럼 공표하는 행위를 가리킨다. 다른 사람들의 생각을 훔치는 행 동도 포함된다. 기레기 '언간'의 표절은 일상이 된 지 오래다. 표절 은 도둑놈과 다른 말이 아니다. '언간'은 할 수만 있다면 자신의 영혼 을 파는 것은 물론 남의 영혼까지 훔칠 사상 유례가 없는 도둑놈들 이다.

(72) 혹세무민(惑世誣民) '세상을 홀리고 백성을 거짓으로 속인다'

는 뜻으로 잘못된 나쁜 글이나 말로 남을 꾀어 이익을 취하는 것을 말한다. '언간'의 혹세무민은 아예 그 몸과 정신 전체에 배어버려 불치병이 되었다. 나쁜 '정간(검간)'과 그 사냥개 '언간'이 찰싹 달라붙어 혹세무민을 일삼는 현상 또한 고질병이다. 함께 청산해야 한다.

(73) 혼수모어(渾水摸魚) '물을 흐려 물고기를 잡는다.' '언간'은 불리하다 싶으면 판을 흐려 나쁜 권력(자)과 사악한 정간에게 아부하고 그 대가로 사욕을 취한다. '언간'들이 판을 흐릴 때는 그 의도가 무엇인지를 냉철하게 파악해야 한다. 그 의도에 문제의 핵심이 관통하고 있기 때문이다.

(74) 후회막급(後悔莫及) '나중에 뉘우쳐도 어찌할 바가 없다.' '언간'들의 짓거리를 그대로 두거나 나 몰라라 한다면 정말이지 '후회막급'일 것이다. 나라가 망한 다음이기 때문이다. '언간'은 대안이 아니라 대체의 대상이다. 아니, 소멸시켜야 할 거악(巨惡)이다.(2024년 4월 14일 쓰고, 2025년 12월 16일 수정)

63

거두절미(去頭截尾)
앞뒤를 멋대로 잘라 원래 의미를 왜곡하고 바꾸다

• • •

"올바른 정보 사용 : 우리는 취재 활동 중에 취득한 정보를 보도의 목적에만 사용한다."('한국기자협회 윤리강령' 제4항)

'복붙'이 일상화된 '언간'

바로 앞에서 우리는 저질 사이비 언론, 기레기라는 멸칭으로 불리는 언론이 여론 왜곡을 위해 써먹는 수법이 정말 다양하다는 사실을 알아보았다. 그 수법은 역사상 간신들이 구사한 수법과 놀라울 정도로 일치한다. 이런 점 때문에 필자는 우리 사회의 나쁜 언론들을 '언간(言奸)'으로 규정했다.

이제 소개하는 '거두절미'는 어론계의 간신 '언간'들이 가장 많이 써먹는 나쁜 수법들 중 하나이다. 언론의 기본정신에 입각한 취재는 내팽개치고 남의 말과 글을 복사해서 붙이는 '복붙'에 길들여진 우리 언론의 실상은 이제 어떤 개혁으로도 답이 없다. 이런 점을 생각하면서 '거두절미'라는 성어에 대해 알아보자.

요약(要約)이 아닌 요설(妖說)에 악용당하는 '거두절미'

'거두절미'는 '머리를 없애고 꼬리를 자르다'는 뜻의 사자성어다. 일상에서 자주 사용하고 있다. 어떤 일의 요점만 간결하게 말한다는 뜻이지만 자기 멋대로 잘라서 말하는 경우를 지적하기도 한다.

'거두절미'의 출처는 알 수가 없다. 일본의 포털 사이트인 〈야후재팬〉에는 우리식 성어로 소개하고 있다. 중국 포털 사이트 〈바이두〉에는 '거두절미'는 보이지 않고 같은 뜻의 '참두거미(斬頭去尾)'가 나온다. '머리를 잘라내고 꼬리를 제거한다'로 풀이했다. 그리면서 그 출처를 중국 공산당 초기 지도자인 엽검영(葉劍英, 1897~1986)의 〈위대한 전략결전〉이란 글로 밝혔다. 이 글의 해당 대목은 이렇다.

"우리 군은 위에서 말한 방침을 집행했기 때문에 화북의 적은 바로 아군에게 **'참두거미'** 당하여 하나하나 섬멸되었다."

위 대목은 공산당 군대가 화북 지역 국민당 군대의 앞뒤를 끊어 전후방의 지원을 받지 못하게 만든 다음 각개격파하여 섬멸한 사실을 전하면서 '참두거미'라는 표현을 사용한 글의 일부이다. 엽검영이 말한 '참두거미'는 중간 부분만 남기고 앞뒤로 잘랐다는 뜻으로, 우리가 일상에서 사용하고 있는 '거두절미'의 의미들과는 그 뉘앙스가 다르다는 것을 알 수 있다.

'거두절미'가 되었건 '참두거미'가 되었건 글자 풀이는 모두 머리 부분과 꼬리 부분을 자르고, 몸통 중간 부분만 남긴다는 뜻이다. 문제는 이 성어를 일상생활이나 어떤 상황에 적용할 때 발생한다. 우리는 대체로 앞뒤의 별로 중요하지 않은 말이나 부분을 잘라내고 요점만 간단하게 말한다는 의미로 사용한다. 그러다 최근에는 다른 사람의 글이나 말을 자기 멋대로 잘라내서 자기 입맛에 맞추어 사용한다는 부정적인 뜻으로 많이 사용하고 있다. 성어의 의미가 시대의 변화나 특정 상황에 따라 달라질 수 있음을 보여 주는 사례의 하나이기도 하다.

최근 우리 사회에서 '거두절미'는 타락한 언론 '언간'을 대상으로 많이 사용하고 있다. '기레기'라는 멸칭으로 불리는 '언간'의 질 낮고 나쁜 보도 수법의 하나로 '거두절미'가 인용되고 있기 때문이다. 나쁜 언론은 누군가의 말과 글 중에 핵심이나 그 사람이 하고자 하는 진짜 뜻을 왜곡하여 여론을 조작하기 위해서 이런 수법을 많이 쓴다. 관련한 사례는 너무 많아 일일이 소개할 수 없다. 검색 사이트에서 '언론의 거두절미 사례' 등으로 검색하면 어렵지 않게 찾아볼 수 있다.(그중 하나를 아래에 링크 해둔다.)

나쁜 언론은 '거두절미'와 함께 그 사람이 한 말이나 문장 중에서 논란이 될 만한 단어나 표현을 엉터리로 해석하여 여론을 더욱 심하게 왜곡하고 잘못된 방향으로 이끌기도 한다. 2022년 4월 당시 야당 국회의원의 말 중에 '짤짤이'를 '딸딸이'로 알아들은 철딱서니 없는 젊은 정치인의 말만 집중보도하여 아무 짝에 쓸데없는 논란을 부

추긴 사례가 대표적이다. 적어도 이 국회의원의 말을 전부 들어보았
다면 결코 그렇게 알아들을 수 없고, 당연히 '거두절미'한 엉터리 기
사를 쓸 수 없었을 것이다.

'거두절미'는 취재하지 않고 기사를 쓰는 불량 언론 '언간'의 주
요 수법이기도 하다. 남이 쓴 기사나 글과 말 등을 카피하면서 앞뒤
는 물론 아무 곳이나 잘라 붙이는 수법이 그것이다. 이렇게 몇 번 거

치면 원래 내용과 완전히 다른 기사가 되어 버리는 일이 적지 않다. 말하자면 핵심을 찌르는 요약이 아니라 핵심을 흐리기 위한 요사스러운 글을 만들기 위해 '거두절미'를 악용한다. 문제는 '언간'의 '거두절미'는 마치 머리 나쁜 꿩이 대가리만 땅에 처박고 있는 꼴이라는 사실이다. 이를 사자성어로 '장두노미(藏頭露尾)'라 한다. '머리만 감추고 꼬리는 드러내다'는 뜻이다. 눈 밝은 사람이라면 '거두절미'하고 남은 '몸통'을 보는 것이 아니라 잘라낸다고 잘라낸 그 '머리'와 '꼬리'를 보고 그 '몸통'과 맞춘다. 깨어 있는 시민들의 수준이 '언간'을 한참 앞질렀다는 사실을 '언간'과 꿩 대가리 같은 간신 부류들만 모르고 있다.

'언간'의 '거두절미' 기사에 곤욕을 치른 사람들은 하나 같이 '이래서 언론개혁이 필요하다'고 입을 모은다. 그러나 지금 언론을 개혁하는 일은 불가능해 보인다. 아니 무의미하다. 쓰레기 같은 언론을 대체할 수 있는 새로운 언론의 출현이 불가피하다. 시대는 지금 대안이 아닌 대체를 요구하고 있다. 그러기 위해서는 엉터리 가짜 뉴스나 보도를 일삼는 '언간'들에 대한 징벌적 손해배상 등 강력한 처벌법이 하루빨리 만들어져야 한다.

* 관련기사 : 조선 기자가 내 발언 엿듣고 거두절미 보도(2004년 7월 5일 미디어 오늘)

http://www.mediatoday.co.kr/news/articleView.html?idxno=29386

64

견강부회(牽強附會)
억지로라도 갖다 붙여라

• • •

"기자는 관찰하고 기록하고 전달하고 확인하는 자이다."(기자의 자세와 적성 1)

'견강부회'는 온갖 부류의 '간신'들이 가장 잘 써먹는 상투적인 수법이다. '억지로 끌어다 갖다 붙인다'는 뜻이다. 말도 안 되는 논리를 억지로 끌어다 자기주장의 근거로 삼는 것을 비유한다. '견강부회'는 도리나 이치와는 상관없이 자신의 주장만을 내세우면서 합당하다고 우기는 꼴을 말한다. 따라서 지나치게 자신의 의견만을 고집하면서 다른 사람들의 견해에는 전혀 귀를 기울이지 않는 사람을 가리킬 때도 자주 쓰는 표현이다. 이 성어의 출처와 비슷한 뜻의 성어들을 살펴본다.

'견강부회'는 우리 고등학교 교과서에도 실려 있는 사자성어다. 그 출처는 청나라 때 문인 증박(曾朴, 1872~1935)과 김송잠(金松岑,

1874~1947)이 함께 쓴 견책(譴責)소설《얼해화(孽海花)》의 한 대목이다. 해당 대목을 소개하면 이렇다.

"후대 유학자들이 온갖 방법을 짜내 '견강부회'한 것이 옛날과 지금의 학문이 불분명해진 까닭입니다."

《얼해화》는 총 35회로 이루어진 작품이다. 여러 은유법을 구사하며 20세기 초 중국 사회·정치·문화·생활의 변천사를 반영하고 있다. 봉건시대 지식인과 관료 사대부의 모습을 가장 집중적으로 적나라하게 재현했다는 평이다. 영어, 러시아어, 일본어로 번역되었다.

《얼해화》에 대해 소설가 노신(魯迅)이 "소설의 구조가 교묘하고 문체가 뛰어나다"고 평가한 바 있다. '견책소설'이란 19세기 말에서 20세 초 사이에 중국에서 유행한 소설 장르이며, 봉건 지배층의 부패상을 폭로하고 질책하는 사회 비판의 성격이 짙다. 견책소설의 특성상 '견강부회'라는 표현이 아주 자연스럽게 나온 것 같다.

'견강부회'와 같은 의미로 '견합부회(牽合附會)'가 있는데, 송나라 학자 정초(鄭樵, 1104~1162)의 대표 저서《통지(通志)》의 〈총서(總序)〉라는 글에 나온다. 정초보다 조금 뒤에 나온 송나라 학자 주희(朱熹, 1130~1200)의《주자어류(朱子語類)》에도 '견합부회'가 나온다.

'견강부회'와 유사한 표현에는 '아전인수(我田引水)'가 있는데, '제 논에 물 대기'라는 뜻으로, 자기에게만 이롭도록 생각하거나 행동한다는 말이다. '수석침류(漱石枕流)'란 표현도 있다. '돌로 양치질을 하고 흐르는 물로 베개를 삼는다'는 뜻이니, 가당치도 않게 억지를 부린다는 말이다. '추주어륙(推舟於陸)'이란 표현도 있다. '배를 밀어 육지에 댄다'는 뜻이니, 역시 되지 않을 일에 억지를 쓴다는 말이다.

그밖에 '영서연설(郢書燕說)'이란 표현이 있다. 초나라 영 땅의 사람이 쓴 편지를 연나라 사람이 잘못 해석하고도, 자신이 해석한 내용대로 연나라를 다스렸다는 고사에서 유래한다.(《한비자》〈외저설〉상 편이 그 출처이다.)우리말에 '(넓적한) 채반이 (입 좁은) 용수가 되게 우긴다'는 속담도 가당치 않은 의견을 끝까지 주장한다는 말이다. '홍두깨로 소를 몬다'는 속담 역시 무리한 일을 억지로 한다는 뜻이다. 모두 '견강부회'와 통한다.

'견강부회'는 학문을 비롯해 사회 각 방면에서 흔히 사용하는 사자성어다. 특히 타락한 언론 '언간'이나 진정한 학문보다는 명성을 사고 파는 매명(買名)과 매명(賣名)에만 열을 올리는 '학간'의 천박하고 상투적인 간행의 수법으로서 '견강부회'를 자주 언급한다.

뿐만 아니라 '견강부회'는 심각한 사회현상의 하나이기도 하다. '언간'이나 '학간'을 비롯한 모든 부류의 현대판 간신들은 물론 우리 사회 곳곳에서 온갖 방법으로 여론과 민심을 왜곡하고 조작하는 데에 '견강부회'가 이용되고 있기 때문이다. '견강부회'는 자신의 말도 안 되는 논리나 주장의 허점을 감추기 위해 비교 대상이 될 수 없는 다른 것을 끌어다 그 논리와 주장을 그럴듯하게 꾸미거나, 비틀거나, 논점을 흐리거나 딴 곳으로 시선을 돌리게 하는 수법으로 '언간'의 고질적이고 전형적인 수법인 '물타기'에 가깝다. '견강부회'는 못된 학자들의 '곡학아세(曲學阿世)'와 함께 하루빨리 뿌리를 뽑아야 할 고질병 중의 고질병이다. '견강부회'와 관련한 〈경향신문〉 사설 한

대목과 언론의 '견강부회'를 꼬집은 기사 하나를 참고로 인용해 둔다.(2024년 1월 7일 쓰고, 2025년 12월 16일 수정)

'검찰 편중 인사'를 법치로 왜곡한 윤 대통령, 견강부회다.(2022.06.08. 20:3)

윤석열 대통령이 8일 새 정부의 검찰 중용 인사에 대해 "그게 법치국가 아니겠나"라고 말했다. 미국에서 정부 소속 변호사들이 정·관계에 폭넓게 진출하는 것에 비유했다. 수사·인사·정보 요직에 이어 금융감독원장에까지 검사 출신을 등용해 논란이 일자 반박한 것이다. 전날 "적재적소에 유능한 인물을 쓰겠다"고 밝힌 윤 대통령의 인사관은 보수·진보 모두에서 '왜 검찰에서만 사람을 찾느냐'는 비판에 맞닥뜨렸다. 그러자 하루 만에 법치주의와 미국 시스템으로 방어 논리를 확장했다. **사실에 부합하지 않고, 필요한 논리만 취사선택한 '견강부회'에 가깝다.**

법치주의는 17세기 영국에서 코크경이 '법에 의한 지배(Rule of Law)'를 주창한 데서 시작한다. "국왕도 신과 법 밑에 있다"며 인치(人治)를 배제하고, 절대군주의 자의적 통치를 법으로 제어하고자 한 것이다. 그런데 윤 대통령은 법률가, 그것도 특수통 검사와 측근들을 기용한 것에 법치라는 말을 끌어 썼다. **민주국가의 운영 원리로 자리 잡은 '법이 지배하는 나라'를 '법률가가 지휘하는 나라'로 바꾼 것이다.**

BTS와 검찰도 구별 못하는 기레기들

윤 총장이 직무정지 효력 정지 가처분 신청서를 내자 언론들은 일제히 윤 총장을 비호하는 기사로 도배를 했다. **어떤 언론은 "BTS 세평 조사해도 사찰이냐?"며 했다.**

주지하다시피 BTS와 검찰은 신분 자체가 다르다. BTS가 민간인이라면 검찰은 공무원이다. **그런데도 수구 언론들은 이를 적당히 믹스해 국민들을 기만**하고 있다.

흔히 사찰을 감청하고 미행하는 것만으로 알고 있는데, 그렇지 않다. 본인이 동의하지 않은 상태에서 개인의 신상을 수집하는 것 자체가 사찰이고, 더구나 그것을 공개한 것은 더 엄중한 위법이다. 언론이 그걸 모르겠는가? 알면서도 그저 '물타기 수법'으로 국민들을 기만하려 한 것이다.(출처 : 〈뉴스프리존〉 https://www.newsfreezone.co.kr)

65

곡의봉영(曲意逢迎)

'언간(言奸)'을 자청하는 언론

● ● ●

"품위 유지 : 우리는 취재 보도의 과정에서 기자의 신분을 이용해 부당이득을 취하지 않으며, 취재원으로부터 제공되는 사적인 특혜나 편의를 거절한다."('한국기자협회 윤리강령' 제3항)

수천 년 역사를 종횡으로 종합하여 총결해보면 보편적이면서 특수한 현상을 여럿 발견할 수 있다. 그중에는 긍정적인 현상도 있고, 당연히 부정적인 현상도 있다. 이것이 '역사의 명암(明暗)'이다. 이중 역사의 어두운 면을 '역사의 다크서클(dark circle)'로 표현하기도한다.(참고로 중국에서는 '다크서클'을 '흑안권黑眼圈'이라 한다.)

역사의 어두운 면을 대표하는 현상 가운데 '간신현상(奸臣現象, traitor phenomenon 또는 traitor syndrome)'이란 것이 있다. 간신에 관해 공부하고 몇 권의 책을 낸 글쓴이가 이끌어 낸 역사 용어이다. 쉽게 말해 간신은 한두 사람의 개별적인 문제가 아니라 역사 전반에 엄청난 해악을 끼쳤고, 지금도 끼치고 있는 하나의 심각한 현상이란 사실이다. 더욱이 우리의 경우는 이 현상이 하나의 구조로 고착되고 있는 매우 심각한 사회현상이 되었다.

이번 글에서는 '곡학아세'에 이어 '곡의봉영(曲意逢迎)'이란 네 글자를 통해 현대판 신종 간신 부류의 하나로 우리 사회에 온갖 해악을 끼치고 있는 '언간'의 행태와 수법을 살펴보았다. 아울러 '언간'의 수법을 깨부수는 방법의 하나로 역이용할 수 있다는 점도 지적해 보았다. '곡학아세' 항목과 함께 읽으면 좋겠다.

역대 간신의 보편적 수법

'곡의봉영'은 역대로 모든 간신이 써먹어 온 아주 보편적이고 주요한 수법의 하나다. '자신의 뜻을 굽혀 남에 뜻에 받들어 맞춘다'는 뜻이다. '곡의(曲意)'란 자기의 뜻을 굽힌다는 뜻이고, '봉영(逢迎)'은 거기에 받들어 맞춘다는 뜻이다. 즉, 남의 비위를 맞추어 알랑거리는 아부(阿附)로 남에게 영합함을 가리킨다. 좀 더 부연하자면, 남의 비위를 맞추거나 아부 따위와 같은 거짓 수단으로 다른 사람의 호감과 신임을 얻는 방식으로 자신의 목적을 달성하려는 간사한 모략이다.

'곡의봉영'이란 네 글자는 남송 중기 때의 시인이자 문인인 엽소옹(葉紹翁)의 《사조문견록(四朝聞見錄)》이란 책에 보이고, 《삼국연의(三國演義)》에도 등장한다.

'곡의봉영'의 수단은 아주 폭넓은 사회적 기초를 가지고 있다. 주로 정객들이 많이 쓰는 수법이다. 자신의 출세와 영달을 위해 상사의 환심을 사고, 상사의 심리에 영합하기 위해 수단과 방법을 가리지 않고 아첨한다. 장사꾼들은 상품을 팔기 위해 과장과 허풍, 필요하면 비굴한 웃음으로 고객의 비위를 맞춘다.

정직한 사람들은 '곡의봉영'을 비열한 행위로 생각한다. 그러나 역사를 보면 정직한 사람도 '곡의봉영'이란 간접 수단으로 자신의 정치·경제·군사 목적을 달성한 예가 적지 않다. 관련한 역사 사례를 춘추시대 기록인《좌전》의 기록을 통해 소개한다.

진(晉)나라 영공(靈公, 기원전 624~기원전 607)은 어린 나이에 즉위한 포악하고 음탕한 군주였다. 그는 성 위에서 탄환을 던져 사람들이 놀라 탄환을 피해 이리저리 도망 다니는 것을 보고 즐거워하는 그런 인간이었다. 한번은 요리사가 곰 발바닥 요리를 덜 익혔다고 요리사의 목을 잘라 그 머리를 삼태기에 담고 궁녀로 하여금 조정을 돌게 했다. 조돈(趙盾)이란 신하가 여러 차례 충고했으나 영공은 버럭 화를 냈고, 게다가 간신 도안고(屠岸賈)의 부추김에 넘어가 저예(鉏麑)를 보내 그를 죽이라고 했다. 저예는 정의감이 있는 인물이라 차마 조돈을 죽이지 못하고 끝내 나무에 자신의 머리를 부딪쳐 자결했다.

조돈은 가신 제미영(提彌明)의 보호를 받고 망명하는 수밖에 없었다. 조돈은 황급히 성을 빠져나가다 사냥 갔다 돌아오는 조천(趙穿)을 만났다. 조천은 영공의 매형이고, 조돈과는 집안 친척이었다. 조천은 조돈으로부터 저간의 자초지종을 듣고 조돈을 잠시 피신하도록 했다. 그런 다음 자신이 '곡의봉영'의 계책으로 영공의 신임을 얻은 다음, 틈을 타 영공을 살해했다. 그 구체적인 수법은 이랬다.

곡의봉영(曲意逢迎)
언간(言奸)을 자청하는 언론

각하, 맛 좋으십니까~?

뉴스 권력자 찬양

언론

권력자

권력자 '진○'찬는'앵커쇼
(식빠를 권이양)

권력자 비위 맞추기 "알랑방귀"

조천은 영공에게 거짓으로 조돈의 일을 거론하며 조씨 집안이 죄를 지었으니 자신의 관직을 박탈하고 벌을 내려 달라고 요청했다. 영공은 조천의 이런 태도를 곧이곧대로 믿고는, 소돈의 일은 조천과는 무관하다며 조천에게 아무런 조치를 취하지 않았다. 조천은 다시 영공의 비위를 맞추고자 영공이 놀러 갈 때를 택해 미녀를 선발하사고 부추겼다. 영공은 아주 기뻐하며 미녀 선발의 일을 누가 맡는 게 좋으냐고 물었다. 조천은 주저 없이 간신 도안고를 추천했다.

도안고를 보내고 난 뒤 조천은 영공에게 복숭아 정원으로 놀러 가자고 꼬드겼다. 그러면서 안전을 위해 무사를 선발하는 게 좋다고 했다. 영공은 아무것도 모르고 그저 좋아했다. 조천은 무사를 선발하여 영공이 술에 취한 틈을 타서 찔러 죽였다. 얼마 후 조돈이 돌아와 국정을 주도했다.

'곡의봉영'에 당하지 않으려면?

일상생활에서 정직하고 선량한 사람은 '곡의봉영'과 같은 수법은 배우려 하지 않는다. 그러나 현실은 늘 착한 사람이 '곡의봉영'을 강요당하는 곤란한 상황에 직면하기도 하고, 심지어는 '곡의봉영'하는 무리들에게 화를 당한다. 따라서 착한 사람은 "달콤한 말 뒤에는 악의가 감추어져 있고, 사탕 속에 독이 묻어 있다"는 말을 귀담아들어야 하며, 또 "좋은 약은 입에 쓰지만 병에 좋고, 충언은 귀에 거슬리지만 행동에 유익하다"는 오랜 격언도 아울러 기억해야 할 것이다. 간신을 막는 첫걸음이다.

'곡의봉영'은 누가 뭐라 해도 간신을 비롯한 음모가들이 공통적으로 사용하는 간사모략이다. 그러나 조천의 경우에서 보았다시피 올바른 일을 위해서라면 정직하고 착한 사람도 사용할 수 있다. 착하고 정직한 사람들이 나쁘고 악한 자들에게 일쑤 당하는 까닭은 이런 모략을 무조건 꺼려 하기 때문이다. 전략적 차원에서 사악한 자들에 대응하고 꺾으려면 때로는 이를 기꺼이 구사할 수 있어야 한다.

과거 '곡의봉영'은 권력이 작동하는 정치판의 전유물이었다. 지금은 사회 모든 분야에서 이런 일들이 수없이 벌어지고 있다. '곡학아세'에서 보았던 지식인 떼거리, 즉 '배운 간신'인 '학간(學奸)'과 이들과 결탁하거나 이용하여 여론을 조작하고 민심을 호도하는 '언간'들의 '곡의봉영'은 그 도를 넘어도 한참 넘었다. 권력과 권력자를 비판해야 할 가장 핵심 주체들이 앞장서서 나쁜 권력과 권력자의 비위를 맞추기 위해 알랑거리는 모습이란, 보기에 참으로 역겹다. 이 '언간'들의 역겨운 짓이 어느 정도인지 관련 기사 하나를 연결해둔다. 이

기사를 알고 계신 분들은 심신의 건강을 위해 보지 마시라. 이제 언론은 고쳐 쓸 수 없는 지경에 이르렀다. 대체만이 답이다. 생각이 바로 박힌 집단지성의 힘이 어느 때보다 절실하다.(2025년 12월 16일)

* 보기에 역겹지만 '언간'의 '곡의봉영'이 어느 정도인지 잘 보여주는 기사(?) 하나를 링크해 둔다.(2022년 8월 23일자 〈오마이뉴스〉)

[〈중앙일보〉 주필의 역대급 '윤비어천가']

http://omn.kr/20drq

66

곡학아세(曲學阿世)
언론과 지식인 타락의 출발점

• • •

"공정 보도 : 우리는 뉴스를 보도함에 있어서 진실을 존중하여 정확한 정보만을 취사선택하며, 엄정한 객관성을 유지한다."('한국기자협회 윤리강령' 제2항)

'언간'의 다양한 수법을 간결하게 요약하고 있는 고사성어나 명언명구들을 통해 그 수법의 배경·내용·교훈·통찰 등을 알아보고 있다. 이를 통해 우리 사회의 '공기(公器)'가 아닌 '공해(公害)'이자 선량한 사람들을 공격하는 '무기(武器)'가 되어버린 '언간'의 문제점과 척결 방법을 생각해본다. 이번 글에서는 널리 알려져 있는 '곡학아세'를 소개한다.

2020년 초, 필자는 〈만절필동(萬折必東) 해프닝과 삐딱한 지식인〉이란 글을 썼다.(초고는 그보다 훨씬 전에 썼던 것 같은데 정확한 날짜는 기억이 나지 않는다.) 이 글은 그해 10월에 출간된 《리더의 역사공부》(개

정판 《성공하는 리더의 역사공부》에 들어갔다. 먼저 그 글을 다시 소환해 본다.(자구 일부 수정)

    2017년 (문재인) 대통령의 방중(2017.12.13.~12.16)과 관련하여 많은 기사가 쏟아졌지만 대부분 본질에서 벗어난 한심한 기사들이 대부분이었다. 한심 정도를 벗어나 악의적인 기사들도 많았다. 이 와중에 나름 흥미로운(?) 기사들이 포착되었다. '만절필동(萬折必東)' 해프닝이라고나 할까?

    경위는 이렇다. 보수 야당의 한 국회의원이 주중대사를 즉각 경질하라고 열을 올리면서 들이댄 근거가 다름 아닌 '만절필동'이었다. 그는 주중대사가 신임장 제정식(아그레망)에서 방명록에 쓴 '만절필동(萬折必東), 공창미래(共創未來)'를 언급하며 "만절필동이란 천자를 향한 제후들의 충성을 말한다. 이 뜻은 대한민국이 중국의 종속국인 제후국이고, 문 대통령이 시진핑 천자를 모시는 제후라는 것"이라고 포문을 열었다. 그러자 수구 매체들도 너나없이 이를 받아썼다.

    그 국회의원의 인문학 소양을 따질 생각은 전혀 없다. 이런 무지한 주장을 펼친 배경이 문제였다. 그가 큰소리로 이런 주장을 내세운 데는 직전인 12월 16일자 〈동아일보〉에 실린 모 지식인(?)의 글에서 힘을 받은 것으로 보인다. 동양철학 분야에서 명망이 높고 중국에 대해서도 잘 안다는(?) 모 씨는 경기도 가평에 있는 이른바 '소중화(小中華)의 성지(?)' 조종암(朝宗巖)에 새겨져 있는 조선시대 최악의 임금들 중 한 명인 선조(宣祖)의 '만절필동(萬折必東)'이란 글씨를 거론하면서 이렇게 핏대를 올렸다.

"만절필동은 황허강의 강물이 수없이 꺾여도 결국은 동쪽으로 흐르는 것을 묘사하며 충신의 절개를 뜻한다. 의미가 확대되어 천자를 향한 제후들의 충성을 말한다. 남이나 서로 흐르는 강물을 가진 민족이 동쪽으로 흐르려 했다. 우리나라를 대표하는 대사가 시진핑 중국 국가주석에게 신임장을 제정하는 날 방명록에 '만절필동'이라는 글을 남겼다. 이게 도대체 무슨 일인가."

우선 첫 구절부터 무슨 말인지 이해가 안 간다. 황하의 물길이 수없이 꺾여도 결국은 동쪽으로 흐른다는 사실이 충신의 절개와 무슨 관계가 있나? 또 "남이나 서로 흐르는 강물을 가진 민족이 동쪽으로 흐르려 했다"는 대목은 대체 무슨 말인지, 무슨 의미인지 도무지 알 수 없었다.

조종암과 선조의 글씨가 임진왜란 때 구원병을 보낸 명나라에 대한 보은의 차원에서 나온 것은 틀림없었다. 그렇다고 그 네 글자를 주중대사가 방명록에 남긴 '만절필동'과 동일시할 수 있을까? '만절필동'은 유가사상을 집대성한 《순자(荀子)》에 인용된 공자(孔子)의 말로서 사물의 필연적 이치를 비유하는 것이다. 모든 사물은 어떤 곡절이 있어도 그 나름의 발전 규칙에 따라 흘러간다는 뜻이다. 그리고 2천 년 넘게 이런 뜻으로 써왔다.

주중대사도 《순자》의 뜻에 충실하여 이 구절을 앞에 두고, 뒤에다 '공창미래'를 덧붙인 것으로 보인다. 한·중 관계가 사드 문제로 곡절을 겪었지만 순리대로 일은 풀려갈 것이니 함께 미래를 창조하자는 뜻으로 풀이하는 것이 말 그대로 순리 아니겠는가?

그런데 이런 원래의 뜻은 고의로 감추고, 그 언론의 논조에 맞추어 무조건 헐뜯기 위해 자신의 지식(?)을 동원한 것이라면 참으로 개탄스럽다 하겠다. '곡학아세(曲學阿世)'에 찌든 지식인, 그리고 이를 악용하고 이에 부화뇌동(附和雷同)하는 언론과 정치인이야말로 적폐가 아닐 수 없다.]

이상이 당시에 쓴 글의 전문이다. 필자가 이 글의 키워드로 내세운 '곡학아세'는 '왜곡된 학설이나 학문으로 세상에 아첨한다'는 뜻으로 《사기》〈유림열전〉에 나오는 명구이다. 그 내용을 보면 이렇다.

사이비 지식인들에 대한 이 따끔한 충고 '곡학아세'는 한나라 초기 경제(景帝, 188~141 기원전) 때의 박사 원고생(轅固生)이 공손홍(公孫弘)에게 "(그대는) 바른 학문으로 바른말을 하는데 힘써야지, 왜곡된 학문으로 세상에 아첨하는 일이 없도록 해야 할 것이오"라고 한 데서 나왔다.

공손홍(기원전 200~기원전 121)은 60세 늦깎이로 박사가 된 입지전적인 인물이다. 논리와 법에 정통하여 어사대부 벼슬까지 올랐고, 훗날 평진후(平津侯)로 봉해질 정도로 출세한 인물이었다. 하지만 그는 늘 황제의 눈치를 보는 기회주의자였다. 그래서인지 그는 원고생이라면 두려워 어쩔 줄 몰랐다고 한다.(그렇다고 공손홍이 그때까지의 처세 방식이나 생각을 바꾼 것은 결코 아니었다. 그저 남에게 보이기 위한 허례에 지나지 않았다.)

원고생은 제(齊)나라 출신으로 《시경(詩經)》에 정통했고, 《시경》을 말하는 사람 치고 원고생에 뿌리를 두지 않은 자가 없을 정도였다고

한다. 원고생이 현자를 구하던 무제의 부름을 받았을 때는 그의 나이 90이었는데, 이때 함께 부름을 받은 공손홍에게 바로 이 말로 앞으로의 처신에 대한 경계로 삼으라며 충고했던 것이다. 공손홍은 원고생의 인품에 감동하여 그에게 사죄하고 기꺼이 그의 제자로 자청했다.

'곡학아세'는 '배운 것을 나쁜 쪽으로 돌려 세상에 아첨한다'는 뜻으로, 평소의 자기 신조나, 소신·철학 등을 굽혀 세상(시류·권력·권력자)에 아첨함을 말한다. 자신이 배운 전문지식이나 학벌 따위를 미끼 삼아 권력과 권력자에 아부하고 꼬리를 치는 출세지상주의 사이비 지식인들에 대한 경고였다. 그런데 이런 현상이 수천 년 시공을 초월하여 지금 우리 사회, 특히 언론과 지식인 사회에서 다반사(茶飯事)로 벌어지고 있다. 그 현상이 권력이 1인에게 집중되어 있던 왕조체제보다 더 심각한 것 같아 씁쓸하고 안타깝고 안쓰럽다.

'만절필동'을 왜곡했던 그 지식인은 그 뒤로도 맹활약(?)을 펼치며 세상에 이름을 팔았고, 급기야 제20대 대통령선거 국민의당 대통령 후보 중앙선거대책위원회 상임선거대책위원장이라는 거창한 직함으로 행세하기도 했다. 그가 이 자리를 갖고 무슨 역할을 했는지는 모르겠지만 적어도 그 당의 '사람 보는 눈'이 어느 정도인지는 확인된 셈이다. 또 '곡학아세'의 대가로 그 자리에 만족할 리 없어 보인다. 모르긴 해도 또 다른 '곡학아세'로 '매명(賣名)'하여 '매명(買名)'하려 들 것이다. '곡학아세'를 밥 먹듯 하는 사이비 지식인 '학간(學奸)'과 언간이 없어지지 않는 한, 그리고 그런 '곡학아세'를 두 팔 벌려 환영하는 '언간'과 같은 덩어리(집단)가 존재하는 한.

'곡학아세'하는 사이비 지식인을 '언간' 이야기에 넣어 소개한 까닭은 '언간'과 이런 지식인, 즉 배운 산신 '학간'이 끈끈하게 달라붙어 공생관계를 유지하고 있을 뿐만 아니라, 그 간행 수법인 '곡학아세'가 서로 판박이기 때문이다. 앞으로 거듭 이야기되겠지만 우리 사회 신종 간신 부류들은 따로 각자도생(各自圖生)하는 존재가 아니라 거의 다 둘 이상 복수로 복잡하게 결탁되어 있는 '카르텔'이다. 필자는 이를 '사이비 엘리트 간신 카르텔'로 부른다. 이 카르텔이 우리 사회, 나라 전체를 갉아먹고 있는 실정이다. 간신현상의 심각성이 바로 여기에 있고, 그 중간 고리로 이쪽저쪽 여기저기를 오가며 국민을 이간질하는 간신, 바로 '언간'이 있다. '언간'이 문제다.(2023년 연말 어느 날)

67

남우충수(濫竽充數)
밥만 축내는 '무용지물(無用之物)'

• • •

답이 없는 정권의 행태를 반영한 올해의 사자성어

해마다 연말이면 발표하는 〈교수신문〉이 선정한 올해의 사자성어, 2023년에는 '견리망의(見利忘義)'가 뽑혔다. '이익을 보면 그것이 옳은 것이고 뭐고 싹 잊고' 그 이익을 향해 달려든다는 뜻이다. 역사서 《한서(漢書)》가 그 출처이고, 《논어(論語)》에서 공자가 말한 '이익을 보면 그것이 옳은 것인지를 생각하라'는 '견리사의(見利思義)'와 반대되는 뜻이다. 최고 권력자 마누라의 대담한 뇌물 수수와 현 정권의 행태를 빗댄 것으로 추정한다. 너나없이 죄다 사사로운 이익에만 몰두하고 있는 꼬락서니다.

'견리망의'와 함께 추천을 받은 사자성어로는 '도둑이 도리어 몽둥이를 든다'는 '적반하장(賊反荷杖)'과 '쓸모없이 머릿수만 채운다'는 비유의 사자성어로 '남우충수'가 있었다. 둘 다 윤가와 김가 공동 정권의 한심한 모습을 지적하고 비유하고 있다. 참고로 '적반하장'은 우리 속담을 한자로 바꾼 성어이다.

불과 1년도 안 돼 드러난 정권의 민낯과 정체는 무능과 탐욕, 그 자체였다. 그리고 이 무능하고 탐욕스러운 권력을 탄생시킨 제1 주범은 다름 아닌 기레기 언론 '언간'이었다. '언간'은 말 그대로 밥만 축내는 '반통(飯桶, 밥통)'들이 아닐 수 없다. 그저 밥만 축내는 밥통일 뿐만 아니라 나라와 국민을 갈라치기하는 악질 분열주의자들이다. 언론은 대안이 아닌 대체가 답이라는 사실을 또 한 번 실감했다.

차라리 도망쳐라

이번 글에서는 머릿수만 채우는 쓸모없는 자를 뜻하는 '남우충수(濫竽充數)'라는 고사성어를 통해 '언간'의 무용(無用)을 빗대어 비판해보려고 한다. 한자 풀이가 쉽지 않기 때문에 먼저 글자부터 풀이한다. '남'은 '넘쳐 난다'는 뜻이다. '우'는 '피리' 또는 '피리 부는 사람'을 가리킨다. '충수'는 '수를 채우다'는 뜻이다. 합쳐 보면 '피리 부는 사람의 수가 넘친다'는 것으로 불필요한 연주가가 악대에 포함되어 있다는 뜻이 된다.

'남우충수'에는 다음과 같은 흥미로운 고사가 딸려 있다. 이 고사는 《한비자(韓非子)》〈내저설(內儲說)〉(상)에 보인다. 그 고사를 한번 보자.

전국시대 제나라 선왕(宣王, ?~기원전 301)은 음악을 좋아하여 궁중에 악대를 꾸렸다. 선왕은 악대의 연주로 합주를 즐겨 들었는데,

밥만 축내는 무용지물(無用之物)

기레기 반통(飯桶)

밥만 축내는 '언간'들

무능·무책임·무양심·언간도 밥벌레들…

피리를 잘 부는 악사들을 모아 300명에 이르는 피리 연주단을 구성할 정도였다. 이 악대에 남곽(南郭)이라는 자가 있었는데, 연주 실력도 별 볼 일 없으면서 온갖 방법을 다 짜내 선왕의 환심을 사 악대에 들어갔다. 악대가 피리를 연주할 때 다른 악사는 실력을 한껏 발휘했지만 남곽은 그저 연주하는 흉내만 낼 뿐이었다. 그러나 악대의 숫자가 워낙 많은 덕에 남곽 한 사람이 연주하지 않아도 전혀 티가 나지 않았다.

이렇게 남곽은 몇 년 동안 다른 악사들과 같은 좋은 대접을 받으며 지냈다. 그런데 선왕을 이어 즉위한 민왕(緡王, ?~기원전 284)은 합주보다 독주를 선호했다. 남곽은 매일 마음을 졸이며 지낼 수밖에 없었고, 결국은 서둘러 보따리를 챙겨 몰래 궁에서 도망쳤다.

예로부터 현명한 통치자는 인재의 자질과 능력을 잘 헤아려 자리를 배치했다. 전설시대의 성군 순(舜)임금은 무려 22명의 인재들을 선발하여 각자 능력에 맞는 자리에 배치했다. 그러면서 "삼가 맡은 바 책임을 다하여 때맞추어 천하의 일을 돌보라"고 당부했다. 이와 함께 3년에 한 번씩 이들의 실적을 살폈는데, 세 번 살핀 다음 승진과 강등을 결정하니 관리들의 성적이 다 올랐다고 한다.

과거 쓸모없이 자리만 지키고 있는 벼슬아치를 '용관(冗官)'이라 했다. 이런 자들은 자신의 무능함을 숨긴 채 사람들 틈에 파묻혀 희희낙락한다. 이런 자들을 가려내서 내쳐야만 조직의 기능이 제대로 돌아간다. 그러기 위해서는 때때로 적절한 시험으로 그 자질과 능력을 파악해야 한다. 시스템이 아무리 잘 갖추어져 있어도 업무에 맞는 인재를 배치하지 못하면 그림의 떡이다.

'남우충수'는 자질과 실력은 물론 인간성도 형편없는 자들이 사회 곳곳에서 자리를 꿰찬 채 세금과 사회적 재부를 축내고 있는 여러 조직의 실질적인 문제점을 비판하는 고사성어라 할 것이다.

윤가와 김가 공동정권에는 '남우충수'하는 자들로 넘쳐났었다. 그 정권을 탄생시킨 1등 공신인 '언간'들 중에도 '남우충수'와 같은 밥벌레들로 넘쳐난다. 하루 종일 쏟아지는 쓰레기만도 못한 기사들을 보노라면 그 악취에 구역질이 난다. 권력(자)의 항문을 핥아대는 것은 기본이고, 국민들을 갈라치기하며 국론을 분열시킨다. 그 옛날 남곽은 자기 실력을 알고 줄행랑을 쳤지만, '언간'들은 도망치기는커녕 '적반하장'으로 선량한 국민에게 눈을 부라린다. 국민들이 '언간'을 심판하고 내쫓을 '별의 순간'이 점점 가까워지고 있다. 남곽처럼 한

시라도 빨리 도망치는 '언간'이 그나마 욕을 덜 먹을 것이다.(2023년 12월 16일 처음 쓰고, 2025년 12월 16일 수정)

68

단장취의(斷章取義)
'홍두깨로 소는 모는' 언간들

● ● ●

"기자는 사회의 파수꾼이며 빛이다. 기술과 자질을 익혀 사회적 사명을 다해야 한다."(기자의 자세와 적성 8)

가위질도 못하고 '홍두깨로 소를 모는' '언간'

'단장취의(斷章取義)'는 '문장이나 뜻을 멋대로 잘라서 취한다'는 뜻의 성어이다. 자신의 생각이나 주장을 나타내기 위해 글쓴이의 원래 의도와는 상관없이 문장 중 일부를 잘라내는 행위를 가리키는 표현이다. 또 그렇게 상대의 말이나 문장 일부만을 잘라서 원래 뜻이나 의도를 왜곡하는 것 또한 '단장취의'라 할 수 있다.

춘추시대 여러 제후국이 외교 활동을 벌일 때 사신들은 《시경(詩經)》 등에서 문장을 따와 자기 의사를 나타내는 수단으로 삼았다. 하지만 말하는 쪽이나 듣는 쪽 모두 본래 의미는 상관하지 않고 자신이 이해한 쪽으로 유리하게만 해석했다고 한다. 여기서 '단장취의'가 유래되었다.

또 '단장취의'는 제(齊)나라에서 터진 정변에서도 인용된 바 있다. 춘추시대 제나라에서 정변이 일어나 대부 최저(崔杼)가 경봉(慶封)과 함께 장공(莊公)을 시해하고 경공(景公)을 앉히는 사건이 있었다. 장공에게는 충성스러운 호위 무사 노포규(盧蒲癸)란 인물이 있었다. 노포규는 장공이 시해당하자 동생 노포별(盧蒲嫳)에게 최저와 경봉에게 신임을 얻어놓으라고 당부한 뒤 도망쳐 몸을 숨겼다. 노포별은 경봉의 가신이 되어 기회를 엿보았고, 결국은 최저와 아들들 사이의 갈등을 이용하여 최저 일가를 몰살했다. 최저는 자살했다.

권력을 독점한 경봉은 노포별을 완전 신뢰하게 되었고, 노포별은 경봉에게 형 노포규를 귀국시키자고 권했다. 노포규는 귀국했고, 경봉의 아들 경사(慶舍)의 딸 강경(慶姜)을 아내로 얻기까지 했다. 기회를 엿보던 노포규는 경봉이 사냥 나간 틈에 경사를 죽였다. 이 과정에서 아내 경강은 아버지 경사가 아닌 남편의 편을 들어 도왔다. 사냥에서 돌아온 경봉이 노포규를 공격했으나 이기지 못하고 노나라로 도망갔다.

일이 마무리된 다음 누군가 노포규에게 그의 거사를 도운 노씨도 경씨도 모두 강씨 성의 후손인데 경사의 딸을 아내로 취한 까닭이 무엇이냐고 물었다. 노포규는 "경사가 동성동본을 무시하고 딸을 내게 시집보냈는데 내가 그것을 왜 피하겠는가? 이는 마치 사람들이 《시경》의 문장과 뜻을 자르고 취하여 자기 생각을 나타내는 것과 같다"라고 대답했다.

　2017년 미국 트럼프 대통령의 별 볼 일 없는 트윗 문장을 엉뚱하게(?) 해석하여 자칫 외교 문제로까지 비화될 뻔한 어처구니없는 오역(?) 사건이 발생한 적이 있다. 공신력(?) 있는 한 언론사 특파원의 보도에서 비롯된 이 사건에 청와대가 직접 나서 강력하게 지적하면서 바로 이 '단장취의'를 언급했다.(〈미디어오늘〉의 〈연합뉴스〉 워싱턴 특파원의 '위험한 오보' 기사 참고)

　몇 년 전 한 방송 진행자가 '미투 운동'과 관련하여 공작의 위험성을 지적했다가 국회의원과 논쟁이 붙었는데, 이때다 싶은 자들이 이 문제를 엉뚱한 방향으로 몰아갔다. 당초 이 국회의원은 상대의 말을 꼼꼼히 따져보지 않고 '단장취의'하여 자기 멋대로 해석한 것은 물론, 나아가 이 방송 진행자의 자질 문제까지 거론했다. 개인감정이나 옳지 않은 정치적 의도를 갖고 이런 식으로 '단장취의'하는 짓은 이제 통하지 않는다. 트럼프의 트윗을 오역한 특파원의 못난 짓거리와 국회의원의 '단장취의'를 다름 아닌 보통 시민들이 잡아내고 지적하고 있다는 사실을 무겁게 받아들여야 할 것이다. 집단지성의 시대는 한참 전에 와 있다.

'홍두깨로 소를 몬다'는 재미있는 우리 속담이 있다. 홍두깨란 옷감을 감아서 다듬을 때 쓰이는 도구로 나무 밀대라 생각하면 된다. 이 속담의 의미는 이렇다. 적합한 것이 없거나 급하거나 하여 무리한 일을 억지로 함을 비유한다. 여기서 아무리 급한 경우에라도 지나치게 무리한 짓을 해서는 안 된다는 뜻이 갈라져 나왔다. 지금 우리 '언간'이 이런 모습이다. '단장취의'도 제대로 못하는 언간이니 '홍두깨로 소를 모는' 것이 하나 이상하지 않기는 하지만, '단장취의' 같은 얄팍한 수작은 더 이상 통하지 않는다. 평범한 보통 시민에게까지 욕을 얻어먹어서야 되겠는가? 얻어먹을 곳이 따로 있지.(2024년 1월 22일 쓰고, 2025년 12월 16일 수정)

69

동족방뇨(凍足放尿)
'언 발에 오줌 누기'식 거짓말

● ● ●

"기자는 기억력이 있어야 하며 기억 상실증자는 기자를 해서는
안 된다."(기자의 자세와 적성 6)

몸과 마음에 배어 버린 '입벌구'

'입벌구'가 우리 사회의 속어로 정착한 지 꽤 된 것 같다. '입만 벌
리면 구라(거짓말)'의 줄임말이란다. 거짓말도 자꾸 하면 몸과 마음에
배어 습관과 습성이 된다. 거짓말이 습관과 습성이 되는 가장 중요
한 까닭은 한 번 뱉은 거짓말을 인정하고 사과하거나 뉘우치지 않고
그것을 덮고 피해 가기 위해 또 다른 거짓말을 동원하기 때문이다.

거짓말에는 '필요악'과 같은 요소가 있다. 이 때문에 거짓말을 하
얀 거짓말이니 새빨간 거짓말이니 색으로 구별하기도 한다. 하지만
어떤 거짓말이 되었건 마음에 걸릴 수밖에 없다. 양심에 걸리기 때

문이다.

문제는 거짓말이 몸과 마음에 배어 버린 경우다. 특히 대중을 상대하는 사람, 언론이나 정치가의 거짓말은 그것이 아무리 사소한 것일지라도 그 파급력과 영향력이란 점에서 결코 무시할 수 없다. 또 거짓말이 몸과 마음에 밴 '입벌구'라면 그 피해는 상상을 초월한다. 그 거짓말을 무조건 무작정 믿는 어리석은 대중, 즉 '민간(民奸)'들이 적지 않기 때문이다. 또 정치판의 간신 '정간'과 언론계의 기레기 간신 '언간'이 합작하여 뱉어내는 거짓말은 선량한 대중들까지 홀려서 그릇된 선택을 하게 만들기 때문이다. '정간'과 '언간'은 바로 이를 노리고 있다.

'동족방뇨'의 종착점은?

'동족방뇨'라는 사자성어는 우리 속담 '언 발에 오줌 누기'를 한자로 바꾼 것이다. 추운 겨울 발이 얼었다고 자신의 오줌으로 언 발을 녹여보았자 얼마 가지 않아 더 꽁꽁 얼어붙는다는 뜻이다. 잠시의 효력이 있으나 곧 그 효력은 없어지고 더 나쁜 일을 한다는 말이다. 작은 잘못을 덮으려고 거짓말을 하고, 그것이 들통 나자 또 다른 거짓말을 동원하고 … 결국은 걷잡을 수 없는 지경에 이르는 짓에 대한 비유이기도 하다.

지금 우리의 '정간'과 '언간'이 벌이고 있는 짓거리가 딱 '동족방뇨'다. '정간' 하나가 거짓말을 하면 눈 밝은 집단지성이 이를 지적한다. 그러면 이 '정간'은 잘못을 인정하거나 사과하지 않고 또 다른 거

짓으로 이를 덮으려 한다. 이때 '언간'들이 나서 그 거짓말에 당의정 따위를 씌워 그 거짓말을 감추거나 함께 거짓말 행진에 동참하여 그 '정간'을 감싸준다. 사회문제나 정치에 높은 관심을 가진 소수는 이 거짓말을 끝까지 추적하지만 상당수의 대중들은 그 거짓발에 넘어간다. 어리석은 '민간'들은 그 거짓말을 적극 옹호하며 열을 올린다.

'정간'과 '언간'의 이런 짬짜미는 그동안 큰 재미를 보아왔던 것이 사실이다. 그사이 이들은 이 독이 발린 당의정에 중독되었다. 집단지성이라는 시대의 흐름, 대중의 의식 수준을 깔보고 공부하지 않고, 성찰하지 않고 그 자리에 안주했다. 이제 그 거짓말들은 추운 겨울 자신의 언 발에 갈기는 오줌처럼 고스란히 얼음덩이가 되었다.

명나라 가정 연간(1521~1567)에 활동한 학자이자 사상가 여득승 (呂得勝)은 아동교육을 위한 책 《소아어(小兒語)》에서 "고의로 한 잘못이 아니면 말하면 그만이다. 실수와 잘못을 누군들 하지 않겠는가"라면서 다음과 같은 의미심장한 말을 남겼다.

"자신의 과실을 감춘다고 사라지지 않는다. 감추지 못할뿐더러 잘못 하나가 더해질 뿐이다."

거짓말의 끝은 어디인가? '동족방뇨'의 결말은 무엇인가? 거짓에 홀리는 사람들이 치르는 대가는 무엇인가? 드라마 '체르노빌'의 다음 대사가 그 답을 던지고 있다. 정신 바짝 차리면 '정간'과 '언간'의 거짓은 몇 분 안에 들통이 나고, 저들의 발은 더욱더 꽁꽁 얼어붙어 버릴 것이다.(2024년 1월 21일 쓰고, 2025년 12월 16일 수정)

"거짓의 대가는 무엇인가? 거짓을 진실로 착각하는 것이 아니다. 거짓의 진짜 대가란 거짓을 끝없이 듣다가 진실을 인지하는 능력을 완전히 상실하는 것이다."

70

동호직필(董狐直筆)
손가락을 꺾어라!

• • •

춘추시대 산서성 지역에 위치했던 진(晉)나라의 문공(文公)은 19년 망명 생활 끝에 최고 통치자 자리에 오른 입지전적인 인물이었다. 19년 동안 그의 망명 생활을 수행했던 수행 공신들 중 조최(趙衰)는 이후 진나라의 군대를 이끌며 조씨 집안을 명문가로 키웠다.

조최의 아들 조돈(趙盾)도 진나라 공실의 실력자로 성장하여 영공(靈公)의 즉위를 실질적으로 주도했다. 영공은 통치자로서의 자질이 떨어졌다. 기원전 607년을 전후로 자신의 사치스러운 생활을 위해 백성에게 세금을 무겁게 물리기 시작했다. 궁궐 담장을 화려한 그림으로 장식하고, 궁궐 성 위에 올라가 성 아래를 오가는 사람들에게 탄환을 쏘아대는 놀이를 즐겼다. 영공은 사람들이 놀라서 탄환을 피하려고 이리저리 우왕좌왕하는 모습을 보며 즐거워 어쩔 줄 몰라 했다.

한번은 궁중 요리사가 곰 발바닥을 덜 익혀서 내자 영공은 화가 나서 요리사를 죽이고, 궁녀들에게 시체를 들고 궁궐 뜰 앞을 지나 내다 버리게 했다. 조돈과 사회(士會) 등 중신들이 전부터 몇 차례 충고했으나 영공은 듣지 않았다. 오히려 조돈의 충고를 잔소리로 받아들여 자객 저예를 시켜 조돈을 죽이게 했다. 저예는 충성스러운 조돈의 모습을 보고는 "충신을 죽이는 것과 국군의 명을 어기는 것, 모두 같은 죄로구나!"라고 탄식하며 나무에 머리를 부딪쳐 자결했다.

영공은 조돈을 죽이려는 시도를 멈추지 않았다. 사자보다 사납다는 '아오(獒)'라는 개를 궁중에 매복시켰다가 조돈을 물어 죽이려고까지 했다. 조돈은 자신이 은혜를 베풀었던 제미명의 도움으로 간신히 목숨을 건졌지만, 영공은 군사들을 시켜 조돈을 잡아들이게 했다. 조돈은 하는 수 없이 망명길에 올랐다. 지난날 아버지 조최에 이어 2대에 걸친 망명이었다.

조돈이 진나라 국경을 벗어날 즈음 조돈의 동생인 조천(趙穿)이 복숭아밭에서 영공을 습격하여 죽이고 조돈을 다시 불러들였다. 조돈이 평소 존경을 받고 민심을 얻은 반면, 영공은 젊은 나이에 사치스러워 백성이 따르지 않았기 때문에 시해하기 수월했다. 조돈은 자리에 복귀했다.

진나라의 기록을 담당하고 있는 태사(太史) 동호(董狐)는 서슴없이 "조돈이 그 국군을 시해했다"라고 기록하고는 조정에서 이를 대놓고 조돈에게 보여주었다. 조돈은 "시해한 사람은 조천이고 나는 죄가 없다"라고 항변하자, 태사는 "그대는 조정에서 가장 높은 정경(正卿)의 신분으로 도망쳤으나 국경을 벗어나지 않았고, 돌아와서도 나라를 어지럽힌 자를 죽이지 않았으니 그대가 아니면 누구란 말이오!"라고 반박했다.

사관 동호는 임금을 죽인 주범으로 조천이 아닌 조돈을 지목했다. 국경을 넘지 않은 상황에서 동생 조천이 영공을 시해했으니 이에 대한 책임은 국정을 실질적으로 이끌고 있던 조돈에게 있다고 본 것이다. 게다가 조정으로 돌아와 권력을 다시 장악한 다음에도 임금 시해에 대한 책임자를 처벌하지 않았으니 스스로 시해의 주범임을 인정한 것 아니냐는 날카로운 추궁이었다. 조돈은 아무런 반박도 하지 못했다.

훗날 공자(孔子)는 이 일을 두고 "동호는 옛날의 훌륭한 사관으로 죄를 숨기지 않는다는 기록의 원칙을 지켰고, 조선자(趙宣子, 조돈)는 훌륭한 대부로서 원칙을 지키다가 오명을 썼다. 안타깝구나, 국경을 벗어났더라면 오명을 면했을 터인데!"라고 했다. 공자는 권력자의 행적을 있는 그대로 기록했을 뿐만 아니라 그 행적의 주체를 정확하게 지목하여 그 죄를 숨기지 않았던 사관 동호의 자세를 칭찬했다. 또 송나라 때의 애국충신 문천상(文天祥)은 세나라의 태사와 함께 "제나라에는 태사의 죽간이 있고, 진나라에는 동호의 붓이 있구나!"라는 시를 남겨 사관의 직필 정신을 높이 평가했다.

사실 춘추 후기로 넘어가는 당시는 나라의 실권을 장악하고 있는 권신들이 임금을 죽이는 일이 빈번했고, 동호처럼 엄격한 예법에 따라 있는 그대로를 기록하는 서사(書史)의 원칙은 일찌감치 붕괴된 상태였다. 그렇기 때문에 동호의 용기는 더욱 빛을 발했다. 여기서 이른바 정직한 사관의 붓이란 뜻을 가진 '동호필(董狐筆)'이란 단어와 '동호의 곧은 붓' 또는 '동호가 정직하게 기록하다'는 뜻의 '동호

직필(董狐直筆)'이라는 고사성어가 탄생하기에 이르렀다.

　동호의 직필 정신은 그 뒤 중국 역사가의 역사 기술의 모범으로 전해졌다. 그리하여 정직한 사관이라면 반드시 갖추어야 할 사덕(史德) 전통 중에서도 가장 고상한 도덕적 정조로 자리 잡았다. 지금으로부터 약 2,600년 전 '동호의 직필'은 아무렇지 않게 곡필(曲筆)을 마구 휘두르는 지금 우리 언론계 간신인 '언간'과 곡학아세를 일삼

는 배운 간신 '학간'을 향하고 있다. 동호의 직필은 고사하고 사실을
사실대로 쓰는 자세조차 아쉬운 현실이다. 이것도 못하겠다면 손가
락을 꺾어라!(2020년, 2024년, 2026년 쓰고 고치고)

71

사필소세(史筆昭世)

집단지성(集團知性) 시대의
'대체(代替) 언론(言論)'을 꿈꾸며

• • •

"**기자는** 국민의 알 권리를 충족시키고, 진실을 알릴 의무를 가진 **언론의 핵심 존재로서 공정 보도를 실천할 사명**을 띠고 있으며, 이를 위해 국민으로부터 언론이 위임 받은 편집·편성권을 공유할 권리를 갖는다. 기자는 **자유로운 언론 활동을 통해 나라의 민주화에 기여하고 국가 발전을 위해 국민들을 올바르게 계도할 책임과 함께, 평화통일·민족화합·민족의 동질성 회복에 기여해야 할 시대적 소명**을 안고 있다. 이와 같이 막중한 책임과 사명을 갖고 있는 기자에게는 **다른 어떤 직종의 종사자들보다도 투철한 직업윤리가 요구**된다. 이에 한국기자협회는 회원들이 지켜야 할 행동기준으로써 윤리강령과 그 실천 요강을 제정하여 이의 준수와 실천을 선언한다."

위는 '한국기자협회 윤리강령' 서두이다. 굵은 글씨로 표시된 기자의 소명과 직업윤리를 보노라면 탄식이 절로 나온다. 우리 '언론'

들이 더 이상 제 기능을 발휘하지 못하고 있기 때문이다. 아니 발휘할 수 없다. 언론과 언론인의 기본정신과 자세는 이제 입으로만 읊조리는 낡고 공허한 '구호(口號)'가 되었다.

제정신인 언론인이라면 하루빨리 언론사를 탈출하라고 권하는 어느 명망 있는 언론인의 권유에 절로 고개가 끄덕여질 정도다. 기존 언론의 기능은 이제 끝나가고 있고, 끝났다. 왜 이렇게 되었는가에 대해서는 지면이 아까워 생략하도록 하겠다. '기레기'라는 상징적인 단어 하나만으로 답은 충분하다고 생각하기 때문이며, 또 이미 수많은 분석들이 나오기도 했다.

'대안언론(代案言論)'을 이야기한다. 실제로 '팟캐스트'를 거쳐 '유튜브' 시대로 오면서 팟캐스터와 유튜버들이 기존 언론의 대안으로 큰 역할을 했고, 지금도 하고 있다. 물론 이 동네에도 썩어빠진 자들이 넘쳐난다. 하지만 올곧은 분들이 어렵고 힘든 환경에서 꿋꿋하세 대안 언론으로서의 역할을 해내고 있고, 이제는 기존 언론의 영향력을 훌쩍 뛰어 넘고 있다. 최근에는 과거 언본을 싸잡아 재래식 언론으로 부른다.

언론 지형의 이 같은 변화는 본격적인 집단지성의 도래와 함께 본격화되었다. 기사의 송출과 거의 동시에 그 기사에 대한 검증이 가능해졌다. 사실 확인은 기본이고 기사의 의도, 기자의 내력과 성향 및 자질, 사주의 정치성향 등등까지 언론사·언론·언론인과 관련한 모든 사항과 비교적 깊이 있는 정보들까지 파악된다. 어떤 면에서는 지금이 언론 본연의 기능과 역할을 제대로 할 수 있는 시대가 되었다고도 할 수 있다. 하지만 이 역시 헛된 기대다. 거대한 자본에 잠

식당해 오로지 자본 논리에만 충실한 탐욕의 덩어리가 된 언론사에 종사하는 한 언론인은 그저 그런 일개 '회사원'에 지나지 않기 때문이다. 문제는 일개 '회사원'의 영향력, 그것도 악영향이다. 그래서 한 시대에 대한 최소한의 사명감으로 일하는 대안(대체) 언론이 더욱더 소중하다.

언론인은 역사가이다. 적어도 역사가의 자세를 갖고 있어야 한다. 역사가는 사실(事實, fact)을 넘어 진실(眞實, truth)을 찾는 사람이다. '육하원칙(六何原則)'의 맨 마지막 '왜(why)'를 끊임없이 던져야 한다. '육하원칙'이란 단어의 '하(何)'가 어째서, 왜란 뜻이기도 하다. '육하원칙'의 when, where, who, what, how, why 여섯 항목 모두가 의문사로 시작되는, 다시 말해 물음표로 끝난다는 점도 의미심장하다. 역사가도 언론인도 끊임없이 물음표를 던지는 사람이다. 그런 사람이어야 한다.

역사를 공부하고 있는 사람으로서 '대안언론'을 넘어 '대체언론(代替言論)'을 꿈꾸어 본다. 언론과 언론인의 기본정신을 지키되 새로운 시대에 맞는 다양하면서 깊이 있는, 그리고 실용적인 정보를 제공하는 언론이면 어떨까? 이런 생각을 늘 해왔다. 나아가 이를 통해 우리 가까이에 있는 사람들, 특히 사회적 약자들에게 도움이 될 수 있으면 좋겠다는 희망도 품어 보았다.

위대한 역사가 사마천(司馬遷)의 무덤을 오르노라면 '사필소세(史筆昭世)'라는 현판을 올려보게 된다. '역사(가)의 붓이 세상을 환히 밝힌다'는 뜻이다. 세상을 밝힌다는 것은 인간과 인간사를 바로 드러내는 일이고, 환히 드러낸다는 말은 진실을 찾는다는 뜻이기도 하다. 이 세상을 보다 나은 쪽으로 바꾸고 싶다는 책임감이 조금이라도 있는 사람이라면 '사필소세'의 정신과 자세로 한 글사 한 글자를 역사에 깊게 박아놓을 수 있도록 있는 힘을 다해야 것이다.(2025.12.16.)

72

남우충수(濫竽充數), 무위도식(無爲徒食), 시위소찬(尸位素餐)을 넘어

밥만 축내는 '밥통'과 같은 '언간', 차라리 '무위도식(無爲徒食)'이 낫다?

• • •

"기자는 현장을 다루는 목격자로 기민해야 한다."(기자의 자세와 적성 5)

'밥통'을 깨야 '남우충수(濫竽充數)'가 사라진다

'숫자를 채우고도 남는다'는 뜻의 '남우충수'라는 고사를 소개한 바 있다. 남아도는 무능한 자들에 대한 비유이다. 한 시간이 멀다 하고 가짜 뉴스, 거짓 뉴스를 뿜어대는 기레기 '언간'들이 딱 '남우충수'에 다름 아니다. 이 불량한 현실을 바꾸려면 밥만 축내는 이런 자들의 밥통을 깨는 수밖에 없다.

일본식 사자성어에 '무위도식(無爲徒食)'이라는 표현이 있다. '하는 일 없이 밥만 축낸다'는 뜻이다. 비슷한 뜻의 중국 성어로 '반식재상(伴食宰相)'이 있다. 출처는 《구당서(舊唐書)》〈노회신전(盧懷愼傳)〉

의 다음 대목이다.

"개원 3년(715)에 황문감이 되었다. 노회신과 자미령(紫微令) 요숭(姚崇)과 짝을 이루어 추밀을 관장했는데, 노회신은 관리로서의 능력이 요숭에 미치지 못한다고 여겨 매번 모든 일을 요숭에게 미루었다. 당시 사람들이 그를 일러 '반식재상'이라 했다."

'반식재상'은 '밥만 함께 먹는 재상'이란 뜻으로, 자리에 어울리지 않게 아무 일도 하지 않는 사람을 조롱하는 성어이다. 비슷한 뜻의 성어로 '시위소찬(尸位素餐)'이란 표현이 있다. '죽은 사람처럼 자리만 차지한 채 밥만 축낸다'는 뜻이다. 출처는 《한서》〈주운전(朱雲傳)〉이다. 이 기록의 내용을 보면 이렇다.

서한 원제 때 주운(朱雲)은 강직하기로 이름난 인재였다. 그는 무능한 고관대작들을 대놓고 공격하나 결국은 모함을 받아 관직에서 쫓겨났다. 원제를 이은 성제는 장우(張禹)란 자를 사부로 모셨다. 주운이 글을 올려 성제를 뵙고자 했다. 성제를 만난 주운은 다짜고짜 지금 조정 대신은 '자리만 차지한 채 밥만 축내는' 무능한 자들이니 한 사람의 목을 베어 나머지에게 경고해 달라고 청했다. 성제가 누구의 목을 베려 하느냐고 묻자 주운은 서슴없이 승상 장우라고 답했다. 성제는 노발대발하며 주운을 끌고 나가 목을 베라고 했다. 좌장군 신경기(辛慶忌)가 주운의 강직함은 세상이 다 아는 일이니 목숨만은 살려 주십사 간청했다. 주운 대신 자신의 목이라도 내놓겠다는

신경기의 간청에 성제는 주운을 석방했다.

　자리만 차지한 채 국민의 세금을 축내는 밥통이나 밥버러지들은 예나 지금이나 별반 달라진 것이 없다. 더 큰 문제는 윤가와 김가의 공동 정권이 들어선 다음 이를 지적하는 주운 같은 강직한 공직자나 언론이 아예 씨가 말랐다는 사실이다.

　'무위도식'과 비슷한 뜻의 중국 속어로 '반통(飯桶, fàn tǒng)'이란 표현이 있다. 밥만 축내고 제구실도 못하는 사람을 낮잡아 이르는 우리말의 '밥통'과 같은 뜻이다. '반통'의 출처는 확실치 않고, 오래 전부터 민간에서 흔히 쓰던 속어로 보인다. '반통'은 원래 밥이나 음식을 아주 많이 먹는 사람을 형용하는 단어였지만, 점점 뜻이 확대되어 밥 먹는 일 외에 제대로 할 줄 아는 일이 아무것도 없음을 암시

한다. 아주 무능함에 대한 비유이다.

지금 우리 '언간'들이 하는 짓거리를 보면 영락없이 '밥통'이다. 아니 '밥통'만도 못하다. 하는 짓들이 사회의 기풍을 어지럽히고 국민들을 이간질하고 나라를 어지럽히기 때문이다. 어떤 면에서는 차라리 '무위도식'이 낫다는 생각도 들지만 밥값도 아까우니 하루빨리 '밥통'을 깨야 할 것이다. 역시 답은 대안이 아닌 대체다.

여기서 잠깐, 함께 생각해보자. 강직한 주운은 한 사람의 목을 잘라 모두에게 경고해야 한다고 했는데, 지금 우리는 누구의 목을 쳐야 들끓는 국민의 분노를 잠재울 수 있을까?(2026년 1월 29일)

73

십무(十無)＋삼반(三反)＋이무(二巫)
윤석열 정권의 정체

• • •

2022년 3월 9일은 우리 역사상 최악의 한 날로 기록될 것이다. 두 달 뒤인 5월 10일 왕조체제에서도 없을 기도 안 차는 정권이 들어섰다. 무조건(無條件)에 매몰된 집단 반지성(反知性)이 선택한 재앙이다. 하루빨리 없애야 한다. 그 정권의 우두머리와 그 졸개들이 하는 말과 행동을 보면서 이들에게는 '열 가지가 없고', 그 때문인지 '두 가지 미신'에 빠져 있다는 생각이 들었다. 거기에 국민과 국가, 그리고 국익에는 관심이 없다. 이에 '십무＋삼반＋이무'라는 제목으로 '없는 열 가지', '거꾸로 가는 세 가지', '미신(迷信) 둘'에 대해 좀 알아보았다.

1 먼저 이자들은 **무지(無知)**하다. 제대로 아는 게 없다. 무지(無智)는 언감생심(焉敢生心)이라 **뺐**다.(출처 :《논어》〈자한〉 ;《춘추곡량전》 외)

2 아는 게 없으니 무얼 보아도 그저 멀뚱멀뚱 눈만 껌벅거릴 수밖에 없다. 사물을 가려낼 수 없는 **무식(無識)**이다.(출처 :《순자 병법》〈구지〉 ;《순자》〈법행〉 외)

3 아는 게 없고, 사물을 제대로 가려낼 수 없으니 **무능(無能)**은 당연하다. 뭔가를 할 수 없다.(출처 :《예기》〈유행〉)

4 여기에 자신의 이런 모습에 대해 부끄러워할 줄 모른다. **무치 (無恥)**다. 부끄러움이 없으니, 부끄러워할 줄 모르고 못할 짓이 없다.(출처:《예기》〈표기〉;《사기》〈관안열전〉 외)

5 어떤 일을 두고 계획을 세우거나 꾀를 낼 수도 없다. **무모(無 謀)**다.

6 능력도 없이 일을 벌이니 실패는 불을 보듯 뻔하다. 그런데 이 실패에 대해 책임지지 않는다. 무조건 저질러 놓고 본다. **무책 임(無責任)**이다.(출처 :《좌전》선공 12년조)

7 이러니 시간이 지날수록 **무기력(無氣力)**해진다.

8 설상가상(雪上加霜)으로 이자들 대부분이 **무례(無禮)**한 무뢰배 (無賴輩)들이다. 무뢰배란 성품이 막되어 예의와 염치를 모르 며, 불량한 짓을 하며 돌아다니는 자들을 가리키는 단어다.(출 처 :《시경》'용풍' ;《사기》〈진본기〉)

9 이런 자들이 권력을 쥐고 있으니 제멋대로 함부로 행패를 부린 다. 이를 **무단(無斷)**이라 한다. 나라의 중요한 정책도 우두머리 의 비위에만 맞추어 마구 결정한다.(《한서》〈광형전〉)

10 그래서 세상 사람들은 이런 자들을 **무뇌(無腦)**라 비꼰다. 뇌가 없다는 뜻이다.

　무식하고 무지한 자의 문제는 아는 것이 없다는 데 있지 않고 알려고 하지 않거나 알 필요가 없다고 고집하는 데 있다. 이 때문에 무모해지고 무단으로 행동하는 것이다. '십무'로 무장한 이런 자들이 모여 나라를 이끈답시고 설치니 그 결과는 '삼반'으로 나타날 수밖에 없다. **반국민(反國民), 반국가(反國家), 반국익(反國益)**이다. 하는 족족 민족과 국민과 국익과 반대로 나가는 것이다. 더 심각한 짓은 이자들, 특히 우두머리와 그 처가 **무당(巫堂)과 무속(巫俗)**에 집착하고 있다는 풍문이 파다하다. '이무'다. 이러고도 나라가 제대로 운영될 수 있겠는가? 하루라도 빨리 끌어내리는 것이 상책(上策)이다. 서로에게 더 큰 불행이 닥치기 전에.(이상 2022년 10월 27일)

정권 출범 6개월 무렵에 예견했던 대로 '십무+삼반+이무'의 정권은 수명을 다 채우지 못하고 2024년 12월 3일로 끝장이 났다. 아니, 제 스스로 끝장을 냈다. 아니, 국민이 끝장을 냈다. 끝장은 났지만 그 여파는 지금도 나라를 흔들고 있다. 이제 그 수괴의 부부는 말할 것 없고 그 졸개들까지 샅샅이 찾아내서 단죄하는 과정이 남았다. 시간이 얼마가 걸리든 확실하게 청산해야 한다. 청산하지 못한 과거사가 우리의 발목을 얼마나 세게 아프게 잡고 있는지 실감했고, 지금도 실감하고 있지 않은가?

'지연된 정의는 정의가 아니다'는 말이 있듯이, '청산하지 못한 과거는 현재는 물론 미래의 가장 큰 짐이다.' 깨어 있는 시민 노릇하기 참 힘들지만 '한 나라의 흥망은 보통 사람의 책임'이라는 선현의 말씀에 책임감을 느끼며, 끝날 때까지 끝난 것이 아니라는 자세로 조금 더 힘을 내자.(2025년 12월 14일 보태다)

74

이우아사(爾虞我詐)
속고 속이고, 입만 열면 거짓말

● ● ●

"기자는 누구보다 인내를 가져야 한다."(기자의 자세와 적성 4)

간신의 3대 특징

모든 부류의 간신에게서 나타나는 가장 큰 공통점은 '속임'과 '거짓말'이다. 한자로 나타내자면 '사기(詐欺)'와 '기만(欺瞞)'이다. 속이기 위해서는 당연히 거짓을 동원해야 하기 때문이다. 또 속임과 거짓을 들키지 않기 위해 '숨기는' '은닉(隱匿)'도 함께 나온다. '사기', '기만', '은닉'은 간신의 3대 특징이라 할 수 있다.

모든 간신의 짓거리, 즉 간행이 결코 떳떳한 짓이 아니기 때문에 간신은 속이고, 거짓말하고, 숨겨야 한다. 그리고 간신은 이를 위해 온갖 수단과 방법을 다시 강구한다. 다시 말해 속이고 거짓말하고 숨기는 짓거리 아래로 이를 달성하기 위한 숱한 방법과 수단(술수와 수작)이 따른다.

　간신의 사기와 기만, 그리고 은닉은 대상을 가리지 않는다. 필요하면 누구든 속인다. 권력자를 속이는 것은 물론 여론 조작 등을 위해 일반 국민들도 속인다. 또 간신은 이 속임수를 감추기 위해 갖은 방법과 수단을 동원한다. 따라서 간신의 사기와 기만은 은밀한 음모(陰謀)가 될 수밖에 없다. 동시에 온갖 가상과 허상을 날조하여 사람들의 눈과 귀를 가린다. 간신의 간행을 간파하려면 이 속임수를 제대로 폭로할 수 있어야 한다. 그들의 언행(言行)을 유심히 살피고 철저히 분석해야 하는 일이 필요하다.

정치판 모리배 '정간(政奸)'과
언론계 기러기 '언간(言奸)'의 붙어먹기

　그런데 속임과 거짓은 열등감의 또 다른 표출이다. 간신은 대부분 빈 깡통과 같아 정작 실력이나 실속 없는 '외화내빈(外華內貧)'이다. 이 때문에 이런 진면목을 감추기 위해 먼저 겉모습을 꾸미는 가식(假飾)이 나타나고, 또 이 가식을 감추기 위해 거짓말로 속이는 것이다.

　간신의 이런 전형적인 수법이 '거짓(가짜) 모습으로 진짜를 혼란시킨다'는 **'이가난진(以假亂眞)'**이다. 군사에서는 자신의 진짜 실력을 감추기 위해 거짓으로 약한 척하지만 우리 간신들은 그와는 반대다. 빈껍데기나 다름없는 진짜 모습을 감추기 위해 화려해 보이는 가짜를 앞세워 대중을 속이는 것이다.

이우아사(雨虞我詐)

　'이가난진'이 가장 많은 곳이 정치판이다. 정도의 차이만 있을 뿐 정치판은 자신의 약점은 가능한 축소하거나 그럴듯하게 꾸미고, 장점은 부풀리고 앞세워 유권자들을 홀리기 때문이다. 이는 유권자들, 특히 지지자들이라면 어느 정도 묵인한다. 문제는 축소와 과장이 아니라 숨기고, 속이고, 거짓말하는 것이다. 하루가 못 되어 드러날 거짓말, 하고 나면 바로 드러날 속임수를 천연덕스럽게 해대는 정치판의 간신 '정간(政奸)'들이 많다.

　그런데 이렇게 '이가난진'과 사기·기만·은닉이 몸에 밴 '정간'들의 짓거리를 묵인하는 것은 물론 이를 대놓고 꾸며주고 부추기는 또 다른 간신 부류, 즉 '언간'이 더 큰 문제다. 이 '언간'들은 언론이 아닌 것은 물론 '묻지마' 악질 유튜버와 하나 다를 것이 없는 대단히 심각한 사회악이자 이런 '정간'을 비롯한 권력과 자본에 기생하는 기생

충에 다름없다.

　이렇게 돈과 권력에 기생하면서 **'너도 속이고 나도 속이는'**는 **'이우아사(爾虞我詐)'**로 연명하는 한심하고 불쌍한 간신으로 전락한 '언간'은 이제 우리 사회에서 퇴출되어야 할 제1순위가 된 지 오래다. 이 '언간'의 더럽고 굽은 손가락에 놀아나며 신나게 자기 자랑(거짓말)에 열을 올리는 뉴페이스(?) '정간(政奸)'의 퇴장 또한 멀지 않았다. 역사현상의 하나로서 '간신현상'의 청산은 시간이 걸리겠지만 개개인 간신의 수명은 하루살이에 다름없기 때문이다. 집단지성을 말하지 않더라도 지금 시대가 그렇다.(2024년 1월 15일 쓰고, 2025년 12월 16일 수정)

뱀의 다리 이 글에서 언급한 뉴페이스 '정간'이 실제로 2026년 1월 29일 자기 당에서 제명당했다. 정치판에서 완전 퇴출되는 수순만 남겨 놓은 것 같다. 이 '정간'이 누구일까?

75

인두축명(人頭畜鳴)
사람 머리를 하고 짐승 소리를 내다

● ● ●

"기자는 힘과 용기가 있어야 하며 건강해야 한다."
(기자의 자세와 적성 3)

최근 유튜브 〈강성범 TV〉에 출연한 김갑수 문화평론가가 역적 윤가를 두고 '멧돼지 몸통에 쥐새끼 머리'를 한 모습의 아주 몹쓸 자라는 신랄하고 절묘한 풍자의 말을 하는 걸 들었다. 덩치는 멧돼지 같은 게 잔머리 굴리는 건 쥐새끼 같다는 뜻이었다. 이 말에 문득 '인두축명'이란 사자성어가 떠올랐다. '사람 머리를 하고 짐승 소리를 낸다'는 뜻이다. 먼저 이 성어의 출처와 내용을 한번 보자.

역사가 사마천이 남긴 3천 년 통사 《사기》 후대의 판본에는 〈진시황본기〉 말미에 사마천보다 약 100년 뒤 역사가인 반고(班固)의 〈진기론(秦紀論)〉이란 문장이 들어가 있다. 이 문장은 진시황과 통일제국 진나라가 불과 15년 만에 망한 원인에 대한 반고의 진단이다. '인두축명'은 이 글에서 나온 성어이다. 반고는 간신 조고의 쿠데타로 권력을 잡은 2세 호해가 이런 간신들과 함께 나라를 멸망으로 이끈 사실을 두고 이렇게 비판했다.

"누군가 참으로 가슴 아프게 말한 것처럼 '사람의 머리를 가지고 짐승 소리를 내는' 꼴이로구나!"

옳고 그름이나 좋고 나쁜 것을 분별하지도 못하면서 그저 소리만 질러대는 꼴을 비유한 성어다. 비슷한 뜻의 성어로 '사람의 얼굴을 하고 있지만, 그 속은 야수처럼 사납고 잔인하다'는 뜻의 '인면수심(人面獸心)'이 있다. '인면수심'의 출처는 《열자(列子)》〈황제(黃帝)〉편인데, 원문은 '금수지심(禽獸之心)'이다. '인면수심'이란 표현은 반고의 《한서》의 〈흉노전〉에 나온다. '이리의 심장에 개의 허파'라는 뜻의 '낭심구폐(狼心狗肺)'라는 노골적인 표현도 있다. 악랄하고 의리가 없는 자들을 비유한다. 출처는 명나라 때의 문학가 풍몽룡(馮夢龍)의 《성세항언(醒世恒言)》〈권30〉이다.

2024년 1월 2일 새해 벽두에 당시 제1정당(야당)의 대표(이재명 현 대통령)에 대한 테러가 있었다. 20cm에 이르는 양날을 날카롭게 간 칼로 목을 찌르는 목숨을 노린 명백한 살해 의도의 테러였다. 그런데 이 엄청난 사건에 우리 '언간(言奸)'과 '경간(警奸)'이 보인 첫 반응은 사건 축소였다. 자칫 목숨을 빼앗을 수도 있었던 치명적인 상처를 가볍게 찢긴 '열상(裂傷)'이라고 떠들더니, 무기도 별것 아닌 것처럼 왜곡해댔다. '경간'들은 사건 조사도 제대로 하지도 않고 '단독

사람 머리를 하고 짐승 소리를 내다
인두축명 (人頭畜鳴)

범행'을 흘렸다.

일부 몰지각(沒知覺, 무뇌無腦)한 의사들은 목숨이 경각에 달린 환자를 헬기로 운송한 것이 특혜라고 게거품을 물었다. 악질 유튜버를 비롯한 '민간(民奸)'들은 두 눈으로 보고도 무기가 칼이 아니라 젓가락이라고 태연히 거짓말을 일삼고, 심지어는 자작극이라며 게거품을 물며 무슨 정신 나간 자들처럼 나댔다.

여기에 의사 출신의 안xx라는 국회의원이란 자는 치명적일 수 있었던 상처를 두고 '목 긁힌 뒤 죽은 듯 누워 있었다'는 정말이지 인간이라면 생각할 수도 없는 더러운 말까지 내뱉었다. 반고의 말 그대로 '사람의 머리를 가지고 짐승 소리를 내는' '인두축명'의 현상이 나라를 뒤덮고 있다.

어리석은 '민간'들은 자기편이 아니라고 무작정 증오하고, 권력(자)과 정권, 그리고 앞잡이 '검간'들은 이들을 정권수호에 이용하기 위해 이런 짓거리를 부추겼다. '언간'들도 '부화뇌동'하여 권력(자)이 미워하는 사람을 악마화하면서 권력(자)의 밑을 핥아댔다. 그 결과 자기편이 아닌 사람은 죽여도 괜찮다는 집단 히스테리가 널리 퍼졌고, 민심은 갈기갈기 찢겼다. 정말 많은 사람이 병 들었고, 지금도 병 들고 있다.

이 모든 것이 '간신현상'이 사회에 끼치는 해악이다. 그 해악들 중에서도 특히 심각한 것은 많은 사람들의 '사상의 타락'이고, 그중 최악은 '사회 기풍의 타락'이다. '권간(權奸)'을 비롯하여 '검간(檢奸)', '경간'이 노리는 것이 바로 이것이고, '언간'은 그 나팔수 노릇을 기꺼이 하고 있는 현실이다. 그러나 간신들이 생각하지 못하고 있는 사실이 있다. '간신현상'의 종착점은 간신들이 바라는 자기들만의 세상이 아니라 '공멸(共滅)'이라는 것을. 엄연한 역사의 법칙이다.(2024년 1월 7일 처음 쓰고, 2025년 12월 22일 보태다)

뱀의 다리 이런 글을 쓸 때마다 드는 생각이 짐승이나 동물들에 대한 미안함이다. 특히 개와 돼지는 사람에게 둘도 없이 유익한 동물들이건만 늘 안 좋은 쪽으로만 인용된다. 그건 그렇고 이 사건은 테러로 지목되어 재조사 중이다.

76

지치득차(舐痔得車)

헐 때까지 핥아라

• • •

"기자는 공익 외에 어떠한 주인을 섬겨서도 안 된다."(기자의 자세와
적성 2)

2023년 12월 29일 역사학자 전우용 선생이 칼럼 등을 통해 기레
기 '언간'들의 짓거리를 겨냥하여 '지치(舐痔)'라는, 냄새나는 지독한
단어를 자주 써서 눈길을 끌었던 적이 있다. '지치'란 '똥구멍의 치질
을 핥다'는 뜻으로, '언간'들이 권력(자)의 똥구멍까지 핥는 구역질나
는 아부를 조롱한 것이다.

'언간'은 왜 권력(자)의 똥구멍을 핥을까?

'지치'는 '똥구멍 치질을 핥고 수레를 얻는다'는 뜻을 가진 '지치
득차'라는 성어에서 나왔다. 자신의 목적을 위해서 수단과 방법을

가리지 않는다는 비유로서 《장자(莊子)》 〈열어구(列禦寇)〉가 그 출처이다. 그 편에 이런 우화가 있다.

송(宋)나라에 조상(曹商)이라는 자가 있었다. 그가 송나라의 임금을 위하여 진(秦)나라에 사신으로 가게 되었다. 그가 진나라로 떠날 때에는 고작 몇 대의 수레가 주어졌지만, 진나라 임금에게 잘 보여 무려 100량의 수레를 받았다. 조상은 송나라로 돌아오는 길에 장자를 만나 장자를 조롱하듯 이렇게 자랑을 늘어놓았다.

"답답한 촌구석에 처박혀 살면서 궁색함을 면치 못해 겨우 짚신이나 삼아 입에 풀칠하며 야윌 대로 야위어 목뼈가 불거져 나오고 영양실조로 얼굴이 누렇게 뜨는 것이라면 저는 정말 서투릅니다. 그러나 만승(萬乘)의 임금을 단번에 깨우쳐 수레 100량을 거느리는 신분으로 출세하는 일에서는 정말이지 저를 따를 사람이 없습니다."

장자는 차분하게 다음과 같이 응수했다.

"진나라 임금이 병이 나서 의사를 불러 종기를 째고 고름을 짜내는 자에게는 수레 한 량을 주었고, 똥구멍에 난 치질을 핥아 아픔을 덜어주는 자에게는 수레 다섯 량을 주었다네. 말하자면 치료받는 부위가 아래로 내려갈수록 수레를 많이 주었지. 어쩌면 자네가 진나라 임금 똥구멍 주위의 피고름 고인 치질을 핥은 것은 아니겠지? 허참, 수레가 많기도 하네 그려! 그만 가보게."

이 우화에서 '치질을 핥아 수레를 얻다'는 '지치득차(舐痔得車)', '조상이 치질을 핥다'는 '조상지치(曹商舐痔)', '악창을 빨고 치질을 핥다'는 '연옹지치(吮癰舐痔)' 등과 같은 성어가 나왔다. 천하고 더러운 일을 하여 큰 이득을 얻음을 비유하는 말이다.

장자는 이 문답을 통해, 힘 있는 자에게 갖은 방법으로 아첨하여 이익을 얻는 자의 비열함을 통박하고 있다. '지치득차'는 자신의 목적을 위해서 수단과 방법을 가리지 않는다는 뜻으로 많이 쓰인다.('지치득차'는 '지치득거'로 읽기도 한다.)

'언간'의 더러운 간신 짓거리가 갈 데까지 갔다. '언간'들의 수법에서도 가장 더럽고 역겨운 '핥기'와 '빨아대기'의 진수를 보여주고 있다. 글의 기본도 제대로 갖추지 못한 당시 여당(지금은 야당) 비대위원장(사실상 대표)의 처참한 수준의 연설문(똥구멍 치질)을 온갖 미사여구(美辭麗句)로 칭송(빨아대는)하는 꼴을 보노라면 정말이지 구역질이 났다.(2024년 1월 7일 쓰고, 2025년 12월 16일 수정)

뱀의 다리 1 이 내용을 바탕으로 시사만화 한 컷을 그려달라는 요청에 챗GPT는 거듭 콘텐츠 생성을 위반하는 요소가 포함되어 있어 생성할 수 없다고 답했다. 이 부분의 만평은 부득이하게 싣지 못했다.

뱀의 다리 2 출판사에서 넘어온 1차 교정 파일을 보면서 혹시나 하는 생각에 다시 그려달라고 했지만 같은 대답이 돌아왔다. 이미지가 나체, 성적 또는 성애적 콘텐츠와 관련되어 있다는 이유를 들었다. 아무래도 항문이나 치질, 핥다 등의 표현이 거슬리는 모양이다.

77

직필(直筆)과 곡필(曲筆)
곧은 붓, 휜 붓

● ● ●

"갈등·차별 조장 금지 : 우리는 취재의 과정 및 보도의 내용에서 지역·계층·종교·성·집단 간의 갈등을 유발하거나, 차별을 조장하지 않는다."('한국기자협회 윤리강령' 제8항)

기자는 역사의 기록자이자 전달자이다

집단지성 시대에 역사를 기록하는 사람은 모든 사람이라 할 수 있다. 과거처럼 사관(史官)이 있는 것도 아니고, 통치자의 언행을 기록으로 남기기는 하지만 과거처럼 사관이 따라다니면서 기록으로 남기지는 않는다. 물론 국가기관으로 국사편찬위원회가 있어 사료를 조사·수집·보존·편찬한다. 그러나 나라와 사회를 이끌어가는 주체가 대중으로 바뀌고, 실로 다양해진 인간의 삶과 그 언행을 국가기관이 도맡아 기록하고 편찬하기란 불가능하다.

특히, 매일 사회적 이슈가 되는 사건들에 대한 기록과 전달은 국가기관이 맡아 수행하기란 더더욱 불가능하다. 바로 이 기능을 담당하는 곳이 언론과 방송이고, 그 언론에 몸담고 있는 사람이 언론인(방송인)이다. 기자로 대변되는 언론인은 그 시대 역사의 가장 주요한 기록자, 말 그대로 '기록하는 자' '기자(記者)'인 셈이다.

기자는 기록자로서의 역할 뿐만 아니라 이를 전달하는 역할도 한다. 그래서 영어에서 기자는 'reporter'라 하여 보고하는 사람이다. 합쳐 보자면, 기자는 주요하고 중요한 사건을 사실대로 기록하여 대중에게 보고하는 사람을 말한다. 신문은 물론 파급력이 넓은 방송을 통해 보고하기도 한다. 기자는 대중을 대표하고 대중을 대변하는 역사의 기록자일 뿐만 아니라 역사의 전달자이기도 하다. 이런 점에서 기자의 책임은 그 어떤 직업이나 자리보다 크다. 기자에게 윤리강령이 따르는 까닭이다.

이번 글은 옛사람, 특히 사관이 갖추어야 할 기본자세에 대해 알아보고, 이를 통해 지금 우리 언론과 기자가 갖추어야 할 기본 자질에 대해 생각해보려고 한다. 수천 년 전의 기자라 할 수 있는 사관들은 과연 무엇을 가장 중시했을까? 비유하자면, 그들의 윤리강령에서 핵심은 무엇이었을까?

옛 기록자의 윤리강령 1 : 권선징악(勸善懲惡)

'좋은 일은 권하고 나쁜 일은 징계한다'는 '권선징악'은 종교 윤리가 아니다. 결론부터 말해 '권선징악'은 역사가의 역사 서술 태도나 기본자세를 말한다. 좋은 일이나 착한 사람은 표창하고, 나쁜 일이나 간신들은 징벌해야 한다는 '춘추필법(春秋筆法)'의 하나이기도 하다.

'권선징악'이란 표현은 춘추시대 역사서인 《좌전(左傳)》 성공(成公) 14년(기원전 557년) 조항의 다음 대목에서 나왔다.

"《춘추》의 기록은 간략하지만 뜻이 드러나 있고, 사실을 기록하지만 뜻이 깊고, 완곡하지만 도리를 갖추었고, 사실을 있는 대로 기록하되 왜곡하지 않고, **악을 징계하고 선을 권장하니** 성인(聖人)이 아니면 누가 이렇게 할 수 있겠는가?"

위 대목은 그 전체가 기자가 갖추어야 할 기본자세에 대한 내용이다. 기자 윤리강령 그 자체라 해도 하나 손색이 없을 정도다. 이런 자세, 즉 '춘추필법'을 지킨다면 그 사람은 성인(聖人)에 가깝다고 말한다. 오늘날 '권선징악'은 어느 분야에서든 적용이 가능한 보편적인 사자성어로 정착했지만, 당초에는 역사가의 서술 태도와 기준 및 윤리를 나타내는 표현이었다.

'권선징악'은 다른 말로 '포폄(褒貶)'이라고도 한다. '칭찬할 일은 칭찬하고 비판할 일은 비판한다'는 뜻이다. 이와 같은 역사 서술 태도는 춘추시대 역사가들의 기본 자질이었고, 훗날 《춘추》를 편찬한 공자를 비롯하여 역대 중국의 역사 기술은 물론 한자 문화권의 역사 서술 태도에도 큰 영향을 미쳤다. 앞서 언급했지만 '춘추필법'을 잘 보여주는 사례 하나를 소개한다.

기원전 607년 춘추시대 진(晉)나라의 실권자 조돈(趙盾)의 사촌 조천(趙穿)이 영공(靈公)을 시해했다. 당시 조돈은 망명하려다가 이 소식을 듣고는 다시 돌아와 조정을 장악했다. 그러자 사관(史官) 동호(董狐)가 "조돈이 그 임금을 죽였다"라고 직필했다. 조돈이 항의하자 동호는 "당신은 나라의 실권자로서 국경을 넘어 망명하지 않았고, 돌아와 하수인(조천)을 처형하지 않았으니 그 책임을 당신이 아니면 누가 지겠소"라고 맞섰다. 여기서 '동호직필(董狐直筆)'이라는 고사성어가 나왔다. 사관 '동호의 곧은 붓', '동호가 곧이곧대로 기록하다'라는 뜻이다.

'권선징악', '포폄', '동호직필'은 동양 역사기술의 기본정신으로 자리 잡았고, 공자는 만년에 《춘추》를 정리하면서 이런 정신을 실천했다. 이것이 이른바 '춘추필법(春秋筆法)'이다. '동호직필'에 대해서는 따로 살펴보았다.

역사상 최초의 기자 : 공자(孔子)와 《춘추》

《춘추》는 춘추시대 노나라의 역사를 기록한 책이다. 《춘추》는 천하를 떠돌며 자신의 사상을 펼쳐 보려던 공자가 뜻을 이루지 못하고 고향인 곡부로 돌아와 제자들을 가르치다 죽기 얼마 전 노(魯)나라 연대기를 중심으로 춘추시대(기원전 722~기원전 481) 여러 나라의 정치사 등을 정리한 역사책이다.

공자는 《춘추》를 지으면서 기록해야 할 것은 결단코 기록하고 삭제할 것은 무슨 일이 있어도 삭제했다. 이것이 위에서 말한 '춘추필법'이라는 동양 역사 서술의 기본자세이자 서술원칙이다. 공자는

《춘추》에 남다른 애착을 보였다. 만년에 제자들에게 춘추의 뜻을 전수한 뒤, 이렇게 술회할 정도였다고 한다.

"후세에 나를 알아주는 사람이 있다면 《춘추》 때문일 것이며, 나를 비난하는 사람이 있다면 그 역시 《춘추》 때문일 것이다."

공자의 전기를 남긴 사마천은 〈공자세가〉에서 공자가 지은 《춘추》의 문장을 두고 학문과 문장이 뛰어난 자하(子夏) 같은 제자들도 '단 한마디 거들 수 없을' 정도였다고 칭찬한다. 《춘추》를 기록하면서 지키고자 했던 공자의 이런 자세와 태도로 볼 때, 그는 역사상 최초의 참다운 기자로서 손색이 없다.

공자가 제시하는 기자로서 갖추어야 자질 '절사(絶四)'

역사상 최초의 기자라 할 수 있는 공자는 기자로서 지켜야 할 제1원칙으로 '춘추필법', 즉 '포폄'을 제기한 바 있다. 그는 여기서 한 걸음 더 나아가 기자라면 갖추고 있어야 할 자질론까지 비교적 상세히 언급했다. 이름하여 '절사(絶四)', 즉 '네 가지를 끊어라'라는 것이다. 단 여덟 글자이기 때문에 먼저 원문을 인용해 본다.(출처는 《논어》 〈자한〉 편)

"무의(毋意), 무필(毋必), 무고(毋固), 무아(毋我)."

우리말로 옮기면 대체로 이런 뜻이다.

"억측하지 않고, 절대 긍정하지 않고, 고집부리지 않고, 나만 옳다고 여기지 않는다."

'않고'를 '말고'로 바꾸면 그 뜻이 좀 더 분명해진다. 이 '절사'는 인간답게 살고자 하는 사람이라면 다 지키려고 애써야 할 아주 보편적이고 상식적인 항목들이다. 사람의 결점과 잘못이 거의 대부분 이 네 가지에서 비롯되기 때문에 더욱 그렇다. 타인과의 갈등과 충돌 또한 이로부터 빚어지는 경우가 적지 않다. 공자는 이 네 가지 잘못을 범하지 않으려고 애를 썼다. 교육가로서 공자는 사고(思考)하기를 즐기고, 많이 질문할 것을 주장하였다. 만약 한 가지 일로부터 다른 것을 미루어 알지 못한다면 이런 학생은 가르쳐도 아무런 효과도 얻지 못할 것이라 했다. 배움과 사고는 모두 반드시 일정한 규칙에 따라야 한다고 하면서 이 네 가지, 즉 '절사'를 제기한 것이다. '절사'는 공자가 교육가로서 실천을 통해 얻어낸 경험의 총화로서 인식론에서 중요한 의의를 지니고 있다.

그런데 공자의 이 '절사'는 마치 지금 우리 사회에서 발생하고 있는 아주 불량한 현상을 겨냥한 말처럼 들린다. '곡학아세(曲學阿世)'를 아무렇지 않게 하는 사이비 지식인 '학간', 법조문을 멋대로 악용하여 기득권을 지키려는 '검간'을 비롯한 '법간', 특히 가짜 뉴스를 양산해내면서 기레기라는 경멸조의 별칭으로 조롱을 당하고 있는 '언간'은 공자의 이 '절사'를 특별히 깊게 새겨들어야 할 것이다. 이들은 공자의 말씀과는 반대로 '억측하기를 밥 먹듯 하고' '아닌 것도 그렇다고 우기고' '자기만 옳다고 바득바득 우기는' 일이 다반사이기 때문이다.

'절사'는 2,500년 전 역사상 최초의 기자에 비유할 수 있는 공자가 제시한 기자로서 갖추어야 할 기본 자질론이다. 번호를 붙여 한 번 더 제시해 둔다.

1 억측하지 말라.

2 절대 긍정하지 말라.

3 고집부리지 말라.

4 나만 옳다고 여기지 말라.

옛 기록자(기자)의 윤리강령 2 : '직필(直筆)'

기자의 붓(펜, 손가락)은 곧아야 한다. 이는 달리 말해 기사의 마음이 곧아야 한다는 뜻이다. 삐뚤어진 마음으로 잡은 붓은 '곡필(曲筆)'이 될 수밖에 없다. 이와 관련한 역사 사례를 소개한다. 먼저 앞에서 잠깐 언급했던 '동호의 곧은 붓'이란 뜻의 '동호직필'이다. 이 부분은 해당 항목을 보면 되니 생략한다.

최저(崔杼)가 주군을 시해했다 :
죽음조차 불사하는 '직필'이자 '사필(死筆)'

기원전 6세기 초반에서 중반에 이르기까지 제(齊)나라의 영공(靈公)과 장공(莊公) 때 제나라 조정의 실세였던 최저는 자신의 손으로 옹립한 장공이 자신의 후처인 당강(棠姜)과 간통을 일삼자 기원전 548년 난을 일으켜 장공을 시해했다. 최저는 장공의 측근들까지 대거 제거한 다음, 공자 저구(杵臼)를 모셔와 옹립하니 이가 경공(景公)이다. 경공이 즉위하면서 최저는 스스로 우상(右相)이 되고, 공모자인 경봉(慶封)을 좌상에 앉혀 경공 초기 제나라 공실의 실권을 농락했다.

제나라의 기록을 담당하고 있는 사관 태사(太史) 백(伯, 태사 가문의 장남)은 "5월 을해일에 최저가 주군 광(光, 장공)을 시해했다"라고 직필했다. 최저는 '불문곡직(不問曲直)' 태사 백을 죽였다. 그러자 그 동생 중(仲)이 형을 이어 똑같이 최저가 장공을 시해했다고 썼다. 최저는 중도 죽였다. 그 동생 숙(叔)도 두 형을 이어 최저가 장공을 시해했다고 직필했고, 최저는 숙도 죽였다. 그랬더니 막냇동생인 계(季)까지 나서 죽음을 불사하면서 형들처럼 직필했다.

당시 최저는 태사 형제들에게 장공이 갑작스러운 병으로 죽었다고 기록할 것을 요구했다. 최저는 태사를 협박하기도 하고 달래기도 했지만, 태사는 다음과 같은 말로 통렬하게 쏘아붙였다.

"사실에 근거하여 정직하게 기록하는 것은 사관의 직책이오. 목숨 때문에 사관의 일을 저버리는 것은 죽는 것만 못하오. 당신이 저지른 일은 이르건 늦건 언젠가는 다들 알게 될 것이니 설사 내가 쓰지 않는다 해도 당신의 죄와 책임은 덮을 수 없는 일이오. 이를 덮으려 하는 것은 천하의 웃음거리만 될 뿐이오."

최저는 사관들의 붓이 이토록 날카롭고 무서운 것이냐며 차마 계까지는 죽이지 못했다. 이렇게 해서 역사서에는 최저가 장공을 시해했다는 사실이 남게 되었다.

한편 태사 형제들이 최저의 죄상을 직필하다가 죽었다는 소식을 들은 남사씨(南史氏, 이 사람도 사관이었을 것으로 추정한다)는 죽간을 들고 제나라 도성으로 달려왔다. 그러다 태사 집안의 막내가 죽지 않았다는 소식을 듣고는 발걸음을 돌렸다고 한다. 남사씨는 만약 태사 집안의 형제들이 모두 죽었다면 자기가 나서 직필할 생각으로 죽간을 들고 제나라 도성으로 달려오던 길이었다.

그로부터 불과 2년 뒤인 기원전 546년에 최저 집안에서는 전처 아들들인 성(成)·강(彊)과 낭강(棠姜) 소생의 명(明) 사이에 종주권과 봉지를 놓고 분란이 일어났다. 이 틈에 최저와 함께 장공을 시해하는데 가담했던 경봉이 최저 가문을 멸문시켰다. 최저는 자신의 운명을 한탄하면서 스스로 목숨을 끊었다.

최저는 정변을 통해 임금을 시해하고 권력을 장악한 역신이었다. 그의 권력이 공실의 권력을 압도하고 있던 상황이었기 때문에 그에게 맞설 세력이나 사람은 없었다. 그런데 사관 집안의 형제들이 이에 맞서 단호히 최저가 장공을 시해했다고 기록함으로써 최저의 죄상이 역사에 길이 남게 되었다.

제나라 태사 백은 직필의 기본이 어떤 것인가를 자신의 목숨을 바쳐 보여주었다. 역사가와 언론인의 가장 기본이 되는 자세는 사실을 사실대로 기록하는 것이다. 이런 점에서 동호의 직필과 태사 백의 직필은 기록을 남기는 모든 사람이 갖추어야 할 기본 자질인 사재(史才)와 나아가 진실을 추구하는 사덕(史德)의 자세와 정신을 잘 보여주고 있다. 태사 백의 붓은 곧은 붓 '직필'이자 죽음의 붓 '사필(死筆)'이었다.

우리 '언간'의 붓은 어떤가? 사실과 진실을 굳게 지키기 위해 목숨까지 거는 '사필'은커녕 사람을 죽이는 '살필(殺筆)'의 붓을 마치 망나니처럼 마구 휘두르고 있지 않은가?

기자(역사가)의 붓이 세상을 밝힌다 : '사필소세(史筆昭世)'

섬서성 한성시(韓城市)는 역사학의 성인, 사성(史聖)으로 추앙받고 있는 태사공 사마천(司馬遷)의 고향이다. 이곳에 사마천의 사당과 무덤이 남아 있다. 사당과 무덤으로 오르다 보면 가파른 계단 끝에서 만나게 되는 산문(山門)의 현판 하나가 사람들의 눈길을 붙잡는다. '사필소세', '역사가의 붓이 세상을 밝힌다'는 뜻이다.

사마천은 이릉(李陵)이라는 젊은 장수를 변호하다가 황제의 심기를 건드려 괘씸죄에 걸렸다. 그는 옥에 갇혔고, 일이 틀어져 반역자의 편을 들었다는 죄목을 쓰고 사형을 선고받았다. 그때 사마천의 나이 47세였다. 40세가 지나면서 필생의 과업이었던 역사서를 집필하던 중이었다. 날벼락을 맞은 충격 속에서 사마천은 역사서를 완성하기 위해 살아남기로 결심했다. 당시 사형수가 죽음을 면하는 길은 두 가지였다. 하나는 돈을 내는 것이었고, 하나는 성기를 자르고 환관이 되는 것이었다.

돈도 없고 누구 하나 나서 자신을 변호하려 하지 않는 벼랑끝과 같은 상황이었다. 사마천은 인간의 본질에 대해 깊게 성찰했다. 냉랭한 세태와 민심, 그리고 그 뒤에 음침하게 웅크리고 있는 잔인한 권력의 속성을 새삼 확인했다. 그는 지금까지 자신의 관점을 완전히 수정했다. 역사를 움직이는 주체에 대해 의문을 품었다. 그 결과 사마천은 역사를 움직이는 거대한 힘은 수많은 보통 사람들에게서 나온다는 엄연한 사실을 자각하기에 이르렀다.

그는 이런 자신의 역사관을 온전히 담고 있는 역사서를 반드시 남겨야 할 절박한 필요성을 더욱 절감했다. 48세 때 그는 자신의 성기를 자르는 궁형을 자청했다. 목숨을 건 도박이었다. 지금 인류 역사상 가장 위대한 역사서로 평가 받는 《사기》는 이런 치욕과 고난 속에서 탄생했다. 사마천은 자신이 역사서를 집필하게 된 동기와 목적에 대해 다음과 같이 밝혔다.

"하늘과 인간의 관계를 탐구하고(구천인지제究天人之際), 과거와 현재의 변화를 관통하여(통고금지변通古今之變) 일가의 말씀을 이루고자 했다(성일가지언成一家之言)."

그러면서 자신의 뜻을 바꾸지 않고 평생 지조를 지켜온 사람이라

면 누구든 역사의 주인공이 될 수 있다고 단언했고, 그런 사람들을
역사의 주인공으로 등장시켰다. 중국 역사상 최초의 농민 봉기군 수
령 진승(陳勝)의 입을 통해 사마천은 "왕과 제후, 장수와 재상의 씨가
따로 있더란 말이냐(왕후장상영유종호王侯將相寧有種乎)!"고 외쳤다.

　　사마천은 이런 진보적 역사관을 수많은 보통 사람들의 행적 속에
속속 반영하여 무미건조한 사건과 사실의 나열이 아닌 살아 움직이
는 인간의 행적을 집요하게 통찰함으로써 사실 이면에 잠겨 있거나
숨어 있는 진실을 찾아내는 데 성공했다. 이는 직필의 차원을 넘어
선 신역사학의 경지를 개척한 쾌거였다.

　　사마천은 역사의 기능과 역할에 대해 "지난 일을 기술하여 다가

올 미래를 생각한다(술왕사述往史, 사래자思來者)"고 했으며, 또 "지난 일을 잊지 않는 것은 뒷일의 스승이 된다(전사지불망前事之不忘, 후사 지사야後事之師也)"고 했다. 특히 뒤의 구절은 일제의 만행을 적나라 하게 보여주고 있는 남경대도살기념관 중앙 홀에 걸린 글귀이기도 하다.

이렇듯 사마천에 이르러 역사는 현재의 시점에서 지난 과거를 기 술하는 행위이지만 그 행위에는 역사가의 직필 자세와 사물과 인간 의 본질을 꿰뚫는 통찰력, 그리고 진실을 추구하는 불굴의 정신이 개입됨으로써 미래를 예견하는 힘을 얻게 되었다. 아울러 수천 년 인간사를 통해 과거를 잊지 않고 성찰하면 미래를 바르게 대비할 수 있는 스승과도 같은 역할을 할 수 있다는 점도 분명하게 지적했다.

오늘날 역사가의 가장 주요한 역할이 기자로 대표되는 언론인의 어깨에 지워져 있다. 사회적 책임이 그만큼 막중하다는 뜻이다. 불 의와 결코 타협하지 많은 기자들이 박해를 받았지만 그런 만큼 우 리 사회와 역사를 진전시켰다. 역사를 기록하는 기록자로서의 자세 를 잃지 않은 훌륭한 기자들이 칠흑보다 어두운 암흑의 시기에 우리 가 나아가야 할 길을 환히 비추었다. 자신을 '기자'라고 생각한다면, 과연 내가 기자로서의 기본자세를 제대로 지키고 있는지, 기자로서 의 역할을 바로 해내고 있는지를 반성하라. 그런 다음 동호의 직필 (直筆), 제나라 태사의 사필(死筆), 사마천의 사필(史筆)을 가슴에 깊 이 품을 일이다!

남은 이야기 1 :
역사가의 붓을 두려워한 무측천(武則天)

중국 역사상 최초이자 유일무이한 여성 황제였던 무측천(우리에게는 측천무후로 잘 알려져 있지만, 중국에서는 공식적으로 무측천으로 부른다. 그녀의 성명이 무조武曌였기 때문에 성을 따서 그렇게 부른다)은 강렬한 권력욕과 능수능란한 처신, 그리고 치밀한 정치적 수완으로 기어이 당 왕조를 멸망시키고 주(周) 왕조를 세웠다.(역사에서는 대체로 무측천의 이 왕조를 그냥 지나친다. 그녀가 죽은 뒤 바로 당 왕조가 복구되었기 때문에 당 왕조의 역사에 무측천을 포함시키고 있다.)

무측천은 세간에서는 대단히 잔인하고 사악한 여성으로 묘사되거나 평가되고 있고, 이는 어느 정도 사실이다. 하지만 정치적으로 그녀는 대단히 뛰어난 통치자였다. 무측천은 천수(天壽) 원년인 690년 황제 자리에 오른 뒤부터 신룡(神龍) 원년인 705년 압력을 받아 자리에서 내려오기까지 모두 15년 동안 보좌에 앉아 집정했다. 꿈에도 그리던 목적을 달성한 그녀는 집정하는 동안 다른 통치자들과 마찬가지로 부패와 향락에서 벗어나지 못했고, 또 인심을 잃는 일들을 적지 않게 저질렀다. 하지만 이 기간 그녀가 보여준 통치와 정치는 전체적으로 보아 적극적이고 진취적인 편이었다. 특히, 파격적인 인재 기용과 언론 개방, 잘못을 고칠 줄 아는 자세 등은 돋보이는 부분이었다. 여기에 균전제를 널리 실시하고 농업을 발전시킨 업적도 있었고, 대외적으로는 변방의 우환을 방어하며 나라를 안정시킴으로써 보국안민의 사상을 실천에 옮겼다. 이는 모두 사실에 근거한 평가다.

역사 기록에 의하면, 무측천이 죽기 전날 대신들은 뒷일을 준비하느라 분주했는데 무엇보다 비문을 놓고 한바탕 난리가 벌어졌다. 그녀에 대한 평가가 쟁점이었다. 칭송하자는 신하들, 공과를 동시에 기록해야 한다는 신하들, 찬탈의 죄를 물어야 한다는 신하들 ⋯ 논쟁은 식을 줄 몰랐고, 끝이 날 것 같지 않았다.

무측천의 심경은 착잡했다. 죽음의 그림자를 붙들고 한참 동안 생각에 잠겼던 그녀는 비석은 세우되, 내용은 기록하지 말라고 했다. 후대의 평가에 맡기자는 뜻이었다. 이렇게 해서 그녀의 비석은 '무자비(無字碑)'로 남게 되었다. 죽는 순간까지도 참으로 냉정하게 상황을 판단했던 권력자였다. 역사상 수많은 제왕과 장상들이 죽기 전 자신의 공덕을 잊지 못해 비석에다 자기 일생과 공을 새겨 세우도록 했다. 그러나 무측천은 글자가 없는 무자비를 세우라고 했으니 이것이야말로 그녀가 비범한 정치가임을 잘 보여주는 사실이 아닐 수 없다. 자신에 대한 평가를 역사에 미룬 그 담대함이란!

철완의 여황제로서 강력한 카리스마와 봉지력을 발휘하며 무소불위(無所不爲)의 권력을 휘둘렀던 그녀였지만 자기 당대도 아닌 후대의 역사적 평가만큼은 두려웠던 것이다. 그녀는 역사적 평가가 어떤 의미를 갖는 지 너무나 잘 알았다. 아무리 막강했던 권력도 아무리 어리석은 통치자라도 역사 위에 군림할 수 없다는 진리(眞理)에 저항할 수 없음을 제대로 인식하고 있었기 때문이다. 그녀는 아무힘없는 역사가의 '붓'이 한없이 두려웠던 것이다.

남은 이야기 2 : '역사는 그 자체로 뒤끝이다'

청나라 건륭 연간(1736~1795년)에 장원급제한 항주 출신의 한 젊은이가 송나라 때의 명장 악비(岳飛, 1103~1142)의 무덤인 악왕묘(岳王墓)를 찾아 다음과 같은 시를 남겼다.

사람들은 송나라 이후부터 회(檜)라는 이름을 부끄러워 했고,
나는 지금 그 무덤 앞에서 진(秦)이라는 성에 참담해하는구나.

1141년 명장 악비가 풍파정(風波亭)에서 아들 악운(岳雲)과 함께 억울하게 처형당하고도 약 600년이 지난 청나라 때 장원급제한 한 젊은이가 어째서 악비의 무덤을 찾아 이런 시를 읊었을까? 이 젊은이는 다름 아닌 그 당시 악비를 모함해 죽이는데 맨 앞장을 섰던 간신 진회(秦檜)의 후손 진간천(秦澗泉)이었다. 진간천은 악비 무덤 앞에 무릎을 꿇고 있는 역사의 대간신이자 자신의 조상인 진회의 부부상을 보며 치밀어 오르는 수치심과 착잡한 심정을 참지 못하고 이런 글로 자신의 참담한 심경을 전했던 것이다.

역사는 그 자체로 뒷끝이다. 충신 악비는 처형당했고, 간신 진회는 부귀영화를 누리다 잘 죽었지만 역사는 진회의 죄상을 잊지 않고 있다가 결국은 그 부부의 상을 만들어 악비의 무덤 앞에다 무릎을 꿇려 놓았다. 영원히 그 자리에서 악비에게 사죄하고 역사에게 사죄하고 민중에게 사죄하라는 엄벌인 셈이다. 역사의 법정에서 공소시효란 있을 수 없다.

소흥(紹興) 3년(1133) 악비는 대군을 이끌고 빼앗긴 땅과 성을 차

례로 수복하여 금나라의 간담을 서늘하게 만들었다. 특히 주선진(朱仙鎭)전투에서 대승함으로써 금나라의 사기는 크게 떨어졌고, 부장마저도 악가군(岳家軍)의 칼날 아래 쓰러졌다. 금나라의 장수 금올술(金兀術)은 싸울 의욕을 잃고 그저 안전하게 북방으로 돌아갔으면 하는 마음뿐이었다. 악비는 "자, 여러분들과 함께 통쾌하게 마시리라"며, 곧장 금나라 수도 황룡부(黃龍府)로 돌진하리라 맹세했다. 당시 백성들도 스스로 무기와 식량 따위를 챙겨 "산을 뒤흔들기는 쉬워도 악가군을 뒤흔들기는 어렵다"라고 함성을 지르며 너나없이 악가군을 따라 참전했다.

그러나 진회는 금나라 군대가 무너지면 지금까지 다져온 자신의 권력 기반에 영향을 미치지 않을까 두려웠다. 또 금나라에 잡혀간 휘종(徽宗)과 흠종(欽宗)이 정말로 되돌아오는 날에는 천신만고 얻어놓은 황제 고종(高宗)의 총애가 달아날까 두려웠으며, 악비가 자신의 '명성'과 지위를 뛰어넘을까 겁이 났다. 진회는 고종을 종용했다. 비상사태 때나 내리는 12도(道) 금패(金牌)까지 발농하여 악비의 회군을 재촉했다. 그리하여 10년 공들여 쌓은 탑이 하루아침에 무너지고 말았다!

악가군이 회군한다는 소식은 발 없는 말이 천 리를 가듯 순식간에 퍼져나갔다. 이 소식을 들은 백성들은 남녀노소 가릴 것 없이 뛰쳐나와 악가군의 회군을 막고 나섰다. 백성들은 악비의 말을 붙들고 실성한 목소리로 통곡했다.

"우리들이 식량을 나르며 악가군을 맞이한 것을 금나라 도적들이

낱낱이 알고 있습니다. 한데 지금 상공께서 떠나시면 우리는 어떻게 하란 말입니까?"

악비는 눈물만 철철 흘릴 뿐 아무 말도 하지 않았다. 악비는 회군하자마자 병권을 박탈당했다.

진회는 이 정도에 만족하지 않았다. 또다시 이런 위기가 닥칠까봐 악비에게 이른바 '막수유(莫須有)' 즉, '혹 있을지도 모르는'(날조한) 모반죄를 씌워 처형했다. 이때 악비의 나이 서른아홉이었다.

송나라 고종이 금나라 군대에 승승장구하던 악비의 군대를 철수시킨 데 대해 어떤 이는 도무지 이해할 수 없다고 한다. 이는 고종이 타고난 매국노였기 때문이 아니라 악비가 정말로 금의 군대를 꺾고 포로로 잡혀간 휘종과 흠종을 구해올까 두려웠기 때문이다. 그렇게 되는 날에는 자신의 황제 자리가 위험했던 것이다. 악비가 무고하게 모함을 받아 죽었던 까닭이 바로 여기에 있었다. 진회와 고종은 서로의 사사로운 이해관계가 딱 맞아떨어졌기 때문이었다. 사람이 이해관계에 따라 천박하게 변하면 나라까지 팔게 되는 것이다.

혹자는 악비의 '충(忠)'에 이의를 제기하며, 그의 충성은 막무가내 어리석은 충성이었다고 한다. 그가 송나라 군대의 전력도 생각하지 않고 강경 대응만을 고집하는 바람에 송나라 백성들이 크게 희생되었다는 이유에서이다. 그러나 민중들은 여전히 끊임없이 악비를 칭송하며 일부 사학자의 말은 거들떠보지도 않는다. 왜? 악비의 '정충보국(精忠報國)'한 '충'이 조정에 대한 단순한 충성이 아니라 자기 조국과 민중에 대한 충성이기 때문이다. 민중들은 반문한다. 악비가 싸우지 않고 금나라에 굴복했더라면 백성들의 삶이 나아졌을까? 금나라가 송나라 백성들을 자기 백성들처럼 돌보아 주었을까?

악비의 충은 역사에 의해 테두리가 정해졌고, 민중에 의해 인정받았다. 당시 강산은 무너지고, 민중은 끊이지 않는 전란 속에서 살 곳을 잃고 이리저리 헤매었다. 비바람 속에서 그들은 생계조차 꾸리기 힘들었다. 그들은 조국이 하루빨리 회복되어 포근한 집으로 돌아가기를 간절히 원했다. 더 이상 외적의 침략에 유린 당하지 않기를 두 손 모아 기도했다. 그렇기 때문에 악가군이 가는 곳에는 시키지 않아도 사람들이 알아서 조직을 만들어 양식과 각종 물품을 모아 악가군을 맞이했던 것이다.

진회(秦檜)는 송 고종(高宗)의 강화노선에 충실했다. 그런데 진회에 대해서는 왜 '죽어 썩어서도 세상의 비난이 그치지 않는단 말인가?' 그 까닭은 그가 고종이라는 군주 개인의 이익을 시키려 했기 때문이다. 고종 일당과 한 귀퉁이에서 편안하게 지내는 데에만 힘을 쏟았기 때문이다. 수많은 민중의 삶은 아랑곳하지 않았기 때문이다. 그래서 역사와 민중은 영원히, 그리고 단호하게 그를 천고의 간신이자 만세의 죄인으로 단정하는 것이다.

풍파정에서 악비는 고종과 진회의 교활한 웃음을 뒤로 한 채 고독하게 죽어갔다. 하지만 역사는 그의 죽음을 또렷이 기억했다가 단호한 심판을 내렸다. 그리고 민중은 진회를 비롯한 네 명의 매국노들의 형상을 쇳물을 부어 똑같이 만들어 악비 장군의 무덤 앞에 무릎을 꿇리고는 영원히 사죄하게 했다. 나라를 팔고 의로운 사람들을 해친 간신 매국노들을 향한 준엄한 경고였다. 진간천이 무려 600년이나 지났음에도 진회라는 조상을 가진 것을 수치스럽게 생각하며 악비 무덤 앞에서 참회의 시를 남긴 것도 역사의 심판이 얼마나 무서운가를 너무 잘 알았기 때문이다.

역사와 역사의 평가, 그리고 공소시효 없는 역사의 심판을 두려워하지 않는 자들이 역사를 농단하려 하고 있다. 어쩌면 그들은 두려워하지 않는 것이 아니라 그것이 얼마나 두려운 것인가를 모르고 있는지도 모른다. 그렇다면 이는 무지(無知)한 자들의 무모(無謀)한 폭거에 다름 아닐 것이다. 이제 남은 것은 저들에 대한 역사의 평가와 심판이다. 그리고 그 평가와 심판은 고스란히 저들은 물론 저들의 후손들에게 돌아갈 것이다. 진간천이 무려 600년 넘어 지난 시점에서 진회라는 조상을 부끄러워하며 참담한 심경으로 글을 남긴 것을 보라! 진간천은 그렇게 처절한 반성을 통해서 역사의 면죄부를 얻을 수 있었다.

역사는 그 자체로 뒤끝이다. 인간의 기억에는 한계가 있고, 또 망각(忘却)이란 조금은 편리하고 타고난(?) 약점이 있기 때문에 지난 모든 것을 다 기억할 수도, 또 기억할 필요도 없다. 그러나 역사에는 망각이란 없다. 기억을 잠시 유보해 두는 경우는 있지만 시대와 백성이 호출하면 언제든지 기억을 되살려낸다. 그래서 역사의 법정에 공소시효란 없다고 하는 것이다. 현명한 사람은 역사에서 배운다. 기자는 역사와 역사의 평가를 두려워할 줄 알아야 한다. 기자의 정신과 직필은 바로 그 두려움에서 나온다.(2025년 12월 17일 쓰고 2026년 2월 27일 고쳐 쓰다.)

78

'진화타겁(趁火打劫)'에서
'방화타겁(放火打劫)'으로
암덩이가 된 언간(言奸)들

● ● ●

우리 사회에 간신현상이 극성을 부리고 있다. 무엇보다 '언론계의 간신', 글쓴이가 《간신론》이란 책에서 '언간'으로 분류하고 정의한 이자들의 짓거리가 도를 넘어 나라를 좀먹고 있다. 필자는 《간신론》을 비롯하여 《간신전》과 《간신학》까지 '간신 3부작'을 출간한 뒤로 언론계 간신 '언간'들의 수법을 여러 경로로 글로써 고발하기도 했다. 이를 바탕으로 언간들의 수법을 좀 더 상세히 정리하여 현재 우리 언론의 심각한 병폐를 좀 더 고발하고자 했다.

역사상 수많은 간신들은 그 수만큼이나 실로 다양한 수법을 창조(?)해냈다. 이 수법들은 이후 간신들의 공통된 특징으로 정착했고, 지금도 여전히 이런 수법을 한껏 이용하여 나쁜 목적을 달성한다. 간신들의 공통된 특징들을 큰 범위로 분류하여 비슷한 성격의 수법들을 한 곳에 넣을 수 있는데, 그중 한 범주로 '틈타기'라는 것이 있다.

역대 간신은 예외 없이 상대가 곤경에 처한 '틈을 타서' 상대를 치거나 바라는 목적을 달성하는 데 일가견을 가진 자들이다. 이를 모략에서는 **'진화타겁'**이란 네 글자로 요약한다. '불난 틈에 물건 따위를 훔친다'는 뜻이다. 화재가 발생하여 혼란스럽고 이것저것 돌볼 수 없는 상황을 틈 타 무엇인가를 훔친다는 것이다.

'진화타겁'은 모략가들에 의해 흔히 전투에서 기회를 선택할 때 활용하는 모략으로 받아들여졌다. 《손자병법》〈시계편(始計篇)〉에서는 "혼란스러울 때 취하라"라고 했고, 《십이가주손자(十二家注孫子)》에서 두목(杜牧)은 한결 명확하게 "적에 혼란이 생기면 놓치지 말고 (원하는 것을) 취하라"라고 했다. 모두 상대의 위기를 틈 타 승리를 거두라는 뜻이다. 《삼십육계》에서 '진화타겁'은 〈승전계〉 다섯 번째에 배열되어 있다.

전략의 전체적인 국면으로 볼 때 상대에게 위기상황이 초래되는 원인은 일반적으로 내우(內憂)와 외환(外患) 두 방면이다. 내우로 초래되는 위기는 자연재해로 조성되는 경제적 곤란이나 민심이 도탄에 빠지는 것 등과 같은 것이 있다. 또는 간신이 정권을 휘둘러 국가의 기강이 어지러워지거나, 내란이 일어나는 등등을 말하기도 한다. 외환은 적의 침입이다. 봉건 체제의 역사를 통해 볼 때, 상대를 아우르기 위한 전쟁에서 활용되는 일부 모략들은 적에게 내우가 발생하면 출병하여 그 토지를 점령하고, 외환이 발생하면 민중 또는 재물을 탈취할 것이며, 내우외환이 함께 겹치면 그 나라를 집어삼키라고 주장한다. 이것들이 모두 '진화타겁'의 구체적 운용이다.

춘추시대 월왕 구천은 오나라에 패배한 다음 와신상담(臥薪嘗膽), "10년간 인구를 늘리고 10년간 백성을 가르치고 군사를 훈련시켜" 몰래 오나라 정벌을 준비했다. 기원전 484년 오나라의 명장 오자서(伍子胥)가 간신 백비(伯嚭)의 모함으로 죽임을 당했다. 기원전 482년 오나라 왕 부차는 오나라의 전체 병력을 이끌고 북상해서 중원의 여러 제후들과 지금의 하남성 봉구현(封丘縣) 서남쪽 황지(黃池)에서 회맹했다. 국내에는 늙고 약한 잔병들만 남아 있는 무방비 상태나 다름없었다. 기원전 478년, 오나라에 큰 가뭄이 들어 논의 벼들이 모두 말라죽고 나라의 식량 창고는 텅 비었다. 월왕 구천은 이 틈을 타 대거 오나라를 공격하여 오나라를 멸망시켰다.

'진화타겁'은 일종의 모략으로, '남의 위기에 편승하여', '우물에 빠진 사람에게 돌을 던지는' 부도덕한 면이 있어 정상적인 인간관계 내지 국가나 사회단체 간의 관계에서는 사용하기에 적절하지 않다. 그러나 쌍방이 이익이란 점에서 근본적으로 영원히 조화할 수 없는 모순에 놓여 있을 때는 확실히 활용한 예가 적지 않다. 특히 간신들은 언제든지 '진화타겁' 수법을 사용한다는 점을 명심해야 한다. 또 간신들과 생사를 건 투쟁을 벌이고 있을 때는 내 쪽도 수단과 방법을 가리지 않아야 한다. '진화타겁' 역시 그중 하나인데, 대개는 '이간책'을 비롯한 다른 수법들을 함께 구사하면 그 효과는 더욱 커진다. 단, 그 과정에서 무고한 사람이 희생되어서는 안 된다.

지난 며칠 사이 우리 사회를 달군 기사가 둘 있었다. 하나는 재벌가 자식의 대학입시 성적에 관한 낯 뜨거운 미담 일색(?)의 기사들이

었고, 또 하나는 30년 전 학폭의 가해자였던 영화배우에 대한 무차별 공격이었다. 둘 다 언간들의 노골적인 '관음증(觀淫症, voyeurism)'을 적나라하게 보여준 사례들이었다. 그런데 언간들의 이런 짓거리가 종래 '불난 틈에 물건 따위를 훔치는' '진화타겁'을 넘어서고 있다는 점에서 문제의 심각성이 더했다.

　종래에는 어떤 사건이 터지면, 즉 불이 나면 그 틈에 그 사건을 침소봉대(針小棒大)해서 클릭 장사를 하고, 나아가 자신들에게 불리한 중요한 사건을 덮는 식이었다. 그러나 이번 두 사례에서 보다시피 최근에 와서는 심지어 '불법으로 불씨를 훔쳐다 불을 지르고', 이어 다른 기레기 언간들이 그 불에다 기름을 끼얹는 식으로 일을 말도 안 되게 키워 다른 이슈를 덮고 클릭 장사를 하는 사악한 방향으로 악성 진화하고 있다.

'진화타겁'은 남이 지른 불을 틈타 자신의 이익을 챙기는 것이다. 그런데 이번 짓거리는 대놓고 자기들이 불을 지르고, 그 불에다 마구 기름을 부어 활활 타오르게 한 다음, 불순한 의도와 목적을 달성하고 있다는 점에서 '언간'들에 대한 주의와 경계 및 징벌적 손해배상 등 단호한 응징이 필요하다는 사실을 또 한 번 여실히 보여주었다.

'진화타겁'이란 사자성어를 빌려 이런 짓거리를 표현하자면 '방화타겁'이라 하겠다. 기레기 언간들이 급기야 스스로 불을 지르는 방화범들이 되고 있는 현실이다.(2025년 12월 8일)

79

첨유지술(諂諛之術)
'아첨술'이 몸에 밴 '언간'과 이에 휘둘리는 '정간'

• • •

"기자는 문장력이 있어야 하며, 말보다 문장으로 말할 수 있어야 한다."(기자의 자세와 적성 7)

아첨 아부의 기술과 '언간'

기레기 '언간'의 간사한 수법은 우리가 지금까지 살펴보았듯이 실로 다양하다. 그중에서도 힘 있는 자에 대한 '아부' 내지 '아첨'은 단연 으뜸이다. 모든 음모와 간사모략의 출발은 상대의 마음을 공략하는 '아첨의 기술', 즉 **첨유지술(諂諛之術)**이다. 아첨에는 교묘한 말과 알랑거리는 얼굴이 기본적으로 따른다. 공자(孔子, 기원전 551~기원전 479)는 "교언영색(巧言令色), 선의인(鮮矣仁)"이라고 잘라 말했다.(《논어》〈학이〉 편) "교묘한 말과 알랑거리는 얼굴은 어질지 않다"는 뜻으로, 인위적으로 또 가식적으로 꾸미는 말과 얼굴에서는 진정성을 찾기 힘들다는 말이다.

인간이 의도적으로 자신의 말과 표정을 꾸미기 시작하면서 이런 '아첨술'은 보다 다양해졌고, 그를 이용한 간사모략은 더욱 심각해졌다. 인성의 약점을 공략하는 아첨의 기술은 그 효과가 대단해서 멀쩡한 사람도 일없이 당하기 일쑤다. 이 '아첨술'에 중독되면 약도 없다. '언간'의 이 '아부'와 '아첨'에 휘둘려 신세를 망친 정치인이 얼마나 많았던가? 정치에 뜻을 둔 사람이라면 '언간'의 근거 없는 헐뜯기도 조심해야 하지만, 그 못지않게 '언간'의 독이 발린 사탕과 같은 '아첨'을 입에 넣지 않도록 경계해야 한다. 그러기 위해서는 이 '아첨술'의 본질과 핵심을 정확하게 인식하고 있어야 한다. 모든 간신의 가장 공통된 특징이자 보편적인 수법이 바로 이 '아부의 기술' '아첨술'이기 때문이다.

교육을 비롯하여 여러 통로를 통해 언어의 기교가 다양해질 대로 다양해진 현대사회에서 아첨술에 능통한 사람들은 갈수록 더 많아지고 있다. 이 기술을 전문적으로 가르치기까지 한다. 그러니 자신들의 권력과 부를 위해 추켜세우며 아부하는 자들의 음흉한 심보를 잘 간파하고, 그 안에 감추어진 음모를 정확하게 밝힐 수 있어야 한다. 또 기꺼이 직언하는 사람을 인정하고 존중함으로써 아첨술로 접근하려는 자들을 사전에 차단해야 할 필요가 있다. 그래야만 간신으로 성장하는 것을 막을 수 있다.

그런데 우리 현실을 보면 '언간'과 '정간'이 마치 한 몸이라도 된 듯 서로를 이용한다. '언간'은 끊임없이 갖은 '아첨술'로 권력을 가진 '정간'의 똥구멍을 핥으며 여론을 조작하고, '정간'은 그 아부와 아첨

에 정신이 나가 자신이 마치 대단한 사람이라도 된 것처럼 설친다.
그 과정에서 국론은 분열되고, 국민의 삶은 갈수록 피폐해 진다.

간신들의 아부 아첨 천태만상

역사상 간신들은 한시도 쉬지 않고 권력자에게 아부 아첨했다. 어리석은 권력자는 그 아부에 넘어가 희희낙락 나라와 백성을 나 몰라라 사치와 방탕에 빠졌다. 간신들의 독사 같은 혓바닥에 놀아나 자신이 뭐 대단한 존재인 양 거드름을 피웠다. 결국 자신을 망치고 백성을 망치고 나라를 망쳤다. 간신들의 아부 아첨 천태만상을 한번 찾아보았다.

* "폐하에 대한 일편단심이 가득 차 있을 따름입니다."

불룩 튀어나온 안록산의 배를 보고 현종이 대체 그 배속에 무엇이 들었냐고 묻자 안록산이 천연덕스럽게 뱉은 답이다. 현종은 기분이 좋아 안록산을 칭찬했고, 안록산은 얼마 뒤 반란을 일으켰다.

* "인생이란 사해가 내 집이요, 태평을 즐겨야 하거늘 세월이 얼마나 남았다고 사서 고생을 한단 말입니까?"

송나라 때 간신 채경이 휘종 황제를 쾌락으로 내몰면서 한 아부의 말이다.

* "폐하는 하늘나라 사람이십니다!"
  "경은 세상 사람이 아니라 신선이오!"

간신 화사개와 못난 군주 고담이 주고받은 기막힌 대화다. 간신 뒤에는 언제나 못난 권력자가 있다.

* "물고기를 낚는 사람이 너무 깨끗해서 물고기란 놈이 감히 물지 못하는 것입니다."

송나라 문제가 낚시를 하면서 물고기를 잡지 못하고 푸념하자 왕경이란 아첨배가 잽싸게 이렇게 아부했다.

* "창신(거간 위충현)께서 덕을 닦았기에 상서로운 짐승이 나타난 것입니다."

기린이 나타났다는 소식에 황입극이란 자가 간신 위충현에게 아부하기 위해 황제가 내리는 글에다 이렇게 썼다.

권력자에게 '형광등 100개의 아우라'라는 낯 뜨거운 아부를 아무렇지 않게 뱉었던 일그러진 우리 '언간'의 얼굴이 겹쳐 보인다.(2024년 1월 21일 쓰고, 2025년 12월 16일 수정)

80

취모구자(吹毛求疵)
나올 때까지 털어라, '언간'의 악행

• • •

죽은 언론의 사회를 위하여

이른바 언론사 대부분이 건설사 내지 일반 기업에게 넘어갔다. 언론은 기업의 이익을 대변할 수밖에 없는 신세가 되었다. 언론사에 종사하는 언론인을 언론인으로 부르기보다 그냥 종업원으로 불러야 한다는 말까지 나온다. 당연한 말이다. 이제 언론사와 언론인은 사회의 공기(公器)가 아니라 자기 기업의 이익을 위해 일하는 그냥 직업인일 뿐이다. 그렇다면 언론 본연의 임무와 기능에서 내려오면 그만이다. 여론을 전달하려고도 하지 말고, 권력의 부정과 비리를 파헤치지도 말고, 옳지 않은 일에 비판도 하지 말라. 그냥 세상에 떠도는 찌라시 정보만 대충 모아서 전달하고 조회수 장사해서 회사에 이윤을 내게 하면 된다.

이제 기존의 재래식 언론은 거의 다 죽었다고 보아 크게 틀리지 않다. 그렇다고 걱정할 필요는 없다. 많은 대체 언론이 기다리고 있다. 다양한 형식과 방식으로 민심을 제대로 전달하고, 부정한 권력을 비판하는 양심 있고 정의로운 대체 언론은 많이 생겼고, 더 생겨날 것이다. 토머스 제퍼슨은 '언론 없는 정부와 정부 없는 언론 중 택하라면 후자를 택하겠다'고 했다지만, 제퍼슨이 말한 언론이 지금 우리 언론이라면 두말하지 않고 언론 없는 세상을 택하겠다.

나올 때까지, 죽을 때까지 턴다

문제는 기레기, 즉 '언간'들이 여전히 언론입네, 언론인입네 하면서 나쁜 짓을 저지르고 있는 현실이다. 그래서 '언간'의 짓거리를 비판하는 이런 글은 단지 필자뿐만 아니라 깨어 있는 시민들에 의해 계속될 것이다. 이것들이 사라지지 않는 한.

'언간'의 여러 악행 중 누군가를 지목하여 무엇인가, 무엇이든 나올 때까지 온갖 것을 털어대는 짓거리가 있다. 안 나오면 만들어서라도 나왔다고 악다구니를 쓴다. 물론 권력의 사주를 받은 권력의 충견 노릇이다. 우리의 경우는 검찰과 결탁한 '언간'의 행태가 대표적이다. 조국 교수 일가와 이재명 민주당 대표에 대한 '언간'들의 보도가 어떠했고, 또 어떤지를 보면 금세 알 수 있다. 아무 죄 없는 식구까지 한 집안을 통째로 박살내지 않았던가?(천만다행으로 지금 '검간'과 '언간'의 이 짬짬이 짓거리라 백일하에 드러나고 있는 중이다.)

이와 관련한 고사성어로 '털을 불어서 흠을 찾아내다'는 뜻의 '취모구자(吹毛求疵)'가 있다. 겉에 아무것도 없으니 겉을 덮고 있는 털을 후후 불어 털 속의 먼지라도 찾아낸다는 뜻이다. 이 성어는《한비

자(韓非子)》의 다음 대목에서 나왔다.

"털을 불어서 작은 흠을 찾아내서는 안 되며, 더러운 때를 씻어 내면서까지 찾기 어려운 병을 찾아내서도 안 된다. 목수는 나무를 자를 때 먹줄선 밖을 잘라도 안 되고, 먹줄선 안으로 잘라도 안 된다. 법도의 한계 너머까지 다그쳐서도 안 되며, 그 한계 안에서는 해이해져서도 안 된다."

한비자는 무엇이든 '정도를 넘어서는 안 된다'고 지적한다. 그 정도란 '정해진 한도'를 뜻하는 정도(定度)를 말하지만, 또 한편으로는 올바른 길이란 뜻의 정도(正道)이기도 하다. 인간의 상식에 어긋나는 짓을 해서는 안 된다는 것이다.

'취모구자'는 우리가 흔히 하는 말 중에 '털어서 먼지 내는' 것과 같은 맥락이다. 일부러 흠을 잡으려 하거나, 도발하여 실수하게 만들어 약점을 찾는 것을 비유한다. 이 성어는 마치 '언간'의 만행을 지적하는 듯하다. 또 지금 우리 사회 곳곳에서 벌어지고 있는 병리 현상을 지적하는 것처럼 보인다. 자기 마음에 들지 않으면 개인의 사생활은 물론 주위의 인간관계까지 모조리 들쑤셔서 아무것도 아닌 사소한 실수를 침소봉대(針小棒大)하여 떠벌리는 일이 너무 많다. 어쩌면 이런 병리 현상을 일으킨 주범은 단언컨대 '언간'과 '검간'이다. 사이비 언론과 기레기들, 즉 언간이 큰 문제다. 물론 이 언간 뒤에 버티고 있는 '검간'이 더 큰 문제이긴 하지만.(2025년 12월)

남은말 🐾

누가 국민을 위하고 나라를 위하고
세상을 위하는 자인지 잘 살펴서 가려야

● ● ●

2026년 3월 2일 국제사회의 깡패로 전락한 미국이 이란을 전격 폭격했다. 병원과 학교에까지 포탄을 퍼부어 많은 사상자가 났다. 이란 최고 지도자를 포함한 고위직 관계자도 여럿 사망했다.

그로부터 이틀이 지난 2026년 3월 4일, 대통령 선거에 여러 차례 출마했던 자칭 정치인(?)이란 자가 "이란 문제가 해결되면 다음은 북한"이라면서 미국이 김정은 지도부를 물리적으로 교체할 가능성도 있을 수 있다고 했다. 그러면서 이자는 "김정은 참수작전의 선봉, 북한 지도부를 신속히 제거하는 대한민국 최정예 부대, 유사시 가장 위험한 곳에서 가장 어려운 임무를 완수하는 핵심 전력인 707특수임무단의 위상을 다시 세워줄 필요가 있다"고 주장(?)했다.

나는 지금까지 인간은 죽는 순간까지 진화하고 진보하고 개선될 수 있다고 믿어 왔다. 지금도 이 믿음에는 변함이 없지만 확신은 잃었다. 아니 크게 흔들리고 있다. 무엇보다 개선될 가능성이 상대적으로 크다고 생각한 배웠다는 사람들, 경제나 교육 등에서 상대적으로 나은 계층에 속한 자들이 보여준 퇴행적 언행을 목격하고 겪으면서 이 믿음 자체에 강한 회의를 품게 되었다. 그러다 저자의 헛소리를 접하면서 안 되는 자들은 어쩔 수 없다고 판단했다.

그렇다면 저자는 왜 저럴까? 왜 저렇게 되었을까? 이런 의문이 들지 않을 수 없었다. 단순히 퇴행으로 치부하면 그만일까? 많이 배우고, 많이 가지고, 많이 보고들은 자들이 어째서 발전하고 나아지지 못하고 거꾸로 갈까? 좀 더 치밀한 분석과 연구가 필요하겠지만 지금까지의 관찰과 분석 결과는 대체로 다음 몇 가지로 요약된다.

하나, 저들 대부분이 다른 사람들에 비해 훨씬 강한 이기심의 소유자들이다.

둘, 강한 이기심으로 남들보다 크게 성취했거나 성공한다.

셋, 큰 성취와 성공을 자신의 자랑거리로 내세우고, 타락한 언론과 잘 모르는 우중은 그것을 칭찬한다.

넷, 이런 껍데기뿐인 지나친 칭찬에 자아가 비대해져 간다.

다섯, 성공과 성취를 비롯한 그의 모든 것을 무조건 칭송하며 그것에 기생하여 한몫(돈과 권력) 챙기려는 기생충 같은 자들이 꼬인다.

여섯, 이자들과 함께 권력을 기웃거리고, 거짓 명성과 돈으로 권력을 사 들인다.

일곱, 권력과 부가 자리와 기득권을 영원히 지킬 수 있는 수단임을 확신한다.

여덟, 이를 지키기 위해 수단과 방법을 가리지 않는다. 필요하면 악마와도 손을 잡는다.

문제는 이런 과정을 거치면서 꼭 필요한 자기반성 내지 자아성찰이 실종된다는 데 있다. 바로 위 안×× 같은 자들의 공통점이다. 자신의 언행을 되돌아보지 않거나 못한다는 사실이다. 이는 달리 말해 기득권을 지키는 데만 몰두하여 일상의 평범한 삶 자체를 영위할 수 없게 되었다. 좋은 책도 읽지 않고(못하고), 차분히 생각도 않고(못하고), 진짜 필요한 사람들과 만나지 않고(못하고), 가족들과 정상적인 대화도 나누지 않는다(못한다).

이런 자들의 또 다른 공통점은 잘못을 해도 사과하지 않는다, 아니 사과할 줄 모른다. 잘못 자체를 인정하지 않을뿐더러 마음속에 잘못 자체가 없어졌다. 자아가 너무 비대해져 과대망상 환자가 되어버렸다. 점점 더 극단적 언행에 몰입한다. 마침내 벌거벗은 임금님이 되거나, 그 옛날 중국 은나라의 주임금처럼 온갖 보석으로 치장한 옷을 입은 채 최후를 마칠 수밖에 없는 존재로 전락한다.

지금 우리 주변, 특히 정치판에 이런 자들이 넘쳐난다. 반란을 진압하고 역적 수괴와 그 일당들을 처단하고 있지만 그 여파는 만만치 않다. 그 일당들이 지난 몇 년 동안 우리 사회와 수많은 사람들을 망쳐놓았고, 그 영향의 결과(?)들이 수면 위로 떠오르고 있기 때문이다. 물론 긍정적인 면도 있다. 해결과 청산을 위한 절호의 기회이기 때문이다. 문제는 그 과정에서 겪게 될 평범한 시민들의 정신적 고통이다.

'피할 수 없으면 즐겨라'는 말이 있다. **역사는 회피할 수 없는 불가피한 과정의 연속**이다. 과정을 외면하거나 회피하려 하지 말고 눈을 크게 뜨고 지켜보자. 좀 더 차분한 마음으로 누가 국민을 위하고

나라를 위하고 세상을 위하는 자인지 잘 살펴서 가려내보자. **잘 살**
피고 잘 가리면 작게는 우리 국민, 크게는 세상이 좀 더 나은 쪽으
로 움직이기 때문이다. 다시 한번 **"천하의 흥망은 필부(우리 보통 사**
람)의 책임이다"는 고염무의 말씀으로 끝자락을 남긴다.

_ 2026년 3월 5일 09:30

부록 ⟋

〈전신론(錢神論)〉과 노포(魯褒)

• • •

이 책 본문의 80꼭지에 이르는 글을 관통하는 키워드 하나를 들라면 '욕심(慾心)', 그 중에서도 '사욕(私慾)'이다. 이 욕심을 드러내는 물질은 '돈'이다. 그리고 이 '돈'으로 '권력(權力)'을 탐한다. 그렇게 움켜쥔 권력으로 다시 돈을 긁어모은다. 우리 정치판의 적나라한 현실이기도 하다. 이와 관련하여 특별 부록을 마련했다. 〈전신론〉이란

노포의 〈전신론〉 판본.

글이다.

〈전신론〉은 글자 그대로 '돈의 신에 관한 글'이다. 정확하게는 '돈을 신으로 숭배하는 풍조에 관한 글'이다. '돈이 곧 신'이기 때문이다. 약 1,800년 전의 독특하고 별난 글이다. 긴 문장은 아니지만 매우 의미심장하다. 돈을 좋아하는 것을 넘어 숭배하는 풍조와 돈의 권력화를 풍자하고 비판하고 있다. 글을 쓴 사람은 노포란 인물로 중국 서진(西晉, 266~316) 때의 문인이자 학자다. 나고 죽은 해는 알 수 없다. 부분적으로 남은 기록을 가지고 먼저 노포의 삶을 살펴보자.

노포

노포는 지금의 하남성 남양(南陽) 사람으로 어릴 적 이름인 자를 원도(原道)라 했다. 그의 전기를 기록하고 있는 《진서(晉書)》에 아주 간략하게나마 행적 일부가 남아 있다. 그는 배우길 좋아하고 이런저런 이야기 듣길 좋아했다. 집안이 가난하여 자립했는데 혜제(惠帝) 원강(元康) 연간(291~299) 이후 무너진 나라의 기강과 탐욕스럽고 비루한 시대의 풍조에 마음이 상해 이름을 숨기고 은둔한 것 같다. 평생 벼슬에 나가지 않았고, 또 언제 태어나 언제 죽었는지도 알려져 있지 않다. 〈전신론〉이란 글을 남겨 당시 세태를 신랄하게 풍자했다.

노포의 일생을 짧게 기록하고 있는
《진서(晉書)》〈식화지〉 부분

〈전신론〉과 그 영향

노포의 〈전신론〉은 그보다 약간 앞선 사람인 성공수(成公綏, 231~273)의 같은 제목인 〈전신론〉에 영향을 받은 것으로 보인다. 성공수는 박사로 발탁되어 여러 벼슬을 거쳤고, 법률 제정에 참여하기도 했던 명사이다. 성공수의 〈전신론〉은 《태평어람(太平御覽)》에 61자만 남아 있어 온전치 못하다. 그래서 〈전신론〉이라 하면 대개는 노포의 글을 말한다.

노포의 〈전신론〉은 후대에 적지 않은 영향을 남겼다. 당나라 때 장열(張說, 667~730)의 〈전본초(錢本草)〉나 같은 당나라 사람이 '돈 항아리'란 뜻을 가진 '박만(撲滿)'이란 단어를 제목으로 삼은 〈박만부(撲滿賦)〉, 〈소박만부(小撲滿賦)〉 등이 그런 것들이다.('박만'은 '만즉박지滿則撲之'에서 비롯된 단어다. 돈을 담는 용기가 가득 차면 깨서 꺼냈기 때문이다. 돼지저금통과 같은 뜻으로 보면 된다.) 그 뒤 명나라 초기 희곡작

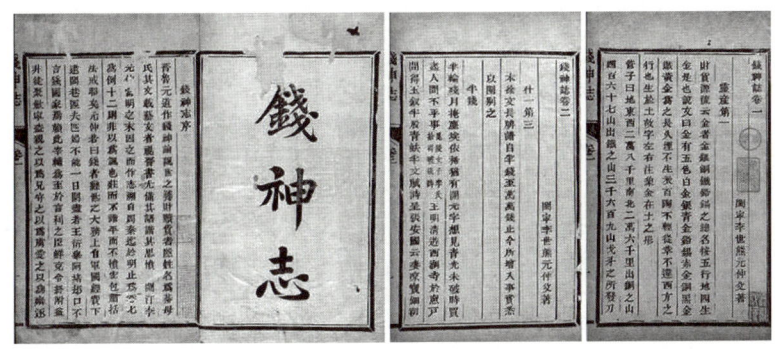

이세웅의《전신지(錢神志)》판본.

가 고명(高明, 1310~1380)의 《오보전(烏寶傳)》이 나왔고, 같은 명나라 때 사람인 적우(翟佑, 1341~1427)의 〈전협(錢篋)〉, 황성증(黃省曾, 1490~1540)의 〈전부(錢賦)〉 등이 있었다. 그 뒤 명·청 교체기의 이세웅(李世熊, 1602~1686)이 편집한 《전신지(錢神志)》 7권은 각종 문헌에 나오는 돈과 관련한 문장들을 모은 것이다. 청대 중엽에는 관에서 만들어 민간에 전파한 〈권민석전가(勸民惜錢歌)〉가 나오기도 했다.

〈전신론〉과 중국 화폐숭배 사상

〈전신론〉의 주요 내용과 사상을 구체적으로 살펴보기에 앞서 화폐와 물질에 대한 숭배 및 배금사상을 통사적으로 살펴보자.

화폐를 비롯한 물질을 숭배하는 사상은 화폐가 생산된 이후 나타났다. 중국 초기 문자인 갑골문(甲骨文)을 보면 지금으로부터 3천여 년 전인 상(商)나라 때 조개를 화폐로 사용하여 멀리까지 나가 상행위를 한 상황이 잘 드러나 있다. 《주역(周易)》 괘의 해설에도 상인들이 밤낮으로 이해득실을 계산하는 심리상태가 묘사되어 있다. 이런 것들은 모두 화폐와 물질에 대한 숭배의식을 반영하는 것으로 화폐의 생산과 더불어 이미 발생하고 있음을 알 수 있다.

이런 숭배의식을 보다 심각하게 반영하는 것은 문학작품들이고, 그 시기는 상품 화폐경제가 상당한 수준으로 발전했을 때였다. 일찍이 춘추전국 시기에는 비교적 발달한 화폐경제와 도시의 상업이 이미 나타났고, 금속화폐도 전국 각지에 널리 유통되고 있었다. 화폐의 작용이 사회경제에 널리 확대되면서 화폐와 물질을 숭배하는 현상은 사회생활 및 사람들의 사상에 더 많이 반영되기 시작했다. 위대한 역사가 사마천은 당시 유행하던 속담인 "천금을 가진 자식은 저잣거리에서 죽지 않는다(천금지자千金之子, 불사우시不死于市)"는 구절을 인용하며 "부유해야 인의가 따른다(인부이인의부언人富而仁義附焉)"고 날카롭게 지적했다.(《사기》〈화식열전〉)

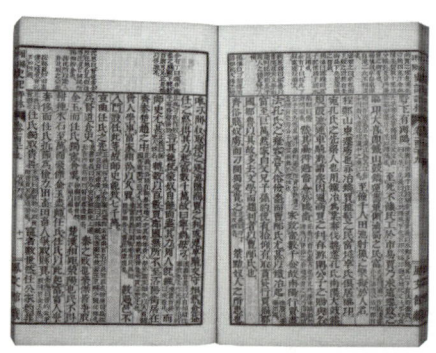

사마천은 부가 갖는 사회적 의미를 날카롭게 간파했고,
이를 〈화식열전〉 곳곳에서 드러냈다. 사진은 〈화식열전〉의 일부분이다.

전국시대 무렵 화폐와 물질에 대한 숭배 현상을 기록으로 남긴 저술이 나타났다. 예를 들어 《여씨춘추(呂氏春秋)》〈거유去宥〉 편)에는 금을 갖고 싶은 자가 대낮에 금방에 침입하여 황금을 훔치다가 붙잡힌 고사가 기록되어 있는데, 왜 그런 짓을 했냐는 물음에 그 자는 "사람은 안 보이고 황금만 보였다"고 답한다.

진·한 시기는 통일된 중앙집권 봉건 대제국의 성립으로 국내 상품유통의 발전과 확대에 한결 유리한 조건이 마련되었다. 이후 2천 년에 걸친 봉건 지주제를 기반으로 하는 경제체제에서 상품 화폐경제도 오랫동안 비교적 높은 발전 수준을 유지했다. 화폐와 물질을 숭배하는 사상을 반영하는 기록도 끊임없이 나타났다. 그중 가장 널리 암송되며 이런 사상을 심각하게 반영하는 전형적인 기록이 바로 노포의 〈전신론〉이다.

그런데 노포보다 조금 앞서 위·진 교체기에 앞서 말한 성공수가 〈전신론〉이란 글을 쓴 바 있고, 이 글이 노포의 작품에 나름 영향을 주었던 것으로 보인다. 3세기 중엽에서 4세기까지 100년이 채 안 되는 기간에 두 편의 〈전신론〉이 출현했다는 사실은 결코 우연이 아니다. 당시 서진의 사마씨(司馬氏) 정권의 정치는 부패하고 풍속은 타락했다. 권문 대족, 예컨대 재산이 왕에 버금갔던 화교(和嶠, ?~292) 같은 자는 인색하기로 악명이 높아 사람들이 '전치(錢癖)'(《진서》〈화교전和嶠傳〉, 〈두예전杜预傳〉)라 부를 정도였다. 속된 말로 '돈에 미친 자'란 뜻이었다. 일부 명문 사족들은 앞을 다투어 부와 사치를 자랑했는데, 어떤 자는 한 끼 식사에 만 전을 쓰니 온 사방이 다 젓가락이었다고 한다. 죽림칠현(竹林七賢)의 한 사람인 왕융(王戎) 같은

고상한 청담을 외치면서도 돈에 대한 강한 집착을 보여
당시 사회풍조의 한 단면을 잘 보여준 왕융.

자는 입으로는 고상하게 청담(淸談)을 외치면서도 장사를 겸하여 밤
낮으로 돈 계산하느라 여념이 없었다. 금전숭배 의식이 사회생활 각
방면에 침투해 있음을 잘 보여준다.

노포는 이런 현상과 탐욕과 비열한 당시 풍속에 느끼는 바가 있
어 〈전신론〉이란 글을 썼다. 돈은 일상생활과 뗄 수 없는 관계에 있
다. 노포는 이 글에서 '공방(孔方)'이란 단어를 처음으로 사용했고,
이 단어가 돈과 동의어로 정착했다. 노포의 〈전신론〉 이후 문체는
다르지만 비슷한 성격을 가진 문장들이 끊임없이 나타났다.

원말명초의 저명한 희곡작가인 고명의 〈오보전〉은 노포의 〈전신
론〉을 이은 가장 특색 있고 뛰어난 작품이었다. 고명은 자가 칙성(則
誠)이고 서안(瑞安) 출신이다. 〈오보전〉은 지폐를 대상으로 묘사한
풍자 문장이다. 〈오보전〉은 의인화 수법을 이용하여 지폐를 '오보'라
는 사람의 이름으로 부르고 있다. 그러면서 그 선조는 회계(会稽) 저

노포의 〈전신론〉은 후대에 큰 영향을 주었다.
당나라 때 장열의 〈전본초〉는 그 영향을 받은 비교적 이른 시기의 문장이었다.
사진은 장열의 초상화이다.

씨(褚氏)라 덧붙였다. 저(褚)는 저(楮)와 같은 발음인데 지폐를 말한다. 지폐는 검은색이라 까마귀 '오'자를 썼다. 그런데 사람들은 이것을 보물처럼 아꼈다는 것이다. 여기서 '오보'라는 단어가 유래했다.

이 글에는 신통방통한 '오보'를 사람들이 앞을 다투어 맞이하려하는데, 어떤 집에 이르면 남녀노소는 물론 노비들까지 나와 기쁘게 맞아들인다고 묘사되어 있다. 또 문을 이중 삼중으로 막아 극진히 모시고 아끼면서 행여나 떠날까 두려워했다고도 했다. 고위 관리인 공경 이하 모든 사람들이 경애하지 않는 바가 없었으며, 고관 귀인들 모두가 사귀길 원하지 않는 사람이 없었다. 또 일단 오보와 한번 사귀기만 하면 황금·옥·구슬이 모두 생기며, 오보는 평소 권세와

노포의 〈전신론〉에 이어
화폐 숭배와 관련한 가장 뛰어난 문장 〈오보전〉을 남긴 고명.

이익을 좇는지라 부잣집과 권세가에는 몸을 굽혀 눈 깜짝할 새 달려
가 평생 귀찮아하지 않고 복종하지만 가난한 사람에게는 아무리 보
고 싶어 해도 끝내 가지 않는다고 지적했다.(《철경록(輟耕錄)》권13)

　물론 〈전신론〉과 〈오보전〉을 쓴 노포와 고명이 화폐와 물질숭배
의 본질을 정확하게 이해했다고 할 수는 없다. 중국의 봉건사회는
진·한 이래 토지매매를 특징으로 하는 지주 경제체제였다. 이 체제
는 봉건영주 경제체제에 비해 화폐경제 발전이란 면에서 그 수준이
훨씬 높았다. 성시에서는 상업과 수공업이 상당히 발달했다. 그러나
상업과 수공업은 주로 봉건 귀족과 관료 및 성시에 거주하는 대지주
와 대상인의 호화롭고 사치스러운 생활을 뒷받침했다. 화폐는 "수시
로 사용할 수 있는 재부의 절대적 사회형식"(〈자본론〉 제1권)으로 사

람들이 광적으로 추구하는 대상이 되었고, 사람들은 돈을 만사형통으로 착각하기에 이르렀다. 이 때문에 〈전신론〉과 〈오보전〉에 이런 화폐와 물질숭배 사상이 어느 정도 반영될 수 있었던 것이다.

이런 점에서 이 작품들은 대단히 뛰어난 작품이 아닐 수 없다. 그리고 풍자를 통해 세태를 비판하는 형식을 취하고 있고, 왕왕 귀족·관료·지주·호족·대상인 등 권세가들을 조롱의 대상으로 삼은 남다른 작품들이다.

명·청시대는 중국 봉건사회 말기에 해당한다. 명나라 중엽 이후 중국 봉건경제 중 자본주의의 싹은 이미 눈에 띄게 자라나고 있었다. 이와 함께 귀금속 백은(白銀)이 보편적으로 통용되는 주요 화폐가 되었다. 화폐유통의 영역에도 새로운 변화가 일어나 너나없이 백은을 추구하고 갈망하니 날이 갈수록 사회생활에 깊은 낙인을 찍었다. 예를 들어 사람들은 탐욕스럽지 않은 관리는 없다면서 "3년을 청렴하게 벼슬할 수는 있어도 10년이면 눈 같은 은이 수북이 쌓인다"라고 비꼬았다. 일상생활에서도 돈 이야기가 빠지면 대화가 안 될 정도였다.

명·청시대는 백은이 보편적으로 통용된 화폐로 정착했다.
사진은 명나라 때의 백은이다.

이에 반해 이 시기 돈을 대상으로 하여 화폐와 물질숭배 사상을 반영하는 뛰어난 문장은 보기 드물었다. 그나마 언급할 만한 것이 있다면 청나라 중엽의 예술가이자 관리였던 정판교(鄭板橋, 1693~1765)의 짧은 문장 정도였다. 정판교는 이름이 섭(燮)이고, 상업과 화폐경제가 비교적 발달한 양주(楊州)에서 그림을 팔아 생계를 유지했다. 그는 1795년 윤격(潤格)이란 이름으로 "예물로는 먹는 것보다 백은이 훨씬 낫소이다. 공이 보낸 것은 이 동생이 꼭 좋아하는 것이라 할 수 없소. 현금을 보내면 속으로 기뻐할 것이고 글씨와 그림도 다 좋아질 것이오"라는 글을 남겼는데, 예물로는 돈이 최고라는 풍자의 문장이다.

서민들의 고단한 삶을 직접 몸으로 체험했던 정판교는
돈과 관련하여 짧은 문장을 남겼다.

금은화폐와 관련 역대 문장들을 모은
《전신지(錢神志)》를 편찬한 이세웅의 무덤.

　　그럼에도 명·청시대에는 동전을 주제로 삼아 노포의 〈전신론〉
과 같은 취지의 간단한 글이 계속 나타났고, 그중에는 볼만한 문장
들도 적지 않았다. 중복되지만 한 번 더 소개해둔다. 그중 명나라 적
우(翟佑, 1341~1427)의 〈전협(錢篋)〉, 황성증(黃省曾, 1490~1540)의
〈전부(錢賦)〉, 명·청 교체기의 이세웅(李世熊)이 편집한《전신지(錢神
志)》, 청대 중엽 민간에 전파된 〈권민석전가(勸民惜錢歌)〉 등이 대표
적인 작품이라 할 수 있다. 앞 두 작품은 문인의 수필 형식의 문장이
고,《전신지(錢神志)》는 역대 정사·제자백가·야사·패관문학·불교·신
선·귀신 등에 관한 저술에서 금은화폐와 관련된 고사를 모은 것이
다. 특히《전신지》는 화폐와 물질숭배 사상을 반영하는 자료를 한곳
에 모은 전문서라 할 수 있다. 〈권민석전가〉는 청나라 때 대신이 반
포한 권고문이다. 그러나 이들 작품의 주된 요지는 노포의 〈전신론〉
과는 달리 주로 봉건 예교와 천명 귀신의 숙명론을 선전하는 것이었
다. 이런 문장들의 출현은 오랜 중국 봉건사회 발전의 정체성을 반

영하는 한편, 그 시기의 상품경제와 화폐경제가 봉건 지주 소유제의 기초 위에 단단히 뿌리를 내리고 있는 자연경제와 맞설 수 없는 현실도 반영하고 있다.

〈전신론〉의 형식과 주요 내용 및 사상

〈전신론〉은 문학성과 사상성을 함께 갖춘 명문이다. 문장 형식으로는 부(賦)에 속한다. 이 작품은 허구로 사공공자(司空公子)와 기무선생(期毋先生)이란 가공의 인물을 만들어낸 다음 두 사람이 경성에서 만나 나눈 문답 형식으로 이루어져 있다. 형식은 문답이지만 사공공자의 풍자와 조롱기 넘치는 훈계조 말이 대부분이다.

이 작품은 구체적 신분이 부여된 두 인물의 대화가 주를 이루고 있는데, 그 주요 요지는 논리로 의미와 이치를 논증하려는 이성적 사변이 아니라, 인정세태를 묘사하고 감정을 표출하여 심미적 격정에 호소하고 있다. 뜻하는 바도 문학가의 작품이지 사상가의 학술적 논점이 아니다. 이 점은 〈전신론〉의 두드러진 특징이자 작품을 이해하기 위해 먼저 파악해야 할 지점이기도 하다.

문장은 젊고 부유한 사공공자가 번화한 경성 저잣거리를 어슬렁거리다가 공부는 많이 했지만 늙고 가난한 기무선생을 만나는 것으로 시작된다. 기무선생은 자칭 옛 경전과 현자를 숭상하는 인물이지만 고관대작을 찾아 한자리를 얻으려 하고 있었다. 사공공자는 고관대작을 만나려 하면서 빈손으로 온 기무선생을 세상 물정 모르는 고루한 사람이라고 비꼰다. 이 첫 장면은 전체 문장의 배경을 이루는데, 돈의 신기한 힘을 은근히 장면 장면에 깔고 있어 묘한 분위기를 연출한다.

이어 기무선생을 상대로 한 사공공자의 신통방통한 돈의 위력에 대한 장황한 논의가 펼쳐진다. 돈이 어째서 만능이며, 옛 현자들을 숭상하는 것이 얼마나 가소로운 것인지를 유창하게 늘어놓음으로써 당시 사회에 금전의 위력이 얼마나 팽배해 있는가를 생생하게 전달하고 있다. 문장은 화폐를 필두로 한 배금사상을 적나라하게 폭로하는 한편, 과장된 묘사를 통해 날카로운 조롱을 마음껏 늘어놓고 있다. 그리고 이 부분이 사실상 〈전신론〉의 주된 사상을 구성하고 있다. 이 부분은 다시 세 단락으로 나눌 수 있는데 세 단락의 주된 내용과 사상을 간략하게 소개하면 다음과 같다.

제1단락 본문의 **'옛날 신농씨(神農氏) 이후 ~ 지금 눈앞의 현실이 이와 같지 않습니까?'**까지로 사회 경제생활에 있어서 돈의 기능이 주된 내용이다. 여기서 노포는 사공공자의 입을 빌려 먼저 옛날 선각자들이 화폐를 제작하니 유통수단으로서의 옷감과 곡물 등 실물을 압도했다고 지적한다. 이는 세상에 둘도 없는 신통한 보물 같은 존재로서 화폐의 적극적 의의를 밝힌 것이다. 그러나 화폐는 그 가치 기준으로 빈부의 양극화라는 사회현상을 조성하여 신분의 차이, 권력의 크기 등을 결정한다는 점도 밝힌다. 그리고 다음과 같은 탄식으로 이 단락을 마무리 한다.

신석기시대 이후 사유재산이 출현하면서 나타난
초기 화폐인 패폐(貝幣, 조개 화폐)

　"이 공방형으로 말하자면 근엄하고 굳은 얼굴도 풀게 하고, 꾹 닫
힌 입도 열게 합니다. 돈이 많으면 상석에 앉고, 돈이 없으면 말석에
앉습니다. 상석에 앉는 사람이 군주가 되고 장자가 되며, 말석에 앉
는 자는 신하가 되고 노복이 됩니다. 《시경》에 '부유한 사람이여, 고
독한 사람을 가련하게 여길지니'라고 했듯이 지금 눈앞의 현실이 이
와 같지 않습니까?"

　제2단락　제2단락은 본문의 **"돈으로 말하자면 샘물과 같습니다
~ 또 '돈이면 귀신도 부린다'도 하니 하물며 사람이겠습니까?"**까
지다. 1단락의 인식과 감정을 이어 제2단락은 사회 기풍의 부패, 통
치계급의 부정과 비리를 부추기고 나아가 인성까지 파괴하는 화폐
의 역기능을 지적하고 있다. 작가는 화폐로 인한 부패한 사회 기풍
을 비판하면서 그 비판의 창끝을 권문세족, 심지어 최고 통치자에까
지 겨누고 있다. 가문의 귀천, 개인의 빈부, 권위의 고저, 벼슬의 높

통일화폐인 반량전과 거푸집

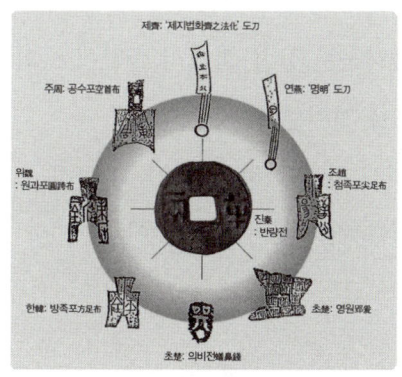

전국시대 6국의 화폐와
이를 통일한 진나라 화폐인 반량전(半兩錢, 가운데).

고 낮음, 생사의 여부, 인간관계, 냉혹한 세태, 통치질서, 제도법률에
까지 영향을 미치는 돈의 작용과 영향을 신랄한 어조로 묘사한다.
이 때문에 돈이 인간의 운명을 지배하고, 심지어 귀신도 부리는 신
비하고 초월적 전지전능한 존재로 인식되는 기형적 현상이 나타났
다고 진단한다. 이 단락은 노포의 사상적 경지와 식견을 마음껏 표
출하고 있다는 평이다.

제3단락 마지막 단락으로 **"자하(子夏)는 '생사는 천명에 달려 있고, 부귀는 하늘에 달려 있다'고 했지만 ~ 당신의 명성과 재능은 저 멀리 하늘까지 넓어질 것입니다"**까지다. 이 단락은 제2단락에서 한 걸음 더 나아가 정신적 영역과 전통적 관념에 대한 화폐의 충돌과 불경이란 문제를 다루고 있다. 배금주의라는 삐뚤어진 풍조는 사회적 인심에 재앙을 가져다준다. 노포는 이 단락의 첫 부분에 자하의 명언을 역설적으로 인용하여 유가가 표방하는 천명론을 믿지 못한다고 단언한다. 현실을 직시하는 눈으로 노포는 천명론과 같은 허망한 관념론을 공격하는 한편, 화폐의 발전이 사회에 적극적인 의미를 가진다는 태도를 견지한다.

주된 요지는 역시 합리적 사고방식을 왜곡하는 화폐의 힘과 역기능에 맞추어져 있다. 유가에서 말하는 인생 최고의 가치관은 지혜와

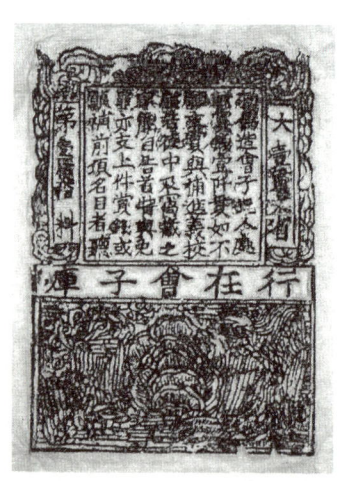

역사상 최초의 지폐라 할 수 있는 송나라 때의 회자(會子).

용기와 재능을 자기수양으로 완성하는 것이다. 반면 사공공자가 신봉하는 가치관은 돈이 인격조차 완전하게 만들 수 있다는 것이다. 이는 인간 정신세계에 거대한 비극이 아닐 수 없다. 노포는 이런 비극이 불러온 나쁜 결과를 하나하나 지적하면서 당시 사회에 존재했던 시대적 비극을 폭로하고자 했다. 이런 지적과 폭로는 오늘날에도 심각한 현실적 의의를 가진다 하겠다.

〈전신론〉의 명언명구들

〈전신론〉은 길지 않은 글이다. 그럼에도 불구하고 폐부를 찌르는 명언명구들이 적지 않다. 이 명언명구들을 원문과 함께 소개해 둔다.

- 기부지고(旣不知古), 우부지금(又不知今).
  옛날도 모르고 지금도 모른다.

- 시역세변(時易世變), 고금이속(古今異俗).
  시세와 풍속은 바뀌고 변하기 마련이고, 세상사 이치는 벌써 뒤집어졌다.

- 부자영귀(富者榮貴), 빈차천욕(貧者賤辱).
  돈이 있으면 부귀영화를 누리고, 가난하면 천하고 치욕이다.

- 전지위체(錢之爲體), 유건유곤(有乾有坤). 내즉기방(內則其方), 외즉기원(外則其圓).
  돈이란 이 물건이 하늘을 받아들이고 땅을 숨기고 있다. 안을 네모나게 만들려고 생각하니 네모나게 되었고, 밖을 둥글게 만들고자 하니 둥글어졌다.

- 친애여형(親愛如兄), 자왈공방(字曰孔方).

  친하기로는 형제와 같아 공방형이라고 부른다.

- 실지즉빈약(失之則貧弱), 득지즉부강(得之則富强).

  이것이 없으면 가난하고 약해지며, 이것을 얻으면 부유하고 강해진다.

- 무익이비(無翼而飛), 무족이주(無足而走).

  날개가 없어도 구름 위를 날 수 있고, 발이 없어도 달릴 수 있다.

- 해엄의지안(解嚴毅之顏), 개난발지구(開難發之口).

  (돈은) 근엄하고 굳은 얼굴도 풀고, 꾹 닫힌 입도 연다.

- 전다자처전(錢多者處前), 전소자거후(錢少者居後).

  돈이 많으면 상석에 앉고, 돈이 없으면 말석에 앉는다.

- 처전자위군장(處前者爲君長), 재후자위신복(在後者爲臣僕).

  상석에 앉는 사람이 군주가 되고 장자가 되며, 말석에 앉는 자는 신하가 되고 노복이 된다.

- 전지위언천야(錢之爲言泉也).

  돈으로 말하자면 샘물과 같다.

- 백성일용(百姓日用), 기원불궤(其源不匱).

  (돈은) 백성들이 날마다 사용하니 그 근원이 끊어지지 않는다.

- 무원불왕(無遠不往), 무심부지(無深不至).

  (돈은) 아무리 멀어도 못 가는 곳이 없고, 아무리 깊어도 이르지 못하는 곳이 없다.

- 견아가형(見我家兄), 막불경시(莫不驚視).

  그러다 우리 공방형(돈)을 보면 정신이 번쩍 들어 눈에 불을 켜지 않은 경우가 없다.

- 무위이존(無位而尊), 무세이열(無勢而熱).

  (돈은) 자리는 없지만 존엄하고, 권세는 없지만 뜨겁다.

- 배주문(排朱門), 입자달(入紫闥).

  (돈이면) 궁궐의 문을 열고 바로 궁정으로 들어갈 수 있다.

- 전지소재(錢之所在), 위가사안(危可使安), 사가사활(死可使活).

  돈이 있는 곳이면 위기를 안정으로 바꾸고, 죽은 사람도 살린다.

- 전지소거(錢之所去), 귀가사천(貴可使賤), 생가사살(生可使殺).

  돈이 떠나면 귀한 것도 천하게 만들고, 산 것도 죽일 수 있다.

- 분쟁변송(忿爭辯訟), 비전불승(非錢不勝).

  분쟁이나 소송도 돈이 없으면 이기지 못한다.

- 고약유체(孤弱幽滯), 비전불발(非錢不發).

  (돈이 없으면) 한 걸음도 앞으로 나갈 수 없고, 돈이 아니면 벼슬도 못한다.

한나라 때의 기축 통화로 한나라 멸망 이후 500년 가까이 사용된
오수전(五銖錢)을 찍어낸 거푸집.

- 원구혐한(怨仇嫌恨), 비전불해(非錢不解).

  철천지 원한(원수)도 돈이면 풀 수 있다.

- 영문소담(令問笑談), 비전불발(非錢不發).

  좋은 명성 좋은 칭찬도 돈이 없으면 퍼뜨릴 수 없다.

- 유전가사귀(有錢可使鬼).

  돈이면 귀신도 부린다

- 사생무명(死生無命), 부귀재전(富貴在錢).

  생사는 천명이 아니고, 부귀는 돈에 달려 있다.

〈전신론(錢神論)〉
도입부 - 사공공자와 기모선생의 만남

사공(司空)이라 불리는 부귀한 공자가 잘 차려입고 호사스러운 마차를 몰아 경성 저잣거리를 노닐고 있었다. 그러다 반백에 빈손의 기무선생을 만났다. 공자가 그를 보고는 이렇게 물었다.

"아이고! 나이도 많이 드신 분이 어쩌자고 이렇게 빈손으로 다니시는 겁니까?"

"귀인을 만나려고 합니다."

"《시경(詩經)》은 배우셨습니까?"

"배웠소."

"《예경(禮經)》도 배우셨습니까?"

"배웠소."

"《역경(易經)》도 배우셨겠지요?"

"배웠지."

"《시경》에 이런 말이 있지요. '광주리에 가득 찬 돈과 옥, 그리고 비단 따위로 호의를 나타내야만 충신과 귀빈 대접을 받는다.' 또《예경》에는 '남자가 처음 귀한 분을 찾아뵐 때는 옥이나 비단, 귀한 가축으로 예를 차리고, 여자는 조·대추·마른고기를 올려야 한다'고 하지 않았습니까?《역경》에는 또 뭐라 했습니까. '세상의 도와 맞는 것이 대의다.' 제가 보기에 선생의 모습에 세상의 도와 부합하는 것이 하나라도 있습니까? 배웠다고 하지만 그저 저 하류에 불과하지 배우지 않은 것이 분명합니다."

"내게는 고고한 청담(淸談)이 광주리요, 재능이 돈이고 비단이라오. 예라는 글자가 중요하지 옥이며 비단을 앞세워야 쓰겠소?"

공자는 자신의 허벅지를 때리면서 크게 웃더니 이렇게 말했다.

"선생은 정말이지 완고하기 짝이 없소이다. 옛날도 모르고 지금도 모르니 말이오! 지금 세상에 누가 청담을 말하며, 청담을 어디다 쓴단 말이오? 시세와 풍속은 바뀌고 변하기 마련이고, 세상사 이치는 벌써 뒤집어졌단 말입니다. 너나없이 실질적인 혜택을 강구하니 돈이 있으면 부귀영화를 누리고 가난하면 천하고 치욕입니다. 그런데도 선생은 여전히 낡아빠진 것을 끌어안고 있으니 그야말로 '각주구검(刻舟求劍)'이요, 아교로 거문고를 발을 붙여놓고 거문고를 연주하려는 '교주고슬(膠柱鼓瑟)'과 다를 바 없소이다. 이렇게 궁색하게 사니 명예가 집안을 벗어나지 못하는 것이 당연하지요!"

사회 경제생활에 있어서 돈의 기능

옛날 신농씨(神農氏) 이후 황제(黃帝), 요(堯)임금, 순(舜)임금은 농사와 누에치기를 장려하면서 비단을 근본으로 삼았습니다. 지력이 특출 난 사람은 위아래를 살피고 시세에 적응하여 동 광산을 파서 광물을 녹여 돈을 만들었습니다. 그렇게 만들어낸 동전의 안쪽은 땅을 본떠 네모났고, 밖은 하늘처럼 둥근 공방형(孔方兄)이 되었습니다. 참으로 오묘하지 않습니까! 돈이란 이 물건이 하늘을 받아들이고 땅을 숨기고 있으니 말입니다. 안을 네모나게 만들려고 생각하니 네모나게 되었고, 밖을 둥글게 만들고자 하니 둥글어졌습니다. 쌓으면 산처럼 되고, 흐르면 하천처럼 흐릅니다. 돌고 멈추는 것에 때가 있고, 간직하는데 나름 원칙이 있습니다. 사고팔아도 닳거나 깨질 염려가 없습니다. 목숨처럼 썩지 않고, 도처럼 무궁하며, 오래되어도 줄지 않으니 세상의 둘도 없는 신통방통한 보물입니다. 친하기로는 형제와 같아 공방형이라고 부릅니다. 이것이 없으면 가난하고 약해지며, 이것을 얻으면 부유하고 강해집니다. 날개가 없어도 구름 위를 날 수 있고, 발이 없어도 달릴 수 있습니다.

이 공방형은 근엄하고 굳은 얼굴도 풀게 하고, 꾹 닫힌 입도 열게 합니다. 돈이 많으면 상석에 앉고, 돈이 없으면 말석에 앉습니다. 상석에 앉는 사람이 군주가 되고 장자가 되며, 말석에 앉는 자는 신하가 되고 노복이 됩니다. 《시경》에 "부유한 사람이여, 고독한 사람을 가련하게 여길지니"라고 했듯이 **지금 눈앞의 현실이 이와 같지 않**

습니까?

사회를 부패시키고 파괴하는 돈의 영향

돈으로 말하자면 샘물과 같습니다. 백성들이 날마다 사용하니 그 근원이 끊어지지 않습니다. 아무리 멀어도 못 가는 곳이 없고, 아무리 깊어도 이르지 못하는 곳이 없습니다. 경성의 잘 빼입은 자들을 보면 배운 것도 없을뿐더러 청담이니 하는 것은 더더욱 싫어합니다. 어쩌다 그런 것들을 들으면 잠들어 버립니다. 그러다 우리 공방형을 보면 정신이 번쩍 들어 눈에 불을 켜지 않는 적이 없습니다. 돈이 도우면 길하고 유리한 것밖에 없거늘 공부한 다음 부귀를 꾀하겠다니요!

지난날 (한 고조高祖 유방劉邦의 장인) 여공(呂公)은 봉투에 쓰인 돈의 액수를 보고 좋아했고, 한 고조가 말단 관리로서 함양으로 요역을 갈 때 소하(蕭何)는 다른 사람보다 2전(200전)을 더 보태주었습니다. 탁문군(卓文君)이 삼베옷을 벗고 비단옷을 입은 것도, 사마상여(司馬相如)가 작업복을 벗고 화려하고 높은 마차를 타는 관직에 오를 수 있었던 것도 다 돈 덕분이었습니다. 여공의 돈 봉투는 비어 있었지만 얻는 바가 있었고, 2전은 적은 돈이었지만 가깝다는 표시였습니다.

이로써 논하자면 돈은 정말이지 신비한 물건이라 할 수 있습니다. 자리는 없지만 존엄하고, 권세는 없지만 뜨겁습니다. 궁궐의 문을 열고 바로 궁정으로 들어갈 수 있습니다. 돈이 있는 곳이면 위기를 안정으로 바꾸고, 죽은 사람도 살립니다. 돈이 떠나면 귀한 것도 천하게 만들 수 있고, 산 것도 죽일 수 있습니다. 분쟁이나 소송도 돈이 없으면 이기지 못합니다. (돈이 없으면) 한 걸음도 앞으로 나갈 수 없고, 돈이 아니면 벼슬도 못합니다. 철천지 원한(원수)도 돈이면 풀 수 있습니다. 좋은 명성 좋은 칭찬도 돈이 없으면 퍼트릴 수 없습니다.

경성의 고관대작, 벼슬아치들은 그 무엇보다 이 공방형을 좋아합니다. 공방형의 손을 끌고 공방형의 주위를 뱅뱅 도는데 우열도 나이도 따지지 않습니다. 손님이 폭주하여 문전성시를 이룹니다. 속담에 '돈에는 귀가 없지만 몰래 부릴 수 있다'고 하는데 어찌 헛말이겠습니까? **또 '돈이면 귀신도 부린다'도 하니 하물며 사람이겠습니까?**

전통적 관념에 대한 화폐의 충돌과 불경

자하(子夏)는 '생사는 천명에 달려 있고, 부귀는 하늘에 달려 있다'고 했지만 저는 '생사는 천명이 아니고, 부귀는 돈에 달려 있다'고 말하고 싶습니다. 무엇으로 증명할 수 있는가? 돈은 화를 복으로, 실패를 성공으로, 위기를 안전으로 바꾸며 죽은 자를 다시 살립니다. 생명의 길고 짧음, 복과 귀천이 모두 '돈' 이 한 글자에 달려 있으니 하늘이 무슨 간섭을 할 수 있겠습니까? 하늘에는 단점이 있고, 돈에는 장점이 있습니다. 물론 사철이 돌고 만물이 생장하는 일이라면 돈이 하늘만 못하겠지요.

그러나 막힌 것을 뚫고 빈곤을 구제하는 일이라면 하늘이 돈만 못합니다. 일찍이 사람들은 장무중(臧武仲)의 지혜, 변장자(卞莊子)의 용맹, 염구(冉求)의 재주, 문자(文子)의 예절이라야 완전한 사람이 될 수 있다고 여겼습니다. 그러나 지금 이런 것들을 어디다 쓸 수 있습니까? 오직 돈뿐이지요. 돈이 있으면 궁한 사람도 통달시킬 수 있고, 추운 사람도 따스하게 만들고, 빈약한 사람도 용감하고 사납게 만들 수 있습니다. 그래서 이렇게 말하는 것입니다. '당신에게 재물이 없으면 노복도 따르지 않고, 당신에게 상이 없으면 선비들이 오지 않는다'고 말입니다.

속담에 '관청에 의지할 곳이 없으면 집으로 돌아가 밭을 갈아라'는 말이 있습니다. 기댈 곳이 있다 하더라도 공방형이 없으면 발 없이 길을 가려는 것과 같고, 날개 없이 하늘을 날려는 것과 같습니다. 설사 공자의 수제자인 안자(顔子)의 재능이 있다 한들, 자장(子張)보다 뛰어난 용모를 갖고 있어도 두 손이 비어 있으면 무엇을 바랄 수 있겠습니까? 일찌감치 집으로 돌아가 장사를 하거나 농사를 짓고 배와 수레를 타고 사방으로 돌아다니며 공방형을 위해 길을 열어주는 것만 못합니다. 그러면 모든 고관 귀인들이 이구동성으로 당신을 칭송할 것이고, 위아래 할 것 없이 모두 친구가 되려 할 것이며, **당신의 명성과 재능은 저 멀리 하늘까지 넓어질 것입니다."**

새우와 고래가 함께 숨 쉬는 바다

시사(時事) 고사성어
- 김영수의 '지인논세(知人論世)'

지은이 | 김영수
펴낸이 | 황인원
펴낸곳 | 도서출판 창해

신고번호 | 제2019-000317호

초판 1쇄 인쇄 | 2026년 05월 13일
초판 1쇄 발행 | 2026년 05월 22일

우편번호 | 04037
주소 | 서울특별시 마포구 양화로 59, 601호(서교동)
전화 | (02)322-3333(代)
팩스 | (02)333-5678
E-mail | dachawon@daum.net

ISBN 979-11-7174-076-5 (03300)

값 · 28,000원

Publishing Club Dachawon(多次元)
창해·다차원북스·나마스테